한 凡人의 基督教 黑歷史에 對한 再考

참 거시기한
변명

한 凡人의 基督教 黑歷史에 對한 再考

참 거시기한 변명

마녀사냥

노예제도

홀로코스트

강상우 지음

차 례

내용에 들어가기에 앞서

예쁜 내 딸내미는 자주 아빠인 나에게 잘못했다는 것을 인정하고
정식적으로 사과할 것을 매우 강하게 요구한다. 그때마다 아빠인
나는 매우 힘들다. 사과를 하더라도 마지못해 하는 경우가 많다.
그런데 아내는 시쳇말로 쿨하게 사과한다. 그래서일까? 아내와 딸
내미의 관계는 쉽게 원상태를 회복한다. 내 딸내미는 어떨까? 우
리 부부에게 사과를 요구한 딸내미, 그런데 자신의 사과에 대해서
는 매우 박(薄)한 편이다. 온갖 변명을 늘어놓는 경우가 자주 있
다. 그래도 할 수 없다. 사랑하는 내 아내가 아픈 배[腹]로 낳은
하나밖에 없는 내 딸인 걸 어떡하겠는가? 변명도 아닌 자신에 대
한 변호에 가깝지만 받아줄 수밖에야. 또다시 후회하는 일이 있더
라도 말이다.[1]

본 연구자는 이 글을 통해서 속이 다 보이는 구차한 변명을 하려
고 한다. 그것도 제목처럼, 『참 거시기한 변명』을… 내 딸내미가 우
리 부부에게 자주 했던 것처럼 속이 다 보이는 '자기변호에 가까운
변명' 말이다. 그것도 단단히 욕먹을 작심하고서. 또 공개적으로 다
른 이들로부터 매우 무식하다는 말도 들을 각오를 하고서 말이다. 그
렇지만 내가 몸담은 신앙의 공동체에 관한 역사와도 매우 관계가 있
기 때문에 또 오늘날 기독교를 바라보는 부정적인 시선에 대해서 무
언가는 말해야겠다는 생각을 계속해 왔었기에 용기를 내어 보았다.

---

1) 고등학교 3학년임에도 불구하고 코로나 19로 인해 인생의 방향을 잡지 못하고 노트북과 핸드
폰으로 하루를 '방콕'하는 삶을 사는 내 딸이다. 과거에는 한 번도 없었던 결석도 하고, 지각도
하는데 어떻게 해야 할지 모르겠다. "주여! 어떻게 해야 할까요? 아버지인 저를 긍휼히 여기소
서!" 하루가 힘이 듭니다. ☺

최근에 신(新) 무신론자(New Atheists, 혹은 Radical Atheists)들의 등장과 더불어 기독교안티(반기독교, 안티기독교 Antichristian [ity])들의 교회 공동체에 대한 강한 공격 때문에 더욱 더 그러한 생각이 들었다. 기독교안티들이 '교회(教會)의 흑역사(黑歷史)'로 명명(命名)하고 다루고 있는 비판적 주장들에는 오늘날 기독교인들이 반면교사(反面教師)를 삼을 수 있는 부분도 있다는 것은 부인할 수 없는 사실이다. 비록 반대에 서있는 이들이라고 해도 그들이 맞는 것을 말할 때는 맞음에 대해서 소극적이더라도 인정해야 한다. 그러나 그들의 주장에는 '강력한 극단적 환원주의'(強力한 極端的 還元主義, 'sweeping generation'이라고도 보일 수 있는 包括的 一般化)가 내포되어 있기도 하다.2) 극단적 일반화의 경향! 때문에 이들이 주장하는 기독교의 흑역사에 대해서 나름 변명할 필요성을 느껴 이 글을 쓰게 된 것이다. 즉 '기독교 흑역사=기독교책임'만이 아닌, '기독교 흑역사=기독교책임+다른 제 요인들'이라는 것을 말하고 싶었다.

---

2) "예를 들어 뉴턴의 만유인력 이론은 매우 단순하다. 우주 행성의 다양한 형태의 움직임이 이 단순한 이론으로 '환원'된다. 이런 환원주의는 뉴턴의 이론이 그만큼 위대한 것임을 증명하는 것이다. 그러니까 단순한 이론으로 다양한 형태를 설명하는 것은 나쁜 것이 아니라는 이야기다. **문제는 단순한 이론으로는 복잡한 상황을 설명할 수 없는데도 억지를 부릴 때 생긴다. 그런 이론을 탐욕스러운 환원주의라고 한다.**"(강창래, 2018: 263-264. 강조는 본 연구자).
빈스 비테일(Vince Vitale)의 지적이다. "최악의 살인자들(히틀러, 스탈린, 레닌, 무솔리니, 마오쩌둥)이 자신들의 행위를 정당화하는 데 무신론적 철학을 의지했다. 무신론자들은 무신론의 이름으로 최악의 사건들이 자행되었음에도 불구하고 무신론이 비난받기를 원치 않는다. 이것은 기독교인들이 기독교의 이름으로 최악의 일들이 자행되었음에도 기독교가 비난받기를 원치 않는 것과 같다. **어떤 일이 그것의 이름으로 행해졌다는 이유만으로 그 사건이 그 본질을 가장 잘 보여주는 표현이라는 의미는 아니다**"(Vitale, in Zacharias and Vitale, 2017: 181-182. 강조는 본 연구자).

기독교안티들에 의해서 소위 '기독교 흑역사'로 분리되는 사건들에 대한 본 연구자의 개인적인 생각[評價]을 다음과 같이 [표]로 표현해 보았다. 기독교 흑역사로 자주 취급되고 있는 십자군 전쟁은 생략했다. 개인적인 생각으로 볼 때, 십자군 전쟁은 노예제도와 (거의) 비슷하다고 생각했기 때문이다. 물론 시간이 주어지면 차후에 십자군 전쟁에 대해서도 글을 써볼 생각이다.

표: 기독교 흑역사에 대한 개인적 평가

마녀사냥 P $	기독교 + ₐ
노예제도 $ ✝	A + 기독교
홀로코스트 卐 ✝	A + 기독교

기독교(기독교)와 A(a)로 표현한 것은 기독교 흑역사의 원인이 전적으로 기독교에 있지 않기 때문이다. 흑역사의 원인을 '기독교(기독교)'와 '기독교 밖의 여러 요인'인 'A(a)'로 표현한 것이다. 글씨체를 크게 하거나 대문자로 표현한 것은 흑역사의 원인이 다른 요인에 비해서 상대적으로 더 책임[比重]이 크다는 것을 나타내기 위해서다. 물론 순서상으로 볼 때도 앞에 오는 것이 뒤에 오는 것보다 상대적으로 더 비중[責任]이 크다는 것을 의미한다. 그리고 여기서 '기독교'는 개신교[新教]와 가톨릭[舊教]을 포함하는 개념이다. 기독교는 ✝으로 다만, 가톨릭[舊教]만을 상대적으로 더 강조할 때에

는 ℟[Chi-Rho 十字架]로 나타냈다.

마녀사냥(Witch-hunt)은 '기독교+α'다. 전적으로 기독교에 원인이 더 많다는 것이다.[2] 그 옆에다 ℟$ 의 그림을 넣어둔 것은 구체적으로 가톨릭과 더불어 금전적인 요인($)이 강하게 작용했음을 보여준다. ℟(가톨릭)이 기울어져 있는 것은 가톨릭의 주장이 성경의 잘못된 해석과 이해와 적용에서 나타난 결과로 성경의 본질에서 벗어났기 때문에 기울어지게 표시한 것이다. $는 경제적인 이유도 그 가운데 어느 정도 크게 작용했다는 것을 나타낸다. 십자군 전쟁에서 유대인에 대한 학살의 이면에 '노잣돈'이라는 명목이 있었던 것처럼, 마녀사냥에서도 유대인들을 희생양 삼았던 것에는 바로 유대인이 지니고 있던 '돈[錢]의 탈취(奪取)'라는 숨겨진 목적이 존재하였기 때문이다.

노예제도(Slavery)는 'A+기독교'다. 노예제도에는 여러 다른 사회적 원인과 더불어 기독교에도 원인에 대한 책임이 있는 것은 사실이지만, 굳이 책임의 경중을 따진다면, 기독교보다는 다른 외적인 원인이 노예제도와 관련해서 상당히 많은 비중을 차지한다고 개인적으로 본 것이다. 옆에 그림을 보면 $ ✝로 되어있다. 금전적인 요인으로 대표되는 여러 원인과 더불어 기독교의 잘못된 성경해석과 적용이 크게 작용했음을 보여준다. 이 경우에도 성경에 대한 잘못된 해석과 적용이 작용하였기 때문에 기독교를 나타내는 십자가는 기울어져 있는 것이다. 기독교와 성경은 단지 입에 발린 수사에 불과하였다는 것이다. (일반적으로 노예제도에 대해서 기독교의 책임이 크다고 생각하는 이유는 미국 중심의 역사 교육에서 미국의 노예제도만을 생각하기 때문이며 미국이라는 나라를 기독교 국가라고 생각하기 때문이다. 다들 알겠지만 노예제도는 그 이전부터 -거의 역사의 시작과 더불어- 존재하였다. 구약성경의 노예제도는 일반 노예제도와 다르다는 점이다[3])).

홀로코스트(Holocaust)는 'A+기독교'로 표현했다. 홀로코스트는 기독교 외적인 원인에 더 책임이 상대적으로 크다는 것을 지적한 것이다. 그림을 보면 ✞ ⚡로 나타냈다. 나치의 인종적 반유대주의와 더불어 잘못된 성경해석에 기인한 기독교적 반유대주의가 한몫을 하였다는 것이다. 독일의 신학자 한스 큉(Hans Küng)의 지적처럼 성경의 잘못된 해석과 적용으로 인한 기독교적 반유대주의가 인종적 반유대주의에 직간접적으로 영향을 미쳤다고 보기 때문에 이 경우에도 십자가가 기울어져 있는 것으로 나타내었다. 반면에 나치는 본질에서 반유대주의적[정확히 인종적 반유대주의 Anti-Semitism]이었기 때문에 비틀어지지 않게 표현한 것이다.

---

3) 우병훈 교수는 다음과 같이 적고 있다. "노예제도를 생각해 보자. 구약성경이 노예제도를 묵과하고 있다고 쉽게 비난해서는 안 된다. 이스라엘 백성들 사이에 있었던 노예제도는 인종차별주의에 근거한 노예제도가 아니었다. 따라서 이는 근대(近代) 유럽과 북미에서 있었던 노예제도와 근본적으로 다르다"(우병훈, 2019: 71).

본 연구자의 전적으로 개인적인 판단에 의해서 이러한 결론을 내렸다. 물론 본 연구자의 생각에 전적으로 동의하기는 어려울지도 모른다. 그러니 의사이면서 역사학자인 독일인 로날트 D. 게르슈테(Ronald D. Gerste)가 자신의 책의 독자들에게 언급하였던 다음과 같은 아량을 본 연구자에게도 가지시길 권한다. **"어쩌다가 조금 무리한 주장이 나오더라도 '뭐, 비약이 좀 심하기는 하지만 어디까지나 가정에 불과하니까?'라며 대수롭지 않게 넘겨주길 바란다."**(Gerste, 2020: 11. 강조는 본 연구자).

여기에 더하여 부록으로 가룟 유다(Judas Iscariot)와 관련된 글을 첨가해 보았다(2018년 11월 3일[土] 성균관대학교에서 있었던 제35회 기독교학문학회에서 발표했던 내용이다). 앞의 글들과는 다르게 학문적인 연구 자료들의 참고보다는 개인적 상상력을 발동해 기술해 보았다는 점에서 읽을 때 약간 주의해 주셨으면 하는 바람이다. 큰 맥락에서는 별문제가 없을 거라고 개인적으로 생각하지만… 이 또한 매우 개인적인 견해에 불과하다는 점을 밝힌다.

그럼 앞으로 기독교 흑역사와 같은 사건들이 발생하지 않기 위해서는 어떤 것이 필요할까? 위의 [표]에서, 마녀사냥과 노예제도 그리고 홀로코스트에 기독교와 관련해서 공통으로 등장한 것은 무엇인가? 바로 기울어진 모양의 십자가(✝✝)다. 변질된 십자가 즉 오류(誤謬) 있는 성경의 가르침이다. 가룟 유다의 악마화에서도 발견할 수 있는 문제점도 성경이 가르쳐 주고 있는 것에 대한 변질이다. 쉽게 말하면 성경의 가르침을 이즘화함을 통해서 나타나게 된 잘못된 성경해석과 오해(誤解) 그리고 오용(誤用)으로 인한 결과였던 것이다.

그렇다면 기독교 흑역사로부터 벗어날 수 있는 방법은 성경을 이즘화 하지 않는 것이 바로 최선의 예방법인 것이라고 말할 수 있다. 이즘화 할 수 없는 성경을 현실에서 특정인들의 이해관계에 의해서 자꾸 특정한 것으로의 이즘화(Ismization) 함으로써 나타난 부작용이 바로 소위 기독교 흑역사라고 보기 때문이다. 하나님의 말씀인 '성경'을 사적으로나 집단적인 이데올로기의 정당화의 수단으로 사용하는 것에서 벗어나[非이즘化], 성경을 삶의 영역에서 절대적인 '자'(尺, The Canon)로서의 역할을 감당할 수 있도록 하는 것이 무엇보다도 중요하다고 본다[信仰과 本分의 正確 無誤한 法則].[4] 왜냐하면 기독교는 그 어떤 특정한 이즘(-ISM)이 결코 아니기 때문이다.[5] 그렇기 때문에 성경을 이즘화 하려는 욕망에서 벗어나 하나님의 말씀을 하나님의 말씀의 위치에 두어야만 하는 것이다. 절대 진리인 하나님의 말씀은 자기 정당화의 도구[手段]가 아닌, 분별의

---

[4] 자크 G. 루엘랑(Jacques G. Ruelland)은 다음을 얘기한다. "'holy'라는 단어는 신이 직접 내려준 신성을 지칭하는 반면, 'sacred'라는 형용사는 인간이 어떤 것에 신성을 부여하면서 하게 되는 숭배를 표현할 때 쓰인다. 따라서 영국인들은 성경을 대문자로 써서 'Holy Bible'이라 부르고 ⋯."(Ruelland, 2003: 17-18).

[5] 기독교역사를 보면 기독교가 이즘(Ism)이 아니라고 하면서 이즘화(Ismization)가 된 것을 자주 볼 수 있다. 어떤 글쓴이의 주장처럼 인본주의(人本主義), 즉 인간이 주인이 되는 것에 대해서는 지적하면서, 왜 자본주의(資本主義), 즉 자본이 우상이 되는 이 세태에 대해서 침묵하고 있는가 라는 질문도 동일한 지적일 수 있다.

절대적 기준으로 존재하도록 해야 하는 것이다. "하나님 말씀에 무엇이 맞고 무엇이 그른지에 대한 분별의 자(尺)로 존재하여야만 하는 것이다".

본 연구자의 연구의 한계를 밝혀야 할 것 같다. 이 글은 독창성과는 전혀 거리가 멀다. 다른 연구자들의 귀중한 선행연구들을 기반으로 해서 모자이크 식으로 본 연구자의 생각을 단지 짜깁기한 것에 불과하다. 역사의 문외한인 본 연구자의 지식과 글쓰기의 태생적인 한계 때문에 기존 연구자들의 연구 자료들을 다수 인용한 점을 밝힌다. 비록 인용문이 길지만 그대로 옮기는 이유는 그래야만 기존 연구자들의 생각을 잘 드러낸다는 생각이 들었기 때문이기도 하다. 부디 악의는 없으니 넓은 아량으로 선처해주시길 바라며 여러 선행연구자들과 번역자들에게 큰 감사를 보내고 싶다.

가룟 유다와 관련된 글을 수정하면서 과거 대학 시절의 추억으로 잠시나마 다시 빠져들게 되었다. 과거의 좋은 추억 때문에 나의 입가에 미소가 개인적으로 떠나지 않았었다. 개인적으로 현실의 삶이 불안정한 상태에 - 몸뚱아리와 모든 것이 불편하고 부족한 - 있는 나로서는 사실 현실과 미래에 대한 기대보다는 과거의 추억에 매몰(埋沒)되어 살아가는 경우가 많았었다. 과거에 매몰된 삶은 개인적으로 도움이 될 것이 없다고 말하는 이들도 있지만 개인적으로 이 막막한 현실에서 과거의 추억은 매우 소중하다. 과거의 추억을 먹고 살았기에 그것이라도 있었기에 오늘날의 나의 존재가 있을 수 있었던 것이다. 먹고살 수 있는 과거의 소중한 추억을 만들어준 친구 경규철과 손민연 그리고 여주영에게 감사드린다. 김영준[대학부 회장]과 김영림 남매와 더불어 상당교회 대학부 지체들과 지금은 고인이 되었지만 함께 상당교회에 출석하였고 또 강의실에서 법(法)이라는 것에 대해서 가르쳐주신 나의 은사님이셨던 이지용 교수님에게도 때 늦은 감사를 드리고 싶다. 그리고 무엇보다도 나 자신이 기(氣)죽지 않도록 항상 배려해주려고 하는 누이 같은 아내에게도 고맙다는 말을 전하고 싶다. 물론 하나밖에 없는 내 딸 예짱에게도 옆에 존재하는 그 자체만으로 감사를 전하고 싶다. 코로나 19 방역에 힘쓴 김성호 집사에게 감사와 아픈 몸의 빠른 회복을 또 함께 수고한 김용일 집사에게도 감사를 전한다.

✋ **긴급 영적 분별 요망[緊急靈的分別要望]**: 최근 사태를 통해서 알 수 있는 것처럼 세인들의 눈에 교회 공동체의 모습이 얼마나 웃겼으면 신천지하고 비교되는 꼴이 되었을까? 심지어 신천지보다 더 못한 개독교라고 비판받기도 한다. 이러한 현실에도 염치불문하고 『참 거시기한 변명』을 할 수밖에 없다. 빤스 목사로 불리는 분과 하나님의 말씀 안에 굳게 선 교회 공동체는 전적으로 다르다[異質的 集團]. 지금 이 시점에서의 교회 공동체는 그들과 스스로 거리 두기가 필요하며, 그분을 추종하는 이들 스스로도 그들 자신이 교회 공동체 안에 속하는 이들인지에 대해서 고민해 볼 필요가 있다. 이러한 현실은 또 다른 '참 거시기한 변명'을 다시 해야만 하는 슬픈 현실에 빠져 있다는 점에서 참 슬프다.

[일러두기]

용어[用語]는 통일하지 않고 저자나 번역자가 쓴 단어를 그대로 사용하고
자 한다. 물론 여기에는 저자와 번역자의 가치가 단어로 나타난다는 점을 전
제로 한다. 그리고 기독교안티, 안티기독교(Antichristianity), 반[反]기독교,
안티들을 동일한 의미로 사용하고자 타자화를 일반적인 용례와 다르게 사용
하였음을 밝혀드린다. 타자화의 경우 긍정적 의미로 거리두기, 구별 짓기, 경
계 짓기의 의미로 사용하였으며, 부정적 의미로는 긍정적 의미를 넘어서 악
마화를 의미한다.

인용문 안에서의 [ ]은 기존 연구자의 인용된 참고자료를 본 연구자가 읽
는 이가 참고할 수 있도록 하거나 이해를 위해서 추가한 부분이다.

제1장

마녀사냥에 대한 재고

마녀사냥에 대한 반성과 올바른 평가를 위해*

Ⅰ. 머리말

나에게 딸이 하나 있다. 그것도 매우 예쁜 외동딸. 나는 사실 그 딸 때문에 지금은 많이 힘들다. 지금 애들은 다 그런다 하지만 너무 도(道)가 넘는다는 생각이 들 때가 많다. 어려서도 도서관에서 다음과 같은 질문을 해서 나를 매우 힘들게 했었다. "왜 도서관에 있는 언니[사서 선생이나 관계 직원]들은 자신(딸과 같이 상대적으로 어린 사람)들이 음료수를 가지고 들어가면 안 된다고 하면서도, 왜 아줌마들이나 어른들이 가지고 들어가면 아무런 말도 안 해요?" 딸의 지적은 전적으로 맞다. 그러한 질문을 하는 것도 매우 합리적이다. 그런데 그러한 현실에 대해서 아빠 나름의 생각으로 이야기하면 좀 이해해 주었으면 하는데 아빠인 내가 생각하는 바와는 전

---

* 마녀(사냥)와 연관된 글을 읽을 때마다 볼 수 있었던 것이 『마녀의 망치』, 『마녀의 해머』와 『마녀의 철퇴』 등으로 번역된 『말레우스 말레피카룸』(Malleus Maleficarum)이라는 책이었다. 그냥 그런 책이 있는 것이구나. 그 책 때문에 마녀사냥이 심각하게 전개되었는가보다 하는 정도였다. 그런데 최근에 도서관에서 그 책이 내 눈에 띈 것이다. 번역을 해준 이재필 선생님께 감사드린다. 김기홍 교수님이 자신의 책에서 다음과 같은 표현을 했던 기억이 난다. "물론 해외 원전을 많이 참고하지 못하고 번역본을 주로 이용했는데, 원저자들은 물론 벽찬 연구를 끝내 포기하지 않고 진행할 수 있도록 큰 도움이 되어준 여러 번역자들의 노고에 심심한 감사를 올린다."(김기홍, 2016: 8). 본 연구자도 똑같은 감사의 마음을 선생님들께 전해드려야 할 것 같다. 번역자들뿐만 아니라 본 연구와 관련해 주경철(2016), 이택광(2013), 설혜심 교수님과 선행연구를 하신 모든 분들께 감사를 드린다.

혀 다르게 "왜요? 나는 왜 안 돼요?"라며 계속 그놈의 "왜"만을 외쳤었다.

중학교 3학년일 때 내 딸, 그 전부터 염색을 하고 싶다고 말했다. 그럴 때면 대학교 가면 실컷 하라고 말했었다. 성인이 되면 하라고 말했었다. 그런데 1학기 기말고사를 마치고 방학을 5일 앞두고 염색을 하게 되었다. 그것도 나 자신이 허락한 가운데서. 그런데 딸의 담임 선생님께서 전화를 주셨다. 담임 선생님께서 먼저 염색한 아이들에 대해서 학교에서 지속해서 지도하고 계셨다고 한다. 학교에서 돌아온 딸과 염색에 대해 말하면서 딸은 과거 도서관에 했던 질문과 비슷한 질문을 나에게 해댔다. "학교에 염색한 아이들이 많다. 단일 색으로 염색하는 아이들도 많다. 염색은 똑같은 염색인데, 단일 색으로 염색하는 것은 되고 알록달록한 색깔이 나오는 염색은 왜 되지 않는가?" 등이다. 나는 말했다. "염색 자체는 학생 신분에 좀 맞지 않는다. 또 만약 이 염색은 되고 저 염색은 안 되냐고 물을 처지가 되려면, 네가 염색을 하지 않는 가운데 학교에 질의하면 더 바람직할 것 같구나. 그런데 네가 염색하고, 그것도 학교에서 규제[指導]하는 여러 색깔이 나오는 염색약을 가지고 염색하고서는 왜 이래요 하면 선생님과 학교 측에서는 단순히 너가 변명하는 것처럼 보일 수도 있기 때문이다. 반 아이들, 3학년 친구들, 학교 후배들도, 더 나아가서 네가 다니는 학교의 이미지에 대해서 좀 생각해야 되지 않겠냐?"(사실 알록달록한 염색머리는 딸아이에게 매우 잘 어울렸다.)

개인적으로 마녀사냥에 대한 글을 읽으면서, 앞의 상황과 비슷한 환경에 직면하게 되었다. 기독교에 대해서 비판하는 신무신론자들(新無神論者, New Atheists, Anti-Christianity)이 내세우는 비판들 중 하나인 "과거 기독교가 많은 수의 무고한 사람들을 마녀라고 해서 죽였는데, 무슨 이유로 그렇게 많은 사람들을 죽일 수 있단 말인가?"(마녀사냥 witch-hunt에 대해서 이들은 witch-craze라는 단어까지 사용한다). 이 질문에 대해서는 아무런 말도 하지 못한다. 대답한다는 것 자체가 구차한 변명처럼 들릴 수 있을 것이다. 구차한 변명은 도리어 그 사람들의 감정을 자극하는 것에 불과할지도 모른다고 생각이 들기 때문이다. 말 그대로 유구무언(有口無言)일 뿐이다. 종교에 대한 자유와 인권이 강조되고 있는 지금의 시점에서는 더욱 그렇다. 기독교에 대한 공신력이 이렇게 낮은 환경에서는 더욱 더 그럴 수밖에 없는 실정이다.

과거 마녀사냥은 기독교가 전적으로 잘못한 것은 사실이지만 또 다른 편에서 볼 때에 기독교의 잘못이 너무 과장되거나 확대되어 마치 "마녀사냥=기독교"라는 환원주의적 사고 식으로 오도(誤導)되는 현실도 솔직히 말해서 매우 싫다는 것이다. 왜냐하면 모든 원인과 결과는 복합적으로 얽혀있다고 생각하기 때문이다. 단일한 원인에 의한 단일한 결과, 즉 극단적인 형태의 인과관계가 이 세상에 존재한다는 것은 매우 불가능하다고 보기 때문이다.2) · 3) 이는 개

---

2) "상관관계(correlation)란 두 가지 요인이 비례하든 반비례하든 연관되어 움직이는 관계를 뜻한다. 인과관계(causation)란 한 가지 요인이 원인이 되고 다른 요인이 결과가 되는 관계를 뜻한다. 하지만 다양한 변수가 존재하는 실생활에서 인과관계를 정확하게 밝히는 것은 매우 어렵다. 그렇기 때문에 대부분의 역학 논문들은 상관관계를 다룬다."(이한승, 2017: 155).
"이 밖에 온갖 통계 해석에서 자주 범하는 오류로는 상관관계라고도 불리는 동시에 관찰한 현

인적으로 믿는 지고(至高)의 하나님이 자신의 피조물인 우리[그리스도인들]의 범죄로 인해서 부정적인 신으로 매도(罵倒)되거나 개인적으로 속한 공동체가 마녀재판과 관련해 모든 부정적인 결과에 대해 독박을 쓰는 것 또한 합리적인 평가가 아니라고 보기 때문이다. 하나님은 그의 백성인 우리의 삶과 무관하게 항상 거룩하신 하나님이시기 때문이다. 찬양 가사처럼 하나님은 전적으로 '거룩하신 하나님'이시다. 그의 공동체 또한 거룩해야만 하기 때문이다. 또한 무엇보다도 올바른 평가가 있어야지 올바른 해결[豫防]이 있을 수 있기 때문이기도 하다(조한욱, in Sprenger and Kramer. 2016: 4)[3] 마녀사냥을 경험한 이들과 이러한 사실들을 인지한 이들은 다시 불게 될지도 모르는 마녀사냥의 광풍(狂風, 마녀 프레임 framing a witch [이택광, 2013 참조])에 대한 올바른 해결책을 지니길 원하기 때문이다.

이와는 반대로 일부 극단적 기독교인들[自稱基督敎人]의 경우 마녀사냥의 결과에 기독교가 어느 정도(상당히 많은 부분) 일조했다는 사실을 인정하지 않고 기독교를 제외한 다른 여러 원인에 마녀사냥에 대한 책임을 전가하는 경우가 있거나 책임을 부인하는 경우로 일반적인 사회적 분위기와는 반대되는 경우를 접할 수 있

상에 대한 결론이 있다. 하나는 원인으로, 다른 하나는 인과율의 관계에 있다고 보는 것이다. 이렇게 잘못된 추정에서 온갖 불량통계가 쏟아져 나온다. 상관관계가 변수, 일명 특징의 공통점이 있다면 (양의 상관에서는 두 변수가 동시에 올라가기도 하고 동시에 내려가기도 한다) 인과관계에서는 원인의 요소가 추가된다. 이 원인이 되는 관계가 상관관계를 만들 수 있지만, 반드시 그런 것은 아니다. 그리고 실제로 그렇지 않은 경우는 아주 흔하다"(Bauer und Krämer, 2017: 205).

3) "신은 오류가 없지만, 신앙은 오류투성입니다. 인간 자체가 오류의 존재이기 때문입니다."(이우근, 2009: 113). 매우 맞는 말씀이시다. m^ㆍ^b

기 때문이다. 이는 "마녀사냥=기독교"라는 안티그리스도인들이 하는 극단적인 논리와 '짝패'를 이룬 "마녀사냥≠기독교"라는 식의 또 다른 환원주의적 논리("순진한 비판[Innocent critique]⁴)". Gregory Baum, in Scanlon, 2009: 368 참조)로 이런 식의 논리 전개는 다른 사람들을 자극(刺戟)하는 행태에 지나지 않는다고 생각되기 때문이다. 과거 마녀사냥에 대한 아무런 회개(悔改) 없이 "마녀사냥≠기독교"의 주장은 세인들의 눈살만 찌푸리게 할 뿐만 아니라 교회 공동체에 유익이 될 수 없기 때문이다[**"마녀사냥=기독교" ⇨ 신무신론자 · 안티기독교 논리, "마녀사냥≠기독교" ⇨ 극단적 기독교인 · 자칭 기독교인 논리, 이 두 논리 모두 마녀사냥에 대한 잘못된 진단, 고로 참 거시기한 변명이 필요].**

마녀사냥에 대한 원인도 다양하지만 그렇다고 마녀사냥에 대한 기독교의 잘못된 과거 흑역사(黑歷史)를 부인할 수 없다, 마녀사냥에 대한 기독교의 부인(否認)의 형태들은 상대방만을 자극하는 하찮은 변명에 불과하다. 하나님은 과거 역사에서의 마녀사냥을 인정[願]하시지 않으신다. 역사의 문외한이지만, 마녀사냥의 원인에 대해서 개인적으로 평가해 봤을 때에 기독교 플러스알파라고 생각된다. 다만 기독교가 여러 원인 중에서 상대적으로 비중 있는 원인 제공을 했을 뿐이다(Witch-Hunt=**Christianity**+α. 상대적으로 기독교

---

4) 다음도 참조하라. "'순진한 비판'(innocent critique)에 대한 바움(Gregory Baum)의 충의를 명심해야 한다. 프랑크푸르트학파의 비판이론을 소개하면서 바움은 문화와 사회에 대한 순진한 비판을 중지해야 한다고 주장한다. 순진한 비판이란 자기의 전제와 가능한 결론을 비판적으로 살펴보지 않는 비판을 말한다. 포스트모더니즘이 근대성을 비판하면서, 근대성에서 진리와 가치를 찾아 건지려고 하지 않고 남김없이 근대성을 폐기 처분하려 한다면 그것은 순진한 비판이 된다."(Scanlon, 2009: 368; Baum, 1996: 58-63 참조).

가 가장 일조했다고 생각하기 때문에 기독교를 짙게 강조하였다). 이러한 마녀사냥에 대한 개인적인 평가를 전제로 마녀사냥과 관련된 논의를 시작하려고 한다. 다시 말해 마녀사냥의 근저(根底)에는 기독교가 존재하였다는 점을 인정함을 전제로 마녀사냥에 대한 또 다른 여러 원인의 다른 면에 관해서 논구할 필요가 있는 것이다. 교회 공동체에 속한 사람으로서 창피하지만 할 수 없는 일이다. 이는 마녀사냥이 부인할 수 없는 기독교의 흑역사 중의 하나인 것만은 부인할 수 없는 사실이기 때문이다.

II. 얽히고설킨 마녀사냥

캐나다 역사학자인 마거릿 맥밀런(Margaret MacMillan) 교수는 역사적 사건에 관해서 다음을 지적하였다. "각각의 역사적 사건은 여러 요인, 사람, 연대(年代)가 얽히고설킨 유일무이한 집합체이다."(MacMillan, 2017: 225) 한마디로 역사라는 것은 여러 가지 요인들이 얽히고설킨 결과의 산물이라는 것이다. 마녀사냥의 경우도 마찬가지다. 하나의 요인에 의한 결과가 아니라 다양한 요인과 사람들에 의해서 만들어진 복합적인 역사의 산물이라는 지적이다. 주경철 교수를 비롯한 여러 연구자들도 마녀사냥에 대해서 이러한 평가를 하는 것을 볼 수 있다.

마녀사냥은 고대적 기원을 가지고 중세에 서서히 발전하여 근대

초에 폭발한 사건이다. 그것은 결코 무(無)에서 나온 게 아니다. 씨앗이 되는 요소들은 오래전부터 준비되어 있었다. 고대 종교의 흔적, 초기 기독교 전통 그리고 사회에 널리 퍼져있던 민중 신앙 요소들이 섞이는 가운데 장기간에 걸쳐 마녀 개념이 형성되었다 (주경철, 2016: 37; Richards, 1999: 129-130 참조).

마녀사냥은 중세와 근대에 걸쳐 있을 뿐만 아니라, 정치에서 문화까지 모든 것을 포괄하는 복잡한 사건이다(설혜심, 2011: 90).

수백 년에 걸쳐 종교화한 마녀론의 뒷받침 아래 교황, 사제, 국왕, 판사 등의 지휘로 숱한 희생자를 낸 마녀사냥은 합리주의와 휴머니즘을 표방한 르네상스 최전성기에 기승을 떨었고, 신교도조차 이에 합세를 했으며, 프랜시스 베이컨, 토마스 아퀴나스, 장 보댕 등 당대에 이름을 날리던 대학자, 사상가, 신학자, 재판관, 문화인 등이 이 집단광기를 방관 내지 이론적으로 부추긴 이 역사적 참극은 그래서 더욱 참혹했다(森島, 1997: 3).

브라이언 P. 르박(Brian P. Levack)은 마녀사냥의 원인에 대해서 한 측면만을 바라보는 것으로는 마녀사냥에 대해서 완전하게 설명하는 것을 불가능하게 한다는 점에 대해 지적하기도 한다. "마녀사냥은 종교적·사회적 측면을 지니고 있을 뿐 아니라, 정치적 요인도 함께 지니고 있다. 그러므로 마녀사냥의 원인을 한 측면에서 찾는 것이 잘못된 일은 아니지만, 마녀사냥에 대한 완전한 설명은 되지 못한다."(Levack, 2003: 6, "저자 서언"). 이경재 교수도 중세라는 기간에 대해서 언급하면서 비슷한 이야기를 전개해 나간다. "어쨌든 한 시대가 한 가지 특징만으로 규정될 수 있다고 생각하는 것은 아집에 가까운 생각이 아닌가 싶다"(이경재, 2007: 5). 여러 연구자들의 지적처럼 역사는 복잡물[또는 複合物]이다. 단순한 인과관계로는 설명하기에 무리가 따를 수밖에 없다. 중세(中世)라는 시대 또한 매우 긴 시간이다. 장 베르동(Jean Verdon)이 전해준 지식에 의하면 중세라는 용어가 1688년 크리스토프 켈러라는 교과서 업자가 펴낸 책의 제목, 『콘스탄티누스 대제부터 투르크족 콘스탄티노플 점령까지 중세의 역사』가 말해준 것처럼 매우 시간상으로 길 뿐만 아니라(476-1453년 약 1000년[4]·[5], 르네상스 기간인 14C-16C도 포함하고 있다), 지역적인 범위에서도 매우 넓다는 것을 알 수 있다(Verdon, 2008: 23). 그렇다면 구체적으로 범위는 어떤가? 공간적으로 전 유럽에 관한 역사다. 아니 거기에다가 유라시아에 해당하는 러시아와 우크라이나 인근 국가도 포함하고 있다. 시간상으로 중세라는 시대는 그 기간이 거의 우리나라의 경우 고려 시대(918-1392)와 조선 시대(1392-1910)를 합친 기간에 해당할 정도로 기나긴 시간이라는 점이다(그래서 연구자에 따라서 중세를 초·중·후기로 구분하기도 한다. 심재윤, 2006: 11-17. "중세의 어원과 시대 구분"도 참조). 물론 마녀사냥은 15세기부터 16-17세기를 통해서 이루어진 사건이라는 점에서 기간적으로 축소될 수 있겠지만 말이다(1620년대에 절정을 이루며 17-18세기에 하강세를 보인다). 어찌 됐거나 유럽의 마녀사냥은 상대적으로 긴 시간에 넓은 공간에서 일어난 사건인 것만은 분명할 것이다. 바다 건너 아메리카의 세일럼[Salem, 이 지역의 명칭은 아이러니하게도 예루살렘(Jerusalem)에서 온 살렘(Salem)의 영어식 발음이다]에서 일어난 것을 포함하게 된다면 그 범위와 기간도 더욱 더 늘어나게 되는 것이다. 부분적으로 미국 매사추세츠 주의 세일럼 마녀사냥에 대해서도 언급할 것이다.

1. 먼저 인정하기: FACT, 기독교는 마녀사냥에 대해서 큰 일조를 함

앞서 기술한 것처럼 마녀사냥[일반적으로 15세기에서 16·17세기]이 이루어진 중세가 시간상으로 매우 길고, 지역적 범위도 넓다고 하더라도, 그리고 역사학자인 맥밀런(Margaret MacMillan) 교수와 설혜심 교수 등 여러 연구자들의 지적처럼 어떤 역사적 사건의 발생이 여러 가지 요인들이 얽히고설켜서 이루지는 것임에도 불구하고 본 연구자가 앞에서 개인적으로 밝힌 바처럼 마녀사냥은 여러 원인 중에서도 "상대적으로 기독교가 가장 일조했다", 다시 말해서 **"마녀사냥=기독교+a"**라는 사실을 대전제로 두고 이를 인정하고 가야 할 것 같다. 이는 무엇보다도 중세가 외형적으로 기독교의 지배하에 있는 기간이었기 때문이다. 김경재 교수와 장 베르동(Jean Verdon) 같은 연구자들도 교회[가톨릭]가 중세의 삶을 지배했다는 사실을 지적한다. 시간상으로 공간적으로 광대한 중세라는 시대를 한 끈으로 묶는 방법은 찾는다면 기독교라는 실[絲]밖에 없다는 지적이다. 교황의 권위인 교권(敎權)이 세상 지배자의 권한인 속권(俗權, 世俗 權限)에 비해서 우위를 지닌다고 생각한 것이 바로 중세의 근본적 세계관이었다는 것이다. 그렇지만 다른 한편에서 마녀사냥을 깊숙이 들여다보면 마녀사냥은 또한 여러 요인들이 얽히고설킨 역사적 산물이라는 점이다. 거의 모든 역사가 그런 것처럼 말이다. 마녀사냥은 하나의 원인으로만 설명할 수는 없는 것이며 그렇기 때문에 어느 하나만을 특정(特定)하여 마녀사냥에 대한 책임을 또한 물을 수가 없다는 것이다. 다만 그 원인과 책임에 있어서 경중(輕重)은 어느 정도 물을 수는 있겠지만 말이다. 그렇다면 그 책임에 있어서 가장 무거운 책임을 져야만 할 이는 누구일까? 중세의 세계관을 지배하고 있던 기독교가 바로 책임에 있어서 가장 무거운 위치를 차지하고 있다는 점이다.[6] 그렇다고 해서 전적으로 기독교에만 그 책임을 전가할 수 없다는 것도 인지해야 한다는 것이다. 개인적으로 그렇게 생각한다.

> 교회는 중세의 삶 전체를 지배했다. 인간이 지상에서 보내는 삶이란 영원한 삶을 위한 준비에 지나지 않는다는 것이 중세인들의 생각이었다. 그러므로 진리의 보루인 교회가 가르치는 원칙들에 따라 살아야 했다. 교회가 그리스도교 신자들에게 지대한 영향력을 행사하고, 이단들을 무찌르고, 때에 따라서는 무력을 써서라도 이교도들을 개종시키려 했던 것은 그 때문이었다. 교회는 비록 불완전하기는 했지만 복음의 교의를 실천하려고 애썼다(Verdon, 2008: 96).

> 간단히 말해 세계 전체가 창조자인 신의 통치와 섭리에 종속된다는 것, 인간의 궁극적 목적은 이 지상에서의 삶에 있지 않으며, 지상의 삶의 가치는 천국에서의 삶에 위계적으로 종속되어 있다는 것, 그렇기 때문에 신의 대리자로서 인간들을 천국 문으로 이끄는 지상의 수장인 교황이 지상의 모든 권위와 권력에 대해 우선권을 지닌다는 것이 속권에 대한 교권의 우위를 주장하는 중세의 근본적 세계관이었다(김경재, 2007: 18).

물론 다른 주장들도 존재하는 것이 사실이다. 먼저 주경철 교수가 자신의 책을 통해 소개하는 것처럼 중세 유럽이 기독교 세계관에 의해서 작동하지만은 않았다는 지적도 존재한다. 중세라는 시대가 외형적으로는 기독교 세계관이 지배하는 것처럼 보이지만 그 속 깊숙이 들여다보면 기독교와는 거리가 먼 이교적이면서 초자연적인 원리들에 의해서 작동하였다고 지적한다. "중세 유럽은 표면적으로는 기독교가 지배적인 것처럼 보이지만, 그 내면적으로는 귀신이나 요정, 특히 장소에 고착된 영들, 고대 이교(異敎) 신들의 흔적 등이 강고하게 잔존해 있는 상태였다. 이와 같은 초자연적 힘들이 물질세계에 실제로 영향을 끼친다고 보는 마술적 세계관이 민중 문화 내에 뿌리 내리고 있었다."(주경철, 2016: 306) 박용진 박사 또한 중세 사회에서 기독교가 모든 생활을 실제로 완전하게 지배하지 못했다는 것을 '바보 축제'와 같은 사례를 통해 제시하기도 한다(박용진, 2010: 82-83). 그러나 이러한 사례들은 중세 사회가 기독교에 기반을 둔 사회였다는 사실을 부정[拒否]할 정도의 강한 이유[說明]는 되지 못하는 것 같다. 확실한 것은 "중세 유럽은 한마디로 기독교에 기반을 둔 봉건사회였다."(박용진, 2010: 123)라는 점은 부인하기 힘든 사실이다.

연구자들에 의하면 마녀사냥이 정점을 이루었던 시기가 실제로는 중세가 아니라는 점을 강조하기도 한다. 주경철 교수는 마녀사냥은 근대 초에 그 정점이었다고 지적한다.

> "르네상스 이후 찬란한 문화의 빛이 되살아나고, 과학혁명과 계몽철학의 결과 세계에 대한 합리적 해석이 가능해졌으며, 조만간 산업혁명의 성과를 바탕으로 유럽이 세계의 패권을 장악하게 될 바로 그 시대에 그와 같은 몽매한 일들이 일어난 것이다."(주경철, 2016: 8).

도현신도 이성의 시대인 르네상스(Renaissance) 때에 마녀사냥이 본격화되었다고 지적한다. 그러면서 도현신은 이성의 시대인 르네상스 시대에 마녀사냥이 본격화된 이유가 무엇인지에 대해서 의문을 제기하고 있는 것을 볼 수 있다. "흔히 암흑의 시대라고 인식하는 중세 시대엔 정작 우리가 상상하는 마녀사냥이 드물었고, 빛과 이성의 시대라고 칭송하는 르네상스 시대에 오히려 마녀사냥이 본격화되었다는 사실은 무엇을 의미할까?"(도현신, 2012: 181). 제프리 B. 러셀(Jeffrey Burton Russell) 교수도 위의 연구자들과 마찬가지로 마녀사냥이 르네상스와 종교개혁의 산물이라는 점에 대해서 지적한다.

> "마녀사냥의 광기를 중세의 산물이라 여기는 통속적인 판단은, 나쁜 것은 뭐든 이른바 '암흑시대'의 교권중시주의와 연결 짓는 잘못된 편견의 결과이다. 마녀사냥은 오히려 르네상스와 종교개혁의 산물이었다. 악마적인 마술의 존재를 그 누구보다도 강력하게 주장한 사람들 중에는 르네상스 지식인들과 종교개혁의 지휘자들이 많이 포함되어 있었기 때문이다."(Russell, 2004: 124)

그렇다면 마녀사냥이 기독교 지배하의 중세와 거리가 멀다는 연구자들의 이러한 주장이 마녀사냥과 기독교의 관계성에 영향을 미칠 수 있는 것들일까? 앞서 기술했던 것처럼 마녀사냥에 상대적으로 일조한 기독교 외의 여러 원인들에 대한 이러한 주장들은 어느 정도[部分的으로] 마녀사냥에 대해서 면죄부는 줄 수는 있어도 기독교가 마녀사냥으로부터 전적(全的)으로 자유롭다는 자료[全的 根據]는 될 수 없다는 점이다. 페데리치(Silvia Federici)는 자신의 책, 『캘리번과 마녀: 여성, 신체 그리고 시초 축적(Galiban and the Watch)』에서 마녀사냥을 언급하는데, "수 세기 동안 이어진 교회의 여성 혐오적 공격"이라는 문장을 통해 그녀도 마녀사냥의 요인은 복합적이지만 그렇다고 해서 교회의 역할[責任]이 축소되지 않는다는 점에 대해서 지적하고 있는 것을 볼 수 있다.

> 분명 마녀사냥은 중요한 정치적 기획이었다. 그렇다고 해서 이 박해에 참여한 교회의 역할이 축소되지는 않는다. 로마가톨릭교회는 마녀사냥의 형이상학적·이데올로기적 발판을 제공했고, 과거에 이교도 박해를 사주했던 것처럼 마녀박해를 부추겼다. 종교재판이 없었더라면, '마녀'를 색출해서 벌하라는 세속정권에 대한 교황들의 수많은 교지가 없었다면, 그리고 무엇보다 수 세기 동안 이어진 교회의 여성 혐오적 공격이 없었더라면 마녀사냥은 불가능했으리라(Federici, 2011: 246-247).

2. 기독교 더 깊숙이 들여다보기

그렇다면 구체적으로 기독교는 마녀사냥의 확산에 어떻게 영향을 주었을까? 마녀사냥과 관련해서 중세의 기독교를 더 깊숙이 들여다보기로 하자. 마녀사냥에 기독교가 구체적으로 어떤 일조를 했는지에 대해서 살펴보자.

1) 더 깊이 관여된 기독교 관계자들

먼저 교황이나 성직자나 신학자 등 기독교 관계자가 마녀사냥과 직·간접적으로 연루되어 있다는 점이다. 우리가 일반적으로 생각하는 것보다 더 깊게 말이다. 물론 외관상의 그리스도인이라고 해서 다 그리스도인이라는 법도 없다. 왜냐하면 명목상의 그리스도인(nominal Christian)은 언제나 존재하였기 때문이다. 오늘날 안티들이 좀 문제가 있는 그리스도인이라고 지명한 이들도 어떻게 보면 충분히[大部分] 명목상의 그리스도인에 지나지 않을 수도 있다는 점을 기억해 주었으면 한다(이는 다른 종교의 경우도 동일하게 인지할 부분이기도 하다). 물론 이러한 사실을 인지하지 못한 사람들은 모두 싸잡아 도매금으로 그리스도인이라고 칭할 것이지만 말이다. 중세 마녀사냥과 관계있는 이들은 정식적인 절차[외부에서 볼 때]에 의해서 교황이 되었고, 성직자가 된 사람이라는 점과 당시에 그들이 누렸던 강한 종교적인 힘들을 생각한다면 명목적 그리스도인이라고 보기에는 질적으로 차원이 다르다는 것을 알 수 있다. 이 또한 인정하기 싫겠지만 인정해야 할 사실이다.

(1) 교황(敎皇)들

먼저 교황들이다. 중세 가톨릭교회 제도상의 제일 무거운 책임자이기 때문에 교황은 제일 앞에 위치해야 한다(참고로 한스 큉은 토마스 아퀴나스를 중심으로 한 스콜라 신학자들을 제일 앞에 두고 있다). 12세기에 나온 말 중의 하나가 "진짜 황제는 교황이다."(Ipse est verus imperator)라는 말이었다고 한다.[7] 이처럼 당시 교황의 힘은 대단했다. 물론 중세의 두 권력인 황제[俗權]와 교황[聖權]의 권력 관계는 시기에 따라 상호부침(相互浮沈)의 관계였지만 말이다. 당시 교황들의 지침[勅書나 敎書 等]들이 마녀사냥의 바람이 일어나게 하는 데 직간접적인 구실을 하였다는 지적이다. 가톨릭의 수장으로 성경의 가르침과 잘못된 바람[狂風]이 불 때에 영적 분별력을 발휘해서 바람을 멈추게 해야 할 위치에 있는 교황들이 타의든 자의든 관계없이 마녀사냥이 광풍(狂風)으로 변하여 큰 피해를 가져오게 하는 데 한[大] 역할을 감당하게 된 것이다. 이와 관련해서 긴스버

그(Carlo Ginzburg)는 한젠(J. Hansen)을 인용하면서 다음과 같이 지적하고 있는 것을 볼 수 있다.

교회 당국에서 마술과 마법을 '이단'으로 취급하는 경향은 서서히 발전했다. 1258년 12월 23일의 교서에서 교황 알렉산데르 4세는 이단적 타락을 다루는 심문관이 '명백한 이단임을 알지 못하는 한'(manifeste haeresim saperent) '점과 예언에 관한'(de divina tionibus et sortilegiis) 범죄의 판결을 내릴 수 없다고 확언했다. [J. Hansen, 1901: 1] 이것은 비교적 느슨한 법령이며 따라서 널리 퍼지고 있는 마법이나 미신적인 관행과 관련되어 있음은 물론 이미 만연한 경향을 제어하지 못했다. 두 세기가 지난 뒤 교황 니콜라스 5세는 1451년 8월 1일 프랑스의 이단 재판소장 위고 르누아르(Hugo Lenoir)에게 보낼 교서에서 "명백히 이단임을 알지 못한다 할지라도 신성모독자와 점술가들"(sacrilegos et divinatores. etiam si haeresim non sapiant manifeste)을 추적하여 처벌하라고 훈계했다. [J. Hansen, 1901: 19] 이것은 심문관들에게 단순한 미신과 관련된 사안에서 월권을 할 가능성을 부여하였고, 실제로 그런 많은 사례가 있었다. (Ginzburg, 2004: 65, "밤의 전투". 31번 각주).

르박(Levack)은 교황에 의해서 마녀사냥에서의 고문(拷問)이 인정된 사실에 대해 다음과 같이 적고 있다. "당시 교황 인노켄티우스 4세는 교회의 특별 사법관이 드러나지 않은 범죄인 이단을 다룰 때, 고문을 사용하는 것을 인정했다"(Levack, 2003: 118).[8] 러시아 역사학자인 사무일 로진스키(1874-1945)는 『말레우스 말레피카룸: 마녀를 심판하는 망치』[9]의 "해설: 중세 유럽의 운명을 결정한 책"에서도 같은 지적을 했었다. "교황 알렉산드로 6세, 교황 레오 10세 그리고 교황 하드리아노 6세는 『말레우스 말레피카룸』의 기본적 입장과 주장들이 모두 정당하다는 것을 여러 차례 강조했고, 이와 관련해서 특별 교시를 하달하기도 했다"(로진스키, "해설". in Sprenger and Kramer, 2016: 596). 다음은 이와 관련된 한스 큉 (Hans Küng)의 유사한 지적이다.

> "13세기 이래 이단자 박해를 제도화·강화하고, 둘 다 악마의 소행인 이단과 주술은 서로 밀접한 관계가 있다고 믿었던 것은 바로 교황들이었다. 그 후 르네상스 교황 인노켄티우스 3세는 1484년 앞에서 언급한 두 도미니크 회원[『말레우스 말레피카룸』의 두 저자인 슈프렝거와 크라머]의 청원을 받아들여 악명 높은 마녀 교서 (Summis desiderantes, '덴칭거' Denzinger, '휘너만' Hünermann은 이에 관해 입 다물고 있다!)를 반포했으니, 이로써 신종 마녀론에 교황 강복을 내린 셈이었다. 이 교서는, 따르지 않으면 파문당하리라 협박하면서, 이 '사랑하는 아들들'의 종교재판을 방해하지 말라고 명령했다. 이 치명적 교서는 1487년에 출간된 『마녀 망치』 앞쪽에 곧장 수록되었다. 이렇게 교황과 교황청은 유럽에서의 엄청난 마녀재판을 야기하고 정당화하고 촉진하는 데 결정적으로 관여했다. 이제 이단자 박해에는 일손이 남던 교황청 종교재판소는 여자들에게 사용할 고문 기구들을 생산·조달하느라 바빴다. 밀고가 접수되면, 관계자를 시켜 공식적으로 고발하는(accusatio) 대신 당국이 은밀히 심리했고(inquisitio), 마침내 자백을 받아 내기 위해 고문이 뒤따랐으며, 결국엔 화형이었다."(Küng, 2011: 129).

참고로 물론 그 이전에도 [중세] 종교재판소(최초의 중세 종교재판소는 1220년에 시칠리아에 설치됨)는 존재하였지만 '근대' 종교재판소를 탄생시킨 것도 교황의 허가령에 근거했다는 점을 김원중 교수의 글에서 발견할 수 있다. "스페인의 가톨릭 공동왕(Reyes Catolicos)은 1478년[10]에 교황 식스투스 4세에 받아낸 종교재판소 (Inquisicion) 설치 허가령을 근거로 1480년에 스페인 '근대' 종교재판소를 탄생시킨다."(김원중, 2002: 97). 중세 시대의 종교재판소는 상대적으로 종교적 이단 재판(異端裁判)을 다루었다면, 근대 종교재판소의 재판은 시기적으로 마녀사냥에 더 가까웠던 것이다.

(2) 토마스 아퀴나스[5)]

너무 유명한 가톨릭의 대표적 신학자 토마스 아퀴나스(Thomas Aquinas)는 "천사 같은 선생"(doctor angelicus)으로 불린 점에서 그가 마녀사냥에 연관되어 있다는 것에 좀 의아스럽게 생각할 수 있겠지만 아퀴나스의 이론[11]과 그의 묵인[承認]은 마녀사냥에 큰 힘을 더해주는 역할을 했다. 아퀴나스가 다른 이들에 비해 순서상 앞에 배열[記述]한 것도 전술(前述)한 교황에서와 같이 토마스 아퀴나스(지금도 그의 사상을 Thomism이라고 하지 않는가)가 교회에서 신학적으로 차지하고 있는 비중이 상대적으로 매우 크기 때문이다. 쿠사노 타쿠미(Kusano Takumi)의 『도해 악마학』(Zukao Akuma-Gaku)을 보면 다음과 같은 도식이 나오는 것을 볼 수 있다.

악마의 공포확대 → 신학자의 악마론 + 악마학의 탄생 ⟼ 마녀 망상의 확립(Kusano, 2011: 145).

마녀사냥[魔女 妄想]에 신학자들의 악마론이 어느 정도의 역할을

---

5) 아퀴나스 이전에 아우구스티누스가 있었다는 점도 유의하라. 다만 중세 시대 때에 마녀사냥이 일어났고 그에 대한 대표적인 신학자 아퀴나스를 지명했을 뿐이다(시대 구분상으로 아우구스티누스는 중세 사람이 아니다). "아우구스티누스에 의하면, 악마들은 물질적인 것도 아니고 그렇다고 전적으로 영적인 것도 아닌 공기 같은 형체를 갖추고 있었기 때문에 특별한 날렵함을 가지고 있었으며, 이로 인해 인간들의 몸과 영혼을 비롯한 모든 곳에 들어갈 수 있었다. 이러한 그들의 특성 덕분에 악마들은 인간에게는 주어지지 않은 특이한 기술과 예측의 재능을 지니고 있었다. (406년과 411년 사이에 저술된) 『악마의 신통력에 관하여』(De divinatione daemonum)에서 아우구스티누스는 악마들이 질병을 유발할 뿐만 아니라 공기를 유해하게 만들고 무엇보다 잠 속에 환영을 불러일으킬 수 있는 힘을 지니고 있다고 주장한다. 마법에 대한 아우구스티누스의 비난과 그의 악마 연구(귀신학)는 중세에 지속적인 영향력을 행사했으며, 사르트르의 이보(약 1040-1116) 같은 12세기의 교회법 학자들에 의해서 대부분 다시 받아들여졌다"(Eco, 2015: 429).

감당했음을 보여주는 도식임을 알 수 있다. 토마스 아퀴나스도 대표적인 신학자로서 이러한 역할을 감당했었고, 아퀴나스로 인해서 과거에는 이교적인 미신으로 취급되어 배척되었던 것들이 신학 체계 안으로 들어오는 발판을 만들었다는 지적이다. 큉(Hans Küng)은 이에 대해 다음과 같이 기술하고 있다. "토마스 아퀴나스는 13세기에 대규모 이단 운동들에 직면하여 상세한 악마론을 개진했는데, 미신에 관한 이론의 근거로, 아우구스티누스를 따라, 악마와의 계약 교설을 이용했다[Thomas von Aquin, Summa theologiae II-II. q.93, a.2.]. 예전에는 이교적 미신으로 배척되던 것들이, 이제 신학 체계 안에 편입·통합된 것이다."(Küng, 2011: 128; 주경철, 2016: 150 참조). 이를 더 구체적으로 살펴보면 다음과 같다. 모리시마 쓰네오(森島桓雄)에 따르면, 마녀하고 악마하고의 성관계[性關係, intercourse]를 가진다든지 인간과 영적 존재 사이의 성관계[性交]라든지 그리고 그 성적인 관계로 인간의 임신에 대한 것은 아퀴나스가 이전부터 전해 내려오는 아우구스티누스의 가르침에 영향을 받았다는 것이다.[12] 아퀴나스는 이러한 이전의 이론에 기반을 해서 더 나아가 다음과 같은 주장을 하기에 이르렀다는 지적이다. "악마와의 성교에 의해 여자는 임신할 수 있다. 그러나 그것은 악마 자신의 정액에 의해서가 아니다. 악마는 여색마가 되어 남자로부터 얻어낸 정액을 남색마가 되어 여자에게 줄 수 있기 때문이다(『신학대전』). 마녀재판관에게 이것은 최고의 권위를 갖는 마녀론이었다."라는 것이다(森島, 1997: 68-69).

참고로 볼프강 베링거(Wolfgang Behringer)는 15-16세기부터 널리 유행한 마녀들의 특성들 가운데 공통으로 나타나는 주요 요소들을 뽑아서 '정교화된 마법'(elaborate concept of witchcraft)이라는 개념을 만들었다고 한다. 정교화된 마법은 구체적으로 다음의 6가지의 특징을 지닌다고 한다(Behringer, 1997: 14; 주경철, 2016: 35 재인용).

  1. 악마와의 계약(기독교 배교)
  2. 악마와 성관계
  3. 날아서 이동하는 능력
  4. 악마가 주관하는 모임(사바스)에 참석
  5. 사악한 위해의 행사
  6. 아이 살해

또한 르박(Levack)도 자신의 책 "2장. 기적 기반"에서 복합적인 마녀술 개념으로 "악마, 악마와의 계약, 비행, 사바트, 비행, 둔갑" 등(Levack, 2003: 53-106)에 대해서 기술하고 있는 것을 또한 볼 수 있다. 이러한 개념들이 후일에 절대적인 권위를 갖고 악마학 등에 인용될 수 있도록 한 것도 바로 토마스 아퀴나스가 이들 개념들을 인정했기 때문이라고 한다. 이에 대해서는 쿠사노 타쿠미(Kusano Takumi)의 다음과 같은 진술을 통해서 확인할 수 있다.

> 그리스도교회 최대의 신학자인 토마스 아퀴나스는, 악마의 실재, 악마가 인큐버스(Incubus), 서큐버스(Succubus)가 되어 인간과 성교한다는 것, 남자를 불능으로 만든다는 것 등 마녀술의 핵이 되는 다섯 가지 개념의 존재[악마와 성 교섭, 공중비행, 불임술, 날씨조종, 동물로 변함]를 인정했다. 이들 개념은 후일 절대적인 권위를 갖고 여러 서적에 인용되었다(Kusano, 2011: 143).

(3) 그 외의 신학자, 슈프렝거와 크라머의 『말레우스 말레피카룸』

스콜라주의로 대표할 수 있는 중세 신학자[스콜라 철학자]들이다. 아마 그 첫 위치를 차지할 사람은 바로 『말레우스 말레피카룸 (Malleus Maleficarum)』의 저자인 야곱 슈프렝거와 하인리히 크라머(Jacob Sprenger and Heinrich Kramer)이어야 할 것이다. 쥘 미슐레(Jule Michelete)는 『말레우스 말레피카룸』이 어떻게 마녀사냥의 지침이 되었는지에 대해서 다음과 같이 설명한다. "그 당시 위중한 대죄로서 이단을 심문할 때 『집행』이라는 지침서에 따랐다. 이 지침서는 이전의 고해에 대응하는 교범인 『징계』를 이어받았다. 하지만 대죄 중에서도 가장 무거운 이단은 마법이었고, 여기에 특별한 별도의 '집행' 지침서로써 마녀에 대한 『마녀 망치』라는 교범이 있었다."(Michelet, 2012: 185) 한국교원대학교 조한욱 교수에 의하면 "마법과 그 실행자인 마녀가 실재한다고 주장한 이 책이 출판된 지 3년 만에 가톨릭교회에서는 이 책의 내용이 사실이 아니라고 부인했다고 한다. 하지만 출판 이후 30여 년 동안 20쇄를 찍고, 1574년부터 1669년 사이에 16쇄"를 더했을 정도로(조한욱, "추천사". in Sprenger and Kramer, 2016: 5) 마녀사냥에 있어서 현실적으로 확고한 지침서(指針書)가 되었다는 것을 알 수 있다.

모리시마 쓰네오(森島桓雄)는 『말레우스 말레피카룸』에 의한 마녀재판이 왜 암흑재판이 될 수밖에 없었는지에 대한 이유를 용의자의 체포와 관련해서 다음과 같이 적고 있다.

재판은 우선 용의자의 체포에서 시작된다. 용의자를 체포하는 것에는 교회법으로 인정되고 있는 세 가지 경우가 있다.
* 누군가가 어떤 자의 이단죄를 재판관에게 고발하는 한편 그 죄를 입증할 것을 자청할 경우
* 누군가가 어떤 자의 이단죄를 고발은 했지만, 그 죄를 입증하거나 그 사건에 관계하는 것은 원하지 않는 경우.
* 고발도 밀고도 없지만 어떤 자의 이단에 대해서 '세상의 소문'이 있는 경우.
그런데 실제로는 이 중 제1의 경우는 극히 드물었고, 또 재판관측에서도 이 경우는 경계적이었다. "재판관은 제1의 경우를 무심코 인정해서는 안 된다. 만에 하나 그 고발이 신앙심에서 나온 것이 아닌, 즉 중상모략을 목적으로 하는 것도 있기 때문이다."(『마녀와 망치』) 따라서, 실제로는 제2와 제3, 특히 제3의 경우가 가장 많았다. 마녀재판이 암흑재판이 된 원인의 하나가 아마도 여기에 있을 것이다(森島, 1997: 95).

계속해서 모리시마 쓰네오(森島桓雄)는 "대답할 수 없는 심문"이라는 곳에서는 피고의 유죄를 결정하는 길에는 네 가지가 있었다고 한다. "피고의 유죄를 결정하는 데에는 네 가지 길이 있다. 다시 말해 (1) 증언, (2) 직접적 사실에 의한 증명, (3) 간접적 사실에 의한 증명, (4) 마녀 자신에 의한 자백 등이다. … 그러나 위의 (1)~(3)은 피고가 자백하지 않는 경우에 유효하고, 피고가 자백하면 그 자백만으로 유죄라고 결정할 수 있다(『마녀와 망치』)"라는 사실을 지적한다(森島, 1997: 100-101). 참고로 모리시마(森島)는 당시에는 고문에 대한 생각이 오늘날과 차이가 있었다는 점에 대해서도 지적하기도 한다. 그 당시에 고문은 신성했을 뿐만 아니라 '신의 이름으로' 실행되는 정의였다는 것이다. "… 중세의 그리스도교를 지탱하는 지주는 이단 심문제이고, 이단 심문제의 지주는 고문이었다. 고문실에는 십자가와 고문대가 나란히 있었다. 고문은 '신의 이름으로' 행해지는 정의(正義)였다. 정의를 행하는데 주저하는 일은 없

다."(森島, 1997: 109)[13]

『말레우스 말레피카룸』의 저자들에 대해서 살펴보자. 야곱 슈프렝거(Jacob Sprenger)가 이 책의 공저자(共著者)로 기재(記載)되어 있었다는 점은 이 책이 마녀사냥에 있어서 더 강력한 힘[權威]을 발휘하게 하는 데 매우 중요한 역할을 하였다고 볼 수 있기 때문이다. 사실 주저자인 하인리히 크라머(Heinrich Kramer, 라틴식 이름은 Henticus Institoris다)는 당시에 그렇게 내세울 정도의 인물이 아니었다고 보이기 때문이다. 크라머에 대한 조한욱 교수의 다음과 같은 기술에서 공저자인 야곱 슈프렝거의 위치가 상대적으로 매우 중요한 위치를 차지하였을 것이라는 점을 짐작할 수 있다. "…실상 하인리히 크라머는 티롤 지역에서 마녀로 지목된 여인을 기소하다가 실패하여, 오히려 그가 주교로부터 '망령이 든 노인'으로 취급받으며 인스브루크에서 추방된 적이 있었다. 평상시에도 상궤[常軌]에서 벗어난 행동을 하던 그에 대한 성직자들의 평판도 그를 추방한 요인이 되었을 것이지만, 어쨌든 하인리히 크라머로서는 자신을 합리화하고자 하는 마음도 이 책을 쓰게 된 계기가 되었을 것이다."(조한욱, "추천사". in Sprenger and Kramer, 2016: 5-6). 기껏해야 서문[슈프렝거는 서문에 '解明'이라는 이름을 붙였음]을 집필한 정도였던 야곱 슈프렝거는 당시 이단 심문관으로서의 명예를 지니고 있었기 때문에 크라머가 자신의 책에 권위를 부여하기 위해서 끄집어들였다는 것이다(사무일 로진스키, "해설" in Sprenger and Kramer, 2016: 593). 쥘 미슐레(Jule Michelete)도 비슷한 의견을 개진하고 있는 것을 볼 수 있다. "슈프렝거가 적임자 아니었을까?

무엇보다 그는 독일인으로 도미니크 수도회 소속이었고, 그 막강한 수도회와 그 모든 부속 수도원과 신학교의 지지를 받았다. 그 학교의 위신에 어울리는 우수한 졸업생이자 훌륭한 교부신학자로서 성 아퀴나스의『신학대전』으로 강철같이 단련된 인간, 그 성자를 굳게 믿고 기대고서 항상 그 글귀를 내세울 수 있는 그런 인물이다. 슈프렝거는 모든 조건을 완비했다. 게다가 그는 맹랑했다."(Michelet, 2012: 189). 하인리히 크라머는 슈프렝거를 자기 책의 공동 집필자로 선택하는 것만으로 만족하지 않았다고 한다. 크라머에게는 확실한 다른 보장이 더 필요했던 것이다. 그래서 다음과 같은 행보를 계속해서 보였던 것이다. 러시아 역사학자 사무일 로진스키는 이에 대해 이렇게 기록하고 있다.

> … 하지만 두 사람이 공동집필했다는 것만으로는 아직 충분하지 않았다. 크라머와 슈프랭거에게는 "『말레우스 멜레피카룸: 마녀를 심판하는 망치』로 마녀들을 깨부술 수 있다"라는 확실한 보장이 필요했던 것이다. 결국 두 사람은 당시 독일에서 최고의 권위를 누리고 있던 쾰른대학 신학부를 찾아가『말레우스 말레피카룸』에 대한 격려와 지지를 당부했다. 쾰른대학의 협조가 중요했던 이유는 교황 비오 2세와 식스투스 4세의 특별 교령에 따라 쾰른대학이 최고 검열권을 가지고 있었기 때문이다. 한편 이 책을 검토한 신학대 학장 램버트 드 몬테는 학부 교수 4명의 동의를 얻어 호의적이면서도 다소 신중한 평가를 내놓았는데 그 내용은 다음과 같다. "이 책의 이론적인 부분은 대단히 주도면밀한 성격을 띠고 있고, 그 실제적인 부분은 교회법의 입장을 고수하고 있다. 이 책이 많은 수의 '역량 있는' 독자와 전문가들을 만나기는 어려울 것이다. 그리고 그들 이외에 또 다른 열성 독자들을 만나는 것도 쉽지 않을 것이다."(사무일 로진스키, "해설" in Sprenger and Kramer, 2016: 595).

그 외에도 마녀사냥에 많은 수의 수도사들과 교구 사제들이 심문 관으로 관여했음을 알 수 있다. "그레고리우스가 이단 심문관으로 뽑은 것은 도미니크 수도회 그 자체가 아니라 수도회 안의 적임자 개인이었다. 또 프란체스코수도회와 시토 수도회의 수도사도 선임 되었고, 심문관의 목록에는 수도사만이 아닌 교구 사제의 이름도 보인다. 그러나 도미니크 수도회의 수도사가 압도적으로 많았던 것 은 사실이다."(森島, 1997: 39). 그래서 인지 몰라도 이택광 교수는 마녀사냥의 중심에 선 도미니크회에 대해 다음과 같이 적고 있는 것을 볼 수 있다. "마녀를 악마화 하는 일에 지대한 영향을 끼친 세력은 바로 도미니크회(Dominican Order)였다. 도미니크회는 세계 를 선악 사이에서 벌어지는 갈등 상황으로 파악하고 빛의 아들과 어둠의 아들이 서로 싸우는 아마겟돈 같은 상황을 상상했다. 마녀 이야기들은 예수 그리스도 이야기와 정확하게 반대를 이룬다."(이 택광, 2013: 38). 어쨌든 간에 직간접적으로 알게 모르게 당시 많은 가톨릭 관계자들이 마녀사냥에 깊이 관여하였던 것만은 사실이다.

2) 잘못된 성경해석과 적용으로 마녀사냥 광풍에 풀무질

매사추세츠 주의 세일럼의 마녀재판(Salem witch trials)에서는 당시 목사였던 새뮤얼 파리스(Samuel Parris)의 [잘못 선포된] 설 교[14]도 크게 한몫을 했음을 다음의 글을 통해서 확인할 수 있다.

> "설교가 마녀 이야기에 대한 믿음을 대중에게 퍼뜨리는 데 중요한 역할을 했음을 보여주는 가장 좋은 예는 아마 매사추세츠 세일럼 일 것이다. 목사인 새뮤얼 파리스는 사냥이 일어나기 몇 년 전부 터, 마을 안팎에서 악마의 위협이 횡행하고 있다고 설교했다. 이

설교는 신자들을 무의식적으로 마녀사냥에 대비시켰을 뿐 아니라, 마녀사냥이 실제로 일어났을 때 이를 다시 환기하는 역할을 했다. [Boyer and Nissenhaum, 1974: 168-178]" (Levack, 2003: 96; 1692년 세일럼 마녀재판은 Schanzer, 2013 참조).

여러 연구자들이 지적하고 있는 것 중의 하나가 바로 마녀사냥에는 잘못된 성경해석[理解와 適用]이 그 중심에 자리하고 있다는 점이다(Russell, 2004: 54; Levack, 2003: 135; 森島, 1997: 21-22; 이택광, 2013: 27). 마녀사냥에 있어서 문제가 되는 대표적인 성경 구절은「출애굽기」22장 18절 말씀이다. "마녀를 살려두지 말라"(Thou shalt not a witch to live, KJV. Exodus 22:18; "Do not allow a sorceress to live" NIV. Exodus 22:18; "Death is the punishment for witchcraft", CEV. Exodus 22:18)라는 구절이 마녀사냥을 위한 전거[本文 典據, proof-texting]로 사용되었던 것이다. 이는 마녀사냥[魔女 迫害]을 정당화하기 위해 17세기 중반의 마녀 광풍을 부추겼던 '마녀사냥 장군'이라고도 불린 매튜 홉킨즈가 자신의 저서인,『마녀의 발견』의 첫 페이지에 이 성구를 게재한 탓에 한층 더 유명하게 되었다고 한다(森島, 1997: 21).

출애굽기 22장 18절의 '마녀'와 마녀사냥 당시의 마녀의 개념은 동일하지 않음[매우 희박함]에도 불구하고 왜 마녀사냥의 전거로 사용되게 된 것일까? 월터 코스트는 '카삽(chasaph, 또는 kashaph)'이라는 단어는 '독살하는 자'라는 의미이며, 또 출애굽기 본문에는 마녀사냥에서 주장하는 것처럼 악마와 마녀와의 계약 등은 나오지도 않는데도 말이다. "월터 스코트는『악마론과 요술에 관한 서한』

(1830년)에서 「서한 제2」의 대부분을 이 문제에 할애하고 있는데, 그에 따르면 구약성서의 원래의 단어, 헤브라이어의 chasaph(또는 kashaph)는 '독살하는 자'라는 의미이고, 모세의 율법에는 후세 마녀재판 시대에 있는 것 같은 '마녀와 악마와의 계약'은 볼 수 없고, '적어도 악마와의 결탁 방식이 존재했던 것을 우리에게 믿게 하려는 문장은 성서(구약)에는 전혀 나오지 않는다.'라고 말하고 있다."[15](森島, 1997: 21). 어떻게 해서 이러한 해석[理解]이 가능했으며, 또 그러한 적용이 가능하게 되었는가 말이다. 이를 이해하기 위해서 제프리 B. 러셀(Jeffrey Burton Russell)의 설명을 참조해야 할 것 같다. 러셀은 성경의 번역 과정에서 일어난 결과라고 지적한다. 길지만 러셀의 주장을 인용해 보겠다(참고로 본 연구자는 성경을 원어로 볼 정도의 전문가가 아님을 밝히며, 여기서 본 연구자가 러셀의 주장을 인용한 이유는 성경에서 말하는 마녀[출22:18]와 마녀재판에서 말하는 마녀가 서로 다르다는 점에 대해서만큼은 동의하기 때문이다). 러셀의 책에 나온 내용을 비록 길지만 길게 인용하는 것이 내용의 전달과 이해에 더 유익하다고 보기 때문에 생략이나 요약 없이 긴 문장 그대로 인용하기로 하겠다. 이에 대해서 부디 넓은 마음을 가지고 능력 없는 본 연구자를 이해해 주셨으면 한다.

> 히브리어 성서가 그리스어와 라틴어, 근대의 언어들로 번역되던 당시, 히브리어 단어의 의미에도 변형이 왔다. 때때로 번역은 박해를 촉진하기도 했다. 이와 관련해 가장 더욱 중요한 예는 출애굽기 22장 18절인데, 원래 히브리어 판에는 이 대목이 "카샵은 살해당한다"로 명시되어 있다. 카샵이란 주술사, 점술사 또는 마법사이긴 하지만, 악령숭배와는 아무런 관련도 없다. 라틴어판 성서인 불가타(Vulgate)에서는 이것이 'Maleficos nos patieris vivere(너는 말레

피쿠스를 살아 있게 해서는 안 된다)'로 번역되었다. 불가타의 번역이 완성되었을 당시는 말레피쿠스('악을 행하는 자'라는 뜻의 형용사 및 명사형의 남성 주격-역주)라는 말 자체의 뜻이 아직 분명치 않아서, 해악을 끼치는 마법사를 가리키기도 했지만, 뭔가 범죄를 저지르는 사람이라는 뜻으로 쓰였다. 이후 유럽에 마녀가 속출하게 됨에 따라, 이 말은 특히 악마에게 바쳐진 마녀를 가리키게되었고, 이 구절은 마녀 처형을 정당화하는 근거로 이용되었다. 변형의 예는 이뿐만이 아니었다. 제임스 왕의『흠정성서』(1611)를 번역한 사람들은 히브리 마법사들을 언급하며 그들을 'wizard'로 묘사했다. 이는 주술을 행하는 사람, 마법사를 뜻하는 말이지만, 이번역을 주관한 영국의 제임스 1세는『악마연구』(Demonolatry)라는책을 저술하면서, 마녀에 대한 극도의 증오를 표명하고 있다. 왕의의견으로는, 마녀란 악마 숭배에 참가한 사탄과 계약을 맺은 자였다. 왕은 마녀를 소탕하고자 했다.『성서』번역자들은『성서』에 의거해 마녀들을 처형한다는 명분을 세우기 위해 구태여 카삽을 '마녀'로 번역했다. 솔로몬 왕의 상담역을 해주었던 '마녀' 엔도르는히브리어로 'ba'alath ob'(귀신을 쫓는 여왕)이라는 뜻이며, 라틴어로는 'mulierem habentem pythonem'(예언하는 영을 소유한 여자)이지만,『흠정성서』에는 이 또한 사악한 '마녀'로 되어있다. 어떻게 하여 히브리의 마법은 기독교의 편견적인 악마 사상에 적합한변형을 이루게 된 것이다(Russell, 2004: 53-54).

물론 잘못된 성경해석에 기인한 것이지만, 이단자의 처형법이었던 화형의 근거도 성경 구절에서 비롯되었다고 르박은 지적하기도한다. "이단자를 태워 죽이는 처형법은 다음과 같은 성서의 구절에서 비롯되었다. '사람이 내 안에 거하지 아니하면 가지처럼 밖에버려져 말라지나니, 사람들이 이것을 모아서 불에 던져 사르리라'[요15:6]. 마녀를 태우는 일은 또한 정화의식에 해당한다. 신화에서정화는 모두 불과 연관되어 있다. 화형은 이단 재판 및 교회가 폐지했던 시련에 의한 재판의 암묵적인 대안이었을 수도 있다. 더 실용적인 의미에서 볼 때, 화형은 마술을 부려 마녀가 죽음에서 다시 부활하지 않을까 걱정한 재판관을 안심시키는 역할을 했을 것이다. 그러나 세속 법원이 대개 이러한 결정을 내린 이유는 마녀를 이단과 유사하다고 생각했기 때문이다."(Levack, 2003: 134-135). 마녀에 대한 이러한 해석이 나오게 된 뒷면에는 주경철 교수가 지적한 것처럼 "이단에 대한 크나큰 두려움이 마녀에 대한 공격으로 변질되었고, 이 과정에서 마녀 개념이 혁신"되었는지도 모르는 일이다 (주경철, 2016: 112).

참고로 양태자 박사는 당시 신학자들의 주장이 오늘날의 눈으로 볼 때 얼마나 황당하고 기이한 것인지에 대해서 다음과 같은 사례를 통해 보여주고 있다. "다른 신학자들의 주장 역시 기이하기는 마찬가지이다. 그들은 '동물도 인간처럼 영혼이 있는가?'라는 질문에, 만약 동물에게 영혼이 있다면 마귀가 조종할 수 있다고 답했다. 실제로 이런 판결이 있었다. 1266년 퐁뜨네-오-호스(Fontenay aux Roses)라는 프랑스의 작은 마을에서 인간이 아닌 돼지가 법정에서 사형 선고를 받고 살아있는 채로 불에 태워졌다. 돼지가 아이를 죽였기 때문이다. 마귀가 들린 돼지이니 인간처럼 재판 후 사형시켰던 것일까? 1386년에는 시청 앞에서 돼지에게 옷을 입힌 후 머리와 다리를 자른 기록도 남아있다. 1488년에는 쥐를 법정에 세운 일도 있다. 1604년 파리에서 당나귀가 마법에 걸렸다고 법정에 세워 사형을 선고한 뒤 죽였다. 모두 인간이나 동물에 마귀가 깃들 수 있다는 종교적인 견해에 따라 일어난 우스꽝스러운 일이었다."(양태자, 2015: 63). 그런가 하면 양태자 박사는 18세기 초, 유럽의 마녀사냥과는 시기적으로 거리가 있는 우크라이나 마녀사냥의 경우

재판만 하였을 뿐 사람들을 화형 시키지는 않았음을 지적한다. 이러한 차이가 생긴 이유에는 바로 러시아 정교회의 마녀에 대한 이해가 로마 가톨릭과는 전혀 다름에서 오는 결과라고 지적하는 것을 볼 수 있다. "우크라이나에서는 18세기 초, 유럽의 다른 나라들보다는 다소 늦게 마녀사냥이 일어나 약 100명 정도가 재판에 넘겨졌다. 그러나 우크라이나는 가톨릭이 아닌 러시아 정교회의 영향 아래 있었기에 재판만 하였을 뿐 사람을 태워죽이지는 않았다. 러시아 정교회는 마귀를 가톨릭과는 다르게 우주적인 한 형상으로 해석하고 있다. 우크라이나에서는 인간으로서 윤리적으로 해서는 안되는 짓을 저지른 사람들을 사형시켰을지언정 마녀사냥으로 사람을 죽이지는 않았다. 그리스도교와 같은 성서를 믿는 러시아 정교회는 '사람을 죽이지 말라'라는 십계명을 그리스도교보다 더 잘 지킨 듯하다. 같은 성서를 두고도 해석 여하에 따라 사람의 목숨이 이렇게 왔다 갔다 했음을 여기서도 발견할 수 있다."(양태자, 2015: 80).

3. IMPACT: 그 밖의 원인 속 들여다보기

중세 마녀사냥의 핵심 교본이었던 『말레우스 말레피카룸』의 인기와 더불어서 많은 사람들이 이 책의 유명세에 직간접적으로 봉사[同調, 또는 宣傳]하고 있다는 점에서 '기독교의 일조' 말고, 또 마녀사냥에 일조한 다른 이들이 존재했다는 것을 짐작할 수 있다. 알브레히트 뒤러(Albrecht Dürer) 같은 당시의 유명한 화가 등의 이름이 거론되고 있을 정도다.

출간과 함께 세간의 화제가 된 『말레우스 말레피카룸』은 많은 사람들로부터 호평을 받았다. 예를 들어 16세기의 유명한 네덜란드 법률가 조도쿠스 담구데르(Jodocus Damhouder)는 당시 선풍적 인기를 끌었던 『형사사건의 실제』에서 이 책은 세상에 있어 『말레우스 말레피카룸』을 환영했고, 개신교 학자들은 가톨릭 신학자들과 성직자들의 목소리에 자신의 목소리를 섞어 넣었다. 천재 화가 알브레히트 뒤러가 이 책을 위해 기꺼이 붓을 들겠다고 했고 정통 루터주의자였던 베네딕트 가르프쯔프 교수는 이 책에 최고의 권위를 부여했다(시인들도 아무 망설임 없이 찬가를 지어 받쳤다) 그리고 막시 밀리안의 『바바리아 법전』에서 이단자 처벌과 관련된 부분도 이 책을 기초로 해서 작성되었다. 한마디로 말해서 크라머와 슈프랭거의 책이 하나의 확고부동한 전제로 간주되었던 것이다(사무일 로진스키, "해설" in Sprenger and Kramer, 2016: 596).[16]

1) 당시의 지식인층

러셀(Jeffrey Burton Russell)에 의하면 리처드 킥헤퍼(Richard Kieckhefer, 1976)는 마녀사냥에 대한 책임을 당시 지식인에게 가장 크게 돌렸다고 한다. "리처드 킥헤퍼는, 마녀재판에 관한 책에서 가장 큰 책임은 지식인에게로 돌리고 있다"(Russell, 2004: 134).[17] 쿠사노 타쿠미(Kusano Takumi)의 책, 『도해 악마학(Zukao Akuma-Gaku)』을 보면 마녀 망상을 만들어낸 악마학 관련 중요 도서들을 정리한 부분이 포함되어 있는데, 이를 보면 기독교와 관련된 신학자들뿐만 아니라, 정치인(심지어는 국왕), 재판관(법률가)들도 마녀사냥의 확대[擴散]에 상당하게 일조했다는 것을 짐작할 수 있다. 타구미가 제시한 [표]는 다음과 같다.

표: 마녀 망상을 만들어낸 악마학 관련 중요 저서

서명	저자	특징
개미 무덤 (1475)	요한 니더	1435-38년 집필된 초기의 마녀 공격용 악마학서.
마녀의 철퇴 (1485)	야콥 슈프렝거, 하인리히 인스티토리스	과거의 자료와 자신들의 경험을 토대로 쓴 최초의 백과사전형 악마학서.
마녀의 악마광 (1580)	장 보댕	당대 최고의 지식인이 쓴 악마학서로, 『마녀의 철퇴』이래 최대의 마녀 이론서, 마녀를 쉽게 처형할 수 있도록 했다.
악마 숭배 (1595)	니콜라 레미	가톨릭 마녀 백과. 『마녀의 철퇴』이래 최대의 악마학서. 레미는 재판관으로, 생애 2, 3천 명의 마녀를 화형에 처했다.
악마학 (1597)	스코틀랜드 왕 제임스 6세 (후일 영국 왕 제임스 1세)	마녀 범죄는 엄벌에 처한다는 자세를 명확히 수립한 책. 후반에는 마녀의 존재에 회의적으로 변했다.
마술연구 (1599)	마르틴 델 리오	전 6권의 대저서. 마녀술과 마녀 일반을 논하며 악마학 전체를 체계화했다. 가톨릭의 가장 권위 있는 악마학서로 꼽는다.
마녀론 (1602)	앙리 보게	마녀에 대한 전반적인 서술로, 남녀 마녀와 악마가 실제로 성교를 가진다고 주장했다. 다만 고문에는 제한적 자세를 취했다.
주문 요람 (1608)	프란체스코 마리아 구아초	마녀에 관한 정보를 모은 마녀 전서. 악마학 저서들의 인용과 마녀재판 사례가 풍부하게 실려있다.
타락 천사와 악마의 무절조에 대한 묘사(1612)	피에르 드 랑크르	저자 자신의 마녀사냥 경험을 토대로 한 책으로, 사바트에 대한 상세한 묘사가 유명, 이 책에 의해 사바트가 마녀술의 필수적인 요소가 되었다.
악마간음 및 인큐버스와 서큐버스에 대해 (1700년경)	루트비코 마리아 시니스트라리	책 내내 인큐버스와 서큐버스의 존재증명을 시도했다.

자료: Kusano, 2011: 145
참조. 인용하고 있는 책의 명칭은 번역자에 따라 번역 상 차이가 존재할 수도 있음

(1) 권력자: 영국 왕 제임스 1세

정치인 또는 권력자를 대표하는 사람으로 들 수 있는 사례로는 『악마학』(1597)을 쓴 영국 왕 제임스 1세의 경우다(스코틀랜드 왕 제임스 6세와 동일인물이다. 앞에서 Russell이 이미 언급한 『흠정역(KJV)』 번역과 관계가 있다는 그 왕이다, James Charles Stuart 는 스코틀랜드의 군주 6세로 즉위한 후에 잉글랜드 여왕 엘리자베스 1세의 종손 자격으로 잉글랜드 왕 제임스 1세로 즉위하였다. "제임스 1세(잉글랜드 <위키백과> 참조)". 악마 관련 장학금을 만들어서 매년 일정 금액의 장학금을 케임브리지대학에 지급할 정도였다고 한다. 그가 얼마나 마녀사냥에 깊이 연루되었는지는 다음 두 사례만 보아도 짐작할 수 있을 것 같다. 앞의 사례는 일본 학자 모리시마 쓰네오(森島桓雄)의 책에서 인용한 것으로 그가 스코틀랜드 왕 제임스 6세로 있었을 때에 발생한 일이었고, 뒤의 사례는 러시아의 역사학자인 사무일 로진스키가 전해 준 일화로 그가 영국 왕 제임스 1세로 재임해 있었을 때의 일이다.

> 스코틀랜드 왕 제임스 6세가 1590년부터 92년에 걸쳐 스스로 주재한 마녀재판에서 피고는 잔학한 고문에 의해 각기 기괴한 자백을 하고 처형되었는데, 연루된 한 사람으로 학교 교사인 존 하이안 박사는 완강하게 자백하지 않아 혹독한 고문이 이어졌다. 당시의 뉴스 속보 『스코틀랜드 속보』에 의하면
> (1) 처음에 밧줄 장치로 목을 비틀어 구부러뜨리고,
> (2) 다음으로 뜨겁게 한 '철 구두'를 신겼다.
>   (여기서 하이안 박사는 국왕 앞에서 허위자백을 하고 그다음 날 밤 탈옥한다. 그러나 체포되어 다시 한번 국왕 앞에서 '심문').
> (3) 양손의 손톱 전부가 펜치로 뽑힌다.
> (4) 그 손톱 자리에 2개씩의 바늘이 푹 찔러진다.
> (5) 다시 한번, '철 구두' 구두를 해머로 강타, 양발은 구두와 함께

두들겨져 으깨지고, 뼈와 살은 부서지고, 피는 구두에서 흘러넘쳤다. 그러나 하이안은 자백하지 않는다. 1591년 1월 말 에든버러에서 교살된 뒤 불태워졌다. (森島, 1997: 106).

작가가 되고자 했던 영국 왕 제임스 1세도 유명한 문학 작품들을 남겼다. 확신에 찬 악마 연구가였던 그가 덴마크에서 약혼식을 올린 뒤 영국으로 돌아가고 있을 때의 일이었다. 바다를 건너던 중 갑자기 폭풍우가 휘몰아쳤고 이를 분하게 여긴 왕은 폭풍우를 일으킨 자, 즉 악마를 붙잡아 혼을 내주려고 했다. 범인 추적이 시작되었고 마침내 피안 박사가 폭풍우를 일으킨 장본인으로 지목되었다. 혹독한 고문을 받은 피안 박사는 처음에는 자신의 죄를 인정했지만 나중에는 자신이 한 말을 모두 부인했다. 왕은 피안의 열 손가락에 붙어 있는 손톱을 모두 뽑은 다음 그 자리에 못을 박으라고 명령했다. 하지만 못을 박는 정도로는 악마를 물리칠 수 없었다. 결국 피안 박사는 산 채로 화형을 당하고 말았다. 왕은 피안 박사의 화형식에 참석했고 그 후로도 계속 화형식에 참석하여 화형집행의 증인이 되었다. 그러던 어느 날 제임스가 아주 득의양양해지는 순간이 있었다. 한 이단자의 화형식에서 프랑스어로 속삭이는 악마의 말이 그의 귀에 들렸던 것이다. 악마가 한 말은 "여기에 있는 왕은 하늘이 내린 사람이로구나!"라는 것이었고, 왕은 자신이 쓴 『악마학』 덕분에 이런 칭찬을 듣게 된 것으로 생각했다. (사무일 로진스키, "해설". in Sprenger and Kramer, 2016: 576).

참고로 시(市)의 부족한 재정적자(財政赤字)를 충당하기 위한 방법으로 권력자들이 마녀사냥을 적극적으로 활용했다는 사실이 증명된 바 있다고 양태자 박사가 적고 있는 것을 볼 수 있다. "앞에서 보았듯이 누군가가 마녀로 몰려 사형을 당하면 시나 교회, 혹은 영주가 그의 재산을 차지할 수 있었기 때문이다. 특히 1666년은 30년 전쟁이 끝난 후라, 시의 재정이 몹시 열악하여 마녀사냥에 적극적이었다는 것은 이미 증명된 바 있다."(양태자, 2015: 179). "부유하다는 것은 이단과 똑같은 범죄였다. 마녀라는 자백만 받으면 재산을 몰수할 수 있었기 때문에 자백할 때까지 고문을 했다. 마녀를 불태우고 나면 남은 재산은 교회로 귀속되었다[18]"(최은창, 2020: 45).

(2) 인문주의자, 법학자, 경제학자: 장 보댕(Jean Boden)

다음은 인문주의자이며, 법학자[보댕은 툴루즈 Toulouse에서 12년 동안 로마법을 강의했다고 한다]이며, 경제학자이며, 유명한 『악마광』(Demomania, 1580)을 저술한 장 보댕(Jean Boden)의 사례다. 이 책은 발간된 지 20년 만에 4개 국어로 20판까지 출간된 베스트셀러였다고 한다. 역사학자 H. R. 트레버-로퍼(H. R. Trevor-Roper)는 장 보댕을 16세기의 아리스토텔레스이자 몽테스키외라고 일컬었다고 한다. 장 보댕은 당시 프랑스의 유명한 변호사이면서 정치이론가였다. 최초로 인플레이션에 대한 논문을 쓴 것으로도 유명한 사람이기도 하다(Federici, 2011: 246). 보댕은 자신의 저서인 『악마광』에서 무엇을 주장했는가? 이케가미 슌이치(Ikegami Shunichi, 池上俊一)는 이와 관련해서 다음과 같이 기록하고 있다.

> 이 책은 정치적인 인문주의와 코스모스의 질서 이론, 그리고 자연과 악마가 경합하여 만드는 밀교 세계의 사상에 바탕을 두고 있다. 마법의 실존을 확신한 그는, **모든 마녀는 태워 죽여야 한다고 주장하며 잔인하고 세련되고 효과적인 고문을 생각해 냈다** (Ikegami, 2005: 51. 강조는 본 연구자).[19]

당시 장 보댕은 마녀재판에 수차례 참석하고 그에 대한 책을 썼다. 그는 마녀들을 '자비롭게' 교살시키는 것이 아니라, 산 채로 화형(火刑)에 처해야 한다고 주장했고, 소각시키더라도 죽기 전에 살이 썩어들어 가도록 해야 한다고 주장했었다. 그는 아이들도 화형에 처해야 한다고 했다(Federici, 2011: 246). 이케가미(Ikegami Shunichi)는 장 보댕이 '손톱 벗기기'라는 고문 방법을 추천했다고 한다. 뾰족한 철을 손톱 밑에 집어넣어서 손톱을 벗기는 고문 방법이다(Ikegami, 2005: 42).[20] 보댕은 이런 말도 했다고 한다. "심판에 임해서는 그 누구도 두려워하지 말라. 심판은 곧 하느님에게서 주어졌느니라!"(Sallmann, 1995: 63).

> 장 보댕이 무자비하게 찬성한 '느리게 타오르는 생나무 불'이야말로 최후의, 그리고 최대의 공포였던 것이다. 그 생각을 알려주는 보고서를 옮겨보겠다. (리스본 주제 사제 월콕스 박사가 본국의 솔즈베리 주교 바네트 박사에게 보낸 편지, 1706년 1월 15일 자). "지난달 10일 자 명령에 따라 앞서 이 지역에서 행해졌던 '아우토 데 훼'[Auto de fe]에 관한 인쇄물 전부를 보냅니다. 저는 그 경과를 전부 지켜보았습니다.…여자들은 불꽃 안에서 반 시간, 남자는 1시간 이상이나 살아있었습니다.…그 남자가 불태워지면서 탄원하는 비통한 목소리가 오랫동안 들리고 있었습니다. 그것은 조금 더 장작을 넣어주십시오 라는 부탁뿐이었습니다. 그러나 그 소원은 이루어지지 않았습니다. … 그의 등은 완전히 탔기 때문에 그가 상체를 비틀자 늑골이 드러났습니다. ….."(존 웰드, 『이단 심문의 역사』. 1816년)(森島, 1997: 136).

장 비에(얀 뷔애[1516-1588년, 일반적으로 독일어로 요한 바이엘])는 1563년에 『악마에 대한 환상, 주술 그리고 독약』이라는 책을 바젤에서 출판해 마녀(마법사)는 약을 써서 치료해야 할 단순한 환자들이라고 주장했을 때 그의 저작에 격노(激怒)하여 곧바로 반박한 이가 바로 장 보댕이었다는 사실이 지적되고 있다(Sallmann, 1995: 109; 森島, 1997: 187-188 참조).

실비아 페데리치(Silvia Federici)는 좀 과장한 표현처럼 보일지 모르지만 매우 포괄적으로 다음과 같이 적고 있다. "그 시절에, 마녀 사술은 유럽의 지식인 엘리트들이 가장 좋아하던 토론주제였다. 판사, 변호사, 정치인, 철학자, 과학자, 신학자 모두가 이 '문제'에 정신이 팔려 소책자와 악마론을 저술했고, 이것이 가장 비도덕적인 범죄라는 데 동의했으며, 이에 대한 처벌을 요구했다."(Federici, 2011: 246). 일반적으로 당시에 많은 지식인들이 바로 마녀사냥에 협조적이었다는 것은 확실한 것 같다는 생각이 든다. 누가 인문주의자인 장 보댕이 이처럼 마녀사냥에 깊숙하게 연관되어 있을지 생각이라도 할 수나 있었겠는가? 그것도 매우 부정적으로 말이다.

(3) 사법제도: 법률가들

앞의 『도해 악마학(Zukao Akuma-Gaku)』에서 볼 수 있는 장 보댕뿐만 아니라, 『악마 숭배』(1595)의 저자인 니콜라(스) 레미 등으로 대표되는 법률가들이다. 앞에서 인용한 적도 있었지만 러시아의 역사가 사무일 로진스키의 지적에서도 볼 수 있었던 것처럼, 마녀사냥에 당시 법률가들도 생각보다 깊이 연루되었음을 알 수 있다. "예를 들어 16세기의 유명한 네덜란드 법률가 조도쿠스 담구데르(Jodocus Damhouder)는 당시 선풍적 인기를 끌었던 『형사사건의 실제』에서 이 책은 세상에 있어 『말레우스 말레피카룸』를 환영했고, … 그리고 막시 밀리안의 『바바리아 법전』에서 이단자 처벌과 관련된 부분도 이 책을 기초로 해서 작성되었다. 한마디로 말해서 크라머와 슈프렝거의 책이 하나의 확고부동한 전제로 간주되었던 것이다."(사무일 로진스키, "해설" in Sprenger and Kramer, 596). 설혜심(2011: 103) 교수도 지적하였듯이, 브라이언 P. 르박(Brian P.

Levack)은 그의 책의 "제3장. 법적 기반"(Levack, 2003: 107-144)에서 당시 마녀사냥에 사법제도가 어떻게 봉사하게 되었는지에 대해서 강조하여 보여주고 있다. 르박은 당시 유럽의 대규모 마녀사냥이 본질에서 사법제도와 관련되었다는 점을 지적한다. 물론 간혹 흥분한 주민에 의해 직접적인 재판이 없지는 않았지만(Levack, 2003: 107), 마녀를 색출하고, 재판하고, 처벌하는 모든 과정이 대부분 법적 테두리 안에서 대체로 이루어졌다는 것이다(Levack, 2003: 107). 르박은 근대 초 유럽에서 마녀를 집중적으로 기소할 수 있었던 것을 13-16세기에 걸친 다음과 같은 사법제도의 변화['審問裁判']에서 그 이유를 찾고 있는 것을 볼 수 있다[일종의 게르만법에서 로마법으로의 변화로 볼 수 있는]. 물론 사법제도의 변화가 대규모 마녀사냥이 일어날 수 있는 선행조건에 불과하며 근본적인 원인이 아니라는 점에 대해 르박은 단서를 붙이고 있지만 말이다.

> 첫째, 유럽 대륙의 세속 법원과 교회 법원은 이전보다 훨씬 쉽게 마녀술 사건을 수사·심문·재판할 수 있는 새로운 심문제도(inquisitorial system)를 도입했다. 둘째, 법원은 마녀술로 고소된 사람을 합법적으로 고문할 수 있는 권한이 있어서 상대적으로 쉽게 자백을 얻고 동료를 색출할 수 있었다. 셋째, 유럽의 세속 법원이 마녀술에 대한 재판권을 획득함으로써 마녀사냥에서 교회 법원을 보완하거나 대신하게 되었다. 마지막으로 국가나 중앙 법원으로부터 어느 정도 독립적으로 운영되는 지방이나 지역 법원이 마녀재판을 대부분 담당함으로써 많은 마녀가 유죄판결을 받아 처형되었다. 사법제도가 발달한 것 자체가 대규모 마녀사냥을 일으킨 근본적인 원인이라기보다는 대규모 사냥이 일어날 수 있는 선행조건을 마련했다(Levack, 2003: 108).

재판제도가 심문(審問)에 의한 재판제도(inquisitorial system)로

바뀌었다는 것이다.[21] 이것은 무엇을 의미하는가? 심문에 의한 재판제도로 바뀌기 전의 중세유럽의 전통적 사법제도는 고소(告訴)에 의한 재판제도(accusatorial system)였다고 한다. 고소재판에서 심문 재판으로 바뀐 것이 어떤 차이점을 가져다주는지, 또 고문과의 관계에서 어떤 영향을 주는지 설혜심 교수의 설명을 통해 들어보면 그 차이를 발견할 수 있다. "중세 유럽의 전통적인 사법제도는 고소에 의한 재판제도(accusatorial system)였다. 하지만 13세기 이후 늘어나는 범죄에 효율적으로 대처하기 위해 심문에 의한 재판제도(inquisitorial system)가 생겨났다. 전자는 고소인이 범죄 사실을 입증할 증거를 확보하여야만 고소나 고발을 할 수 있는 제도로 동태복수법을 허용하는 것이었다. 동태복수법은 고소인이 피고인의 유죄를 충분하게 입증하지 못해 피고인이 무죄선고를 받을 경우, 고소인이 피고인에게 씌웠던 혐의 내용에 해당하는 처벌을 받을 수 있는 제도로 무분별한 고소를 막는 안전장치였다. 하지만 심문에 의한 재판제도는 사법관의 심증만으로도 혐의자를 체포하여 심문하고 재판에 회부하여 처벌할 수 있는 것으로 자백을 받아 내기 위해 혐의자를 고문할 수 있었다. 극도의 잔인성을 드러낸 마녀사냥의 고문 과정은 이런 사법제도의 변화라는 배경 속에서 탄생하였던 것이다"(설혜심, 2011: 설혜심, 2011: 102-103; 유희수, 2018: 266-267 참조).[22] 심문에 의한 재판으로의 재판제도의 변화는 자백을 받기 위한 고문이 가능해졌다는 것을 의미한다(유희수, 2018: 267).[23] 심지어 심증(心證)만으로도 체포하여 심문함으로써 자백이 가능하게 되었다는 것이다. 그런데 더 문제는 교회가 세속 법원의 이러한 선례를 따라갔다는 지적이다. 또 거기에 한술 더 떠서 반복적인 고문을 금지하는 규정도

사라지게 되었다는 것이다. 당시의 고문 종류는 다음과 같았다. 이 얼마나 잔인한가? 당시 고문의 방법은 森島(1997: 103 이하)의 책에 간략하게 정리되어 있다. "고문 방법: … 매달아 올리기 … 매달아 떨어뜨리기 … 뼈 부수기 … 소극적 고문" 모리시마(森島桓雄)는 "(유럽의 언어에서) '심문'(questio)이 고문의 의미를 갖게" 되었다는 지적도 함께 하고 있다는 것을 볼 수 있다(森島, 1997: 104). 당시 잔인한 고문이 얼마나 자주 행해졌는지 짐작할 수 있는 부분이기도 하다.

한편 당시의 마녀술은 '예외적인 범죄'(crimen exceptum)로 간주 되었다는 지적이다(Levack, 2003: 121; 주경철, 2016: 255). 마술과 관련된 범죄의 경우 죄를 지을 때 증거가 이미 사라진다는 것 때문 에 확실한 증거 없이도 죄를 지었을 것이라는 심증(心證)만 있으면 그 심증만으로도 재판관은 혐의자를 심문[拷問]을 할 수 있는 예외 적인 범죄로 취급되었다는 점이다. 그리고 마녀사냥이 예외적인 범 죄라는 것 때문에 미성년의 범죄에 대해서도 마녀술과 관련해서는 사형(死刑)에도 처할 수 있게 되었다는 지적이다. " … 완전한 통계 자료는 없지만, 마녀술 재판에서 고문을 정기적으로 사용한 경우는 유죄판결 비율이 최대 95%까지 올라갔다"고 르박은 또한 지적한 다(Levack, 2003: 126 재인용).

지방재판에 대한 중앙 정부의 재판 통제(裁判統制)의 미비도 한 몫을 했다는 지적이다. 르박은 스코틀랜드의 재판자료를 예로 들어 이에 대해 설명하고 있다. 통계는 완벽하지 않지만, 스코틀랜드의 경우 중앙에서 파견된 재판관이 재판할 경우, 통제 받지 않는 지방 관리가 재판할 때에 비해서 처형비율이 낮았다는 것을 보여주고 있다. 다시 말해 중앙의 통제를 받지 않은 재판의 경우 처형비율이 상대적으로 높게 나온 것이다. [표]에서 볼 수 있는 것처럼, "처형비율(이 처형비율은 재판의 결과를 알 수 있는 재판을 기초로 작성됨)은 추밀원이나 의회가 재판을 위임한 지방 법원에서는 처형비율이 91%에 달했지만, 고등법원에서는 55%, 그리고 순회법원에서는 겨우 16%"에 지나지 않았다는 것이다(Levack, 2003: 141). 바꾸어 말해서 중앙집권화된 법원이 존재한다는 것은 마녀에게 유죄판결을 내리는 데 상당한 제약이 존재했다는 것을 의미하는 것이라고 한다. 르박은 "잉글랜드에서는 중앙 법원에서 파견된 법관이 순회법원에서 마녀술 사건을 다루었다. 또한 지방 법원의 고문 사용을 엄격히 규제했다. 잉글랜드에서 혐의자가 유죄판결을 받고 처형된 비율이 유럽 대륙보다 상당히 낮다는 점은 그리 놀라운 일이 아니다."라고 말한다(Levack, 2003: 141-142). 당시의 '신의 심판'으로 알려진 신명 심판(神明審判, Ordeal) 또한 마녀사냥에서 많은 희생을 초래하는 결과를 가져왔다는 지적도 참조할 만하다(Sallmann, 1995: 65, "본문 옆 글" 참조).

표: 스코틀랜드 법원의 마녀 사형 비율

법원 형태	기소된 숫자(알려진 자료)	사형된 숫자	백분율(%)
고등법원	197	108	55
순회법원	105	17	16
지방법원	100	91	91

자료: Larner, Lee and McLachlan, 1977: 237; Levack, 2003: 142 재인용.

　　마녀재판의 재판관이었던 일부 성직자([聖職者)들의 성적 일탈
[性的 抑壓]도 마녀재판의 광풍에 일조했다는 지적이다. 이케가미
슌이치(Ikegami, 池上俊一)는 마녀재판의 고문에서의 성직자인 재
판관들의 '공공연한 사디즘'의 존재를 지적하였다(Ikegami, 2005:
39 이하). 1652년 3월에 제노바에서 노파 미쉐 쇼트런(4월 6일 처
형)을 고문한 예를 다음과 같이 소개한다. "우리는 그녀에게 눈을
감게 하고 바늘로 몸을 찌르기 시작했다. 몇 군데에서 피가 솟아나
며 격한 통증이 지나가는 것을 봤다. 이윽고 오른쪽 유방에서 세
손가락 폭의 정도 내려온 부위에서 콩 알갱이만 한 표시를 찾아냈
다. 그곳에 엄지손가락 길이의 바늘을 찔렸지만, 여자는 아무런 통
증도 느끼지 못하는 듯했다. 피도 나오지 않았고, 빼낸 바늘에도
피가 묻어있지 않았다. 이것은 비정상적인 일로 그녀를 마녀로 의
심하기에 충분하다"(Ikegami, 2005: 39-40). 또한 다음과 같은 원
색적(原色的)이고 사디즘적 고문 사례도 기술하고 있는 것을 볼 수
있다. "옷을 전부 벗겨 알몸이 드러나면 재판관이 음란한 시선으로
여성의 몸을 살핀다. 이어서 몸에 난 털을 깎는다. 어디에 숨기고
있는지 모르기 때문에 머리카락부터 액모, 그리고 음모에 이르기까

지 남김없이 깎는다. 예를 들면, 1485년에 브루비아 백작령과 오스트리아 대공령의 경계 지역에서 이단 심판관은 마녀 41명의 털을 깎으려고 그녀들의 몸에 밀랍을 바르기도 했다.”(Ikegami, 2005: 38). 마녀재판에서 행해지는 사디즘적 고문에 대해서 이케가미는 무엇이라고 평가를 하고 있는가? “대체 재판관들은 무슨 짓을 저지른 것인가. 생각만 해도 부끄러움과 불쾌감에 몸이 떨린다. 이건 사디스트 같은 변태와 다른 게 없지 않은가.”(Ikegami, 2005: 40). 참고로 이케가미는 독일 이단 심판관의 명예를 위해 다음의 예외를 기술하고 있다. “단, 독일에서는 이런 행위에 대해 약간 거부감을 보였고, 특히 음모를 깎는 것은 너무 심하다며 삼가는 경우도 있었다는 점을 독일 이단 심판관이 명예를 위해 덧붙여둔다. 하지만 그 밖의 나라에서는 체모를 깎는 일이 주저 없이 자행되었다.”(Ikegami, 2005: 37-38).

마녀재판이 큰 돈벌이가 되었다는 점이다(森島, 1997; 양태자, 2015; 정찬일, 2015: 130-131[24]). 모리시마는 마녀사냥으로 인한 재산몰수[裁判費用의 過度請求]를 “새로운 연금술”(森島, 1997: 154-158)이라는 명칭을 붙인 것도 이러한 이유에서다. 한 마디로 마녀재판의 심문관은 희생자의 재산몰수에 관심이 매우 많았다는 것이다. 그 예로 들 수 있는 것이 스페인의 카스티아 왕국과 아라곤 왕국의 최고 종교재판소 총장으로 있었던 토마스 데 토르케마다(Thomas de Torquemada, 1420-1493)의 『교정(敎程)』이 28개 조에서 11개 조를 다음 해에 추가해서 39개 조가 되었는데, 그가 당시 추가한 11개 조의 반 이상인 6개 조가 모두 재산몰수에 관한 규정이었다고 한다. 심지어는 유산(遺産)을 몰수하기 위해서 사후에도 망자 생전의 이단 행위를 추궁하는 행위까지 이루어지는 경우도 있었다고 한다. 단순히 망자가 남긴 재산(遺産·財産)의 몰수를 위한 목적으로 말이다(森島, 1997: 156). 모리시마는 이와 연장 선상에서 다음과 같이 적고 있는 것도 볼 수 있다. "당시 '재판은 크게 벌이가 되는 일'(magnum emolumentum est justica)이라는 속담이 있었다. 마녀재판의 경우 이 벌이의 밑천이 고문대와 장작더미였던 것은 비참한 일이다. 그 당시로써는 좀처럼 들을 수 없는 말이 한 사람의 신부의 입에서 흘러나온 것이 최근 발견되었다. '잔인한 도살로 죄 없는 사람들의 목숨을 빼앗고 새로운 연금술이 사람의 피에서 금은을 만든다. …'"(코르넬리우스 루스, 『요술의 참과 거짓』. 1592년)(森島, 1997: 158).

양태자 박사는 당시 독일에서의 마녀재판과 관련된 재판 비용(양태자, 2015: 140-149 참조)과 관련된 다음 사례를 소개한다. "… 1595년 독일 아펜바이어(Appenweier)에서는 3명의 여자가 마녀로 몰려 산 채로 화형을 당했다. 그녀들의 가족은 사형집행과 관련된 돈을 지불해야 했다. 감옥살이 비용, 음식비용, 오르텐베르크(Ortenberg) 성으로 그녀들을 데리고 간 동행인에게 지불하는 비용, 사형집행인의 음식비용, 아침으로 나온 수프 비용, 법정의 간이음식 비용, 사제와 변호인을 위한 술자리 비용, 수위의 음식 비용 등 총금액이 93플로린에 달했다. 이를 통해 알 수 있는 것은 마녀로 몰리면 목숨을 잃은 것은 물론 재산까지 잃고 온 가족이 거지로 전락할 수 있다는 것이다."(양태자, 2015: 141). 모리시마(森島)도 그 자신의 책에서 당시 재판 비용 명세서와 관련된 자세한 사례를 통해 재판 비용에 대해서 소개하고 있는 것을 볼 수 있다(森島, 1997: 159-162) 다음은 모리시마의 책에 나오는 [예 6]으로 스코틀랜드에서의 마거릿 단폼과 관련된 마녀재판의 재산몰수 목록이다. 돈독이 올라도 보통 오른 것이 아니었다는 점을 확인할 수 있다.

[예 6] (처형된 스코틀랜드 마녀 마거릿 단폼의 몰수재산에서 이미 변제한 재판 비용의 부족분을, 마녀가 거주하였던 토지의 지주 알렉산더 로든에게 변제시킨 명세서) 마거릿 단폼의 감금 및 처형에 필요했던 비용의 부족분 65스코틀랜드파운드 14실링, 1649년 반 카스텔 거주의 마거릿 단폼을 대신하여, 릴스타운의 알렉산더 로든에 의해 변제. 그 명세서는 아래와 같다.
1. 윌리엄 큐리 및 안돌 그레이 몫. 피고 감시료 30일분(1일 30실링) 45파운드 0실링.
2. 존 킨케이드 몫. 침 찌르기료 추징분 6파운드 0실링.
3. 피고 및 감시인 음식물, 술값 추징분 4파운드 0실링.
4. 피고의 피복대 추정분 3파운드 0실링
5. 타르 칠한 목재 2개 추징분. 0파운드 40실링
6. 목재 2개분 및 일꾼 임금 추징분. 3파운드 0실링
7. 하디튼 거주 처형리 몫, 왕복 여비 및 일당 4파운드 14실링
8. 처형리 접대용 음식물 및 술값 추징분. 3파운드 0실링.
9. 처형리 전송인 및 말 두 마리에 대한 전송비 추징분. 0파운드 40실링.
10. 피고의 음식물 값(30일분) 추징분. 6파운드 0실링.
11. 관리 2명분 수당 추징분. 10파운드 0실링.
    함께 92파운드 14실링. 길버트 로다 서명.
    이 중에 마거릿 단폼 자신이 변제한 27파운드를 공제한 66파운드 14실링.
(이 명세서의 합계는 틀린 것으로, 정확히는 88파운드 14실링. 고의로 부풀렸는지 어떤지 판정할 방도는 없지만, 청구액에 이따금 고의에 의한 부정한 실수가 있었던 것은 전해지고 있다). (森島, 1997: 161-162.).

참고로 사법제도와 관련해서 바다 건너 1692년 저 아메리카 매사추세츠만의 세일럼 마녀사냥의 상황도 대륙과 매우 비슷하게 전개되었으며 그곳에서도 사법제도[法律家]의 불비(不備)가 마녀사냥을 번지게 하는 데 일조했다. 로잘린 샌저(Rosalyn Schanzer)는 당시 총독이었던 윌리엄 핍스가 정식마녀재판을 위해 추천해달라고 요청했을 때 추천된 인물들이 법률에 대해서 비전문가라는 점을 지적하고 있는 것을 볼 수 있기 때문이다. "1692년 5월 14일 매사추세츠 총독 윌리엄 핍스(William Phips)는 … '정식마녀재판'을 열게끔 새로운 판사 몇몇을 추천해 달라고 총독부 자문위원회에 요청했다. 모든 수감자의 운명은 그 후에 결정될 터였다. 핍스 총독은 추천된 인물들을 즉시 승인했고, 5월 27일 무더운 오후에 보스턴에서 정식재판을 열었다. 새로운 판사 중 정규 법학 교육을 받은 사람은 하나도 없었다. 원래 매사추세츠만(灣) 식민지에는 영국에서 공부한 법률가가 극히 드물었는데, 그들마저도 대개 아메리카의 법적 절차에 너무 실망한 나머지 귀향해 버린 터였다. 최초의 아메리카 식민지 출신 전문법률가가 비로소 하버드 대학에서 법학을 공부할 때는 이때부터 5개월 뒤인 1692년 10월 18일이었다."(Schanzer, 2013: 85-86). 그뿐만 아니라, 재판의 증거로 '영적 증거(靈的證據)'가 인정되었다는 점도 지적되고 있다. 고발인(告發人)들을 제외하고는 누구의 눈에도 보이지 않는 존재들과 증거들만으로도 재판이 진행되었다는 지적이다. "수감된 사람들 중 영혼과 관련된 보이지 않는 세계에서 얻은 증거들 때문에 구속되지 않은 사람은 하나도 없었다. 이를 가리키는 법률 용어를 '영적 증거'라 했는데, 고통 받았다는 고발자들을 제외하고는 누구의 눈에도 보이지 않는 초자연적 존재와 관련된 증거를 뜻했다. 누구나 만질 수 있고 볼 수 있는, 자연계에서 얻은 증거는 하나도 없었다."(Schanzer, 2013: 88).

먼 미국의 세일럼에서도 재산몰수가 일어나기는 마찬가지였다. 재판과 관련해 보안관이었던 조지 코윈(G. Corwin)이 조지 제이컵스 (G. Jacobs) 시니어의 재산을 몰수해서 개인적으로 먹어치운 사건이 발생한 것을 확인할 수가 있다. "팔순 노인 조지 제이컵스 시니어 (George Jacobs SR.)가 처형장으로 보내지기 일주일 전인 8월 12일, 조지 코윈(George Corwin) 보안관이 그의 재산을 몽땅 압수했다. 코윈은 제이컵스가 소유한 소, 돼지, 칠면조, 닭, 토지, 사이다, 옥수수, 침구류, 놋쇠 주전자, 에나멜 그릇, 가구, 건초, 사과 등을 전부 빼앗았다. 말도 빼앗았으며 심지어 제이컵스 부인의 결혼반지까지 빼앗았다. 이는 위법행위였다. 코윈이 빼앗은 재물은 피의자(제이컵스)가 감옥에 있는 동안 그 가족을 부양하는 데 쓰이다가 그가 처형된 후에는 매사추세츠만 식민지 당국이나 영국 왕실 소유로 넘겨져야 옳았다. 그러나 정부는 노획물의 그림자조차 구경조차 못했으며, 이는 제이컵스의 유족도 마찬가지였다[Roach, 2002: 237]"(Schanzer, 2013: 108).

2) 그 외 일반 백성들

독일의 수도사 프리드리히 폰 슈페[Friedrich von Spee]는 1631년 『마녀재판관에 대한 경고』라는 책을 통해 첫째, 고통을 견딜 수 없어 거짓말하고 둘째, 고문의 목적이 거짓을 강요하는 것이며, 셋째, 죄의 유무는 고문으로 밝히거나 결정할 수 없다는 문제점을 정확히 지적했다. 이어 그는 마녀사냥의 책임이 신학자, 재판관,

영주, **백성** 등 네 개 집단에 있다고 지적했다. (정찬일, 2015: 134, 강조는 본 연구자).

마녀사냥의 불씨를 댕기고 광풍이 확산하는 데 있어서 중세의 일반 사람들도 일정 부분 일조했다는 지적이다. 한스 큉(Hans Küng)도 마녀사냥과 관련해서 당시 "교회 백성들"을 포함하고 있는 것을 볼 수 있다. 그들은 피해자이지만(특히 여성과 어린이의 경우는 더욱더) 다른 한편으로는 그들도 마녀재판과 관련해 엄연한 공모자(共謀者)들이었으며, 선동가(煽動家)들이었으며, 또한 행동가들(行動家)이었다(Küng, 2011: 130). 주경철 교수도 다음과 같은 글에서 마녀사냥의 주체가 바로 이웃, 바로 일반인이라는 점을 지적한다. "마녀사냥의 주체가 전적으로 외부 세력만은 아니었다. 마녀재판이 성공하려면 주민들의 도움이 필수적이다. 누군가가 이웃을 마녀로 고발하고 여기에 필요한 증언을 해야 한다. 즉 공동체 내부의 갈등이 전제되어야 한다. 희생자들을 마녀로 몰아 죽음에 이르게 한 것은 결국 이웃이었다! 마을 공동체는 순정하고도 다정한 세계이되 외부 혹은 상층의 힘이 이 공동체를 공격했다는 식의 접근은 지나치게 순진하다. 마녀사냥은 국가와 교회, 마을 공동체 간의 복합적인 관계 속에서 발전해 나간 것이다"(주경철, 2016: 12).

당시 일반인들은 마녀 화형식(魔女火刑式)을 축제로 즐겼다는 점도 일반인들이 마녀재판에 일조했다는 증거가 될 수 있을 것이다. 마녀재판이 있을 때면 집집마다 꽃다발로 장식하고 화려한 깃발을 곳곳에 꽂으면서 말이다(정찬일, 2015: 128-129). 모리시마(森島)는 마녀 화형식을 스페인어로 '신앙극(信仰劇)'을 의미하는 '아우토 데 훼'(Auto de fe)라고 불렀다는 점을 지적하면서 다음과 같이 적고 있다. "… 로마교황 직속의 이단 심문이 화려한 (또는 처참한) 활동을 전개하고 있던 시대의 이단자 처형은 판결신고식을 동반하는 성대한 축제였다. 이 축제가 일반에게 스페인어로 Auto de fe라고 불리고 있는 것은 스페인의 이단 심문 활동이 어느 나라보다 성대했다는 것을 말해주는 것이지만, 이 스페인어가 본래는 '신앙극'을 의미한다고 이야기되는 것은 흥미 깊다. 아마 이 행사의 절정에 아시아인이 마드리드(스페인의 수도)에 도착했다면, '이것은 축제일까, 희생을 바치는 식일까, 아니면 대량학살일까 당황할 것이다'라고 말한 베르테르의 빈정거림은 유명한데, 실제로 그것은 이들 모두였다(콜튼)"(森島, 1997: 130; Verdon, 2000: 170-171 참조).

그렇다면 왜, 또 무엇 때문에 그들은 자신들의 이웃을 마녀사냥의 먹잇감[犧牲羊]이 되게 했을까? 무지(無知)와 더불어 당시 각자의 이해관계(利害關係)가 평범한 일반인들로 하여금 이웃에게 그러한 행동을 하게 하지 않았는가 하는 생각을 조심스럽게 해본다.

(1) 무지(無知)

먼저 무지를 생각해 볼 수 있다. 이성적인 무지든 영적인 무지든 간에 알지 못함으로 인한 두려움이 마녀사냥에 일조하는 요인으로 작용했을 것이다. 카를로 킨스버그(Carlo Ginzburg)가 그의 책에서 썼던 표현처럼 "우매한 대중"(pazzo volgo)(Ginzburg, 2004: 219)이 바로 그들이었는지도 모른다. "트레바 로퍼가 마녀사냥 일반에 대해 말하고 있듯이, 일단 '극심한 공포'가 사회를 뒤덮어버리면, '그 사회는 자연스럽게 사회 내부에 있는 적이라는 고정관념에 주시하게 된다. 그리고 일단 마녀가 고정관념이 되어버리면 마술은 만능의 죄명이 되고 만다.'[Trevor-Roper, 1956: 190]"(Russell, 2004: 215-216). 13-14세기 당시 유럽은 흑사병의 창궐 등으로 매우 힘든 시기였다고 한다. 한 마디로 혼란의 시기였다. "유럽의 13-14세기는 혼돈의 시기였다. 십자군 전쟁의 실패로 교황의 권위가 추락했고, 세속 왕들의 권력이 강해졌다. 1347년에 창궐한 흑사병은 전체 유럽 인구의 3분의 1의 생명을 앗아갔다. 비슷한 시기에 발발한 백년전쟁과 종교전쟁, 독일 농민전쟁, 프랑스의 위그노 전쟁 등이 유럽을 휩쓸었다. 흑사병 이전에는 작은 빙하기로 불릴 만큼 자연재해가 잇따라 일어나는 바람에 흉년도 계속됐다. 이렇게 불안과 공포가 거듭될수록 사람들은 신에게 의지했다. 그러나 기도는 소용없었고, 기댈 데 없는 이들은 점점 이 모든 일이 악마의 소행이라고 믿기 시작했다. 게다가 이단에 대한 종교재판이 열리면서 자연스럽게 이단과 악마를 결합했다"(정찬일, 2015: 114-115). 마녀사냥을 조장하는 분위기가 형성된 곳은 다름 아닌 마을 공동체였다는 점이다. 마녀사냥은 개인적이든 집단적이든 농촌사회를 황폐화하는 불행이 누적되어 개인 사이의 관계가 심하게 멍들었을 때 나타나곤 했다. 계속된 종교전쟁, 30년 전쟁, 프롱드의 난, 갈수록 악화하는 경제 사정, 때맞춰 닥친 기근, 페스트와 가축들의 전염병 따위 여러 가지 불행은 16세기 말에서 17세기 전반에 이르는 동안 마녀사냥과 같은 사회현상이 나타날 수 있는 최적 조건을 형성한 셈이다. 사람들은 자기들 주위를 맴도는 모든 불행에 대해 납득할 만한 설명을 찾으려 했으며, 마침내 그 이유를 '불순한' 사람들의 '불길한' 행동에서 발견할 수 있었던 것이다(Sallmann, 1995: 41-42).

자연재해로 인한 흉년, 그로 인한 배고픔, 페스트와 같은 질병의 창궐로 인한 두려움, 불안과 공포. 그런데 그 원인을 알 수 없었다. 당시 유행했던 페스트(黑死病, pest, the black death)만 보아도 얼마나 그 시대 사람들이 무지했는지 알 수 있다. 그 당시의 지식인들을 대표하는 의사(醫師)라는 사람들도 이처럼 무지[25]했는데 하물며 일반인들은 어떠했겠는가? 당시 페스트(흑사병)의 원인을 밝히라는 1348년 필립 6세의 명령에 대해서 파리대학교의 의학 교수진이 작성한 당시 보고서의 내용은 다음과 같았다고 한다.

> "1345년 3월 20일 오후 1시, 물병자리에서 토성과 목성, 화성이 만났다. 토성과 목성이 만나면 죽음과 재난이 일어나고 화성과 목성이 만나면 공기 중에 역병이 돈다고 했다(목성은 따뜻하고 습기가 있어서 땅과 물에서 나쁜 증기를 모으며 그 후 뜨겁고 건조한 화성이 전염적인 불을 붙인다고 간주되었다) 분명, 이 세 행성의 결합은 대단한 전염병을 의미했다."(Ziegler, 2003: 55).

그렇다면 당시 일반인들을 혼돈(混沌) 속에 빠트렸던 페스트에 대한 치료법은 무엇이었을까? 헛된 치료법이 난무했다는 것이다. 페스트라는 전염병의 원인에 대한 무지가 그 병에 대한 치료 방법에 있어서도 많은 무지를 낳았다는 점을 확인할 수 있다. 예방적 차원에서 방혈을 하는가 하면, 페스트의 종기를 째고 뜸을 들였다고 한다. '블랑 드 라제'(Blanc de Raze)라고 불리는 고약이 양종상에서 페스트의 만병통치제로 판매되기도 했었다고 한다(Ziegler, 2003: 96-100) 더 심각한 것은 필립 지글러의 책에 실린 그림에 대한 설명의 글에 나오는 다음의 내용이다. "원시적인 도시위생도 병을 확산하는 데 일조했다. **그러나 변소의 악취가 페스트의 확실한**

치료책이라고 믿는 이들도 있었다"(Ziegler, 2003: 97, "그림 설명의 글"에서, 지글러의 책에 실린 그림을 보면 병을 예방하기[효과를 얻기] 위해 화장실에 쪼그리고 앉아 있는 당시 사람의 모습을 볼 수 있다. 강조는 본 연구자). 아노 칼렌(Arno karlen)도 다음과 같이 기록했다. "흑사병의 원인을 몰랐으므로 사람들은 그저 치료법을 추측만 할 따름이었다. 그들은 하제, 사혈, 훈증, 림프선종의 소작(燒灼), 오줌 목욕 따위를 시도해 보았다."(Karlen, 2001: 138). 이처럼 일반인들의 질병 등에 대한 무지가 마녀사냥의 광풍에 일조했을 것으로 짐작된다.

(2) 각자의 이해관계: 시작은 사소(些少)한 것에서부터

일반인들은 자신들이 알지 못하는 공포와 불안 등의 원인에 대해서 나름의 이해를 찾게 된다. 그것이 바로 희생양 찾기였다고 할 수 있을 것이다. 바로 마녀로 대표되는 희생양 찾기 말이다. "… 이렇게 불안과 공포가 거듭될수록 사람들은 신에게 의지했다. 그러나 기도는 소용없었고, 기댈 데 없는 이들은 점점 이 모든 일이 악마의 소행이라고 믿기 시작했다. 게다가 이단에 대한 종교재판이 열리면서 자연스럽게 이단과 악마를 결합했다."(정찬일, 2015: 114-115). "사람들은 자기들 주위를 맴도는 모든 불행에 대해 납득할 만한 설명을 찾으려 했으며, 마침내 그 이유를 '불순한' 사람들의 '불길한' 행동에서 발견할 수 있었다."라고 살망은 적고 있다(Sallmann, 1995: 42). 희생양은 각 개인의 이해관계에서뿐만 아니라 집단(集團)의 이해관계에서도 찾게 되었고, 희생양은 각 개인뿐만 아니라 집단도 심지어는 어느 특정 인종도 될 수 있었던 것이다. 이것이 바로 설혜심 교수가 마녀사냥에 대한 시선 중의 하나로 소개하고 있는 "사회 희생양 이론"일 것이다(설혜심, 2011: 95 이하). 특히 유대인에 대해서 예수를 팔아먹은 배신자라든가(이택광, 2013: 44 참조), 우물에 독약을 푼 사람이라든가(Ziegler, 2003: 126 참조), 악덕 고리대금업(高利貸金業)[26]을 하는 자라는 명명(命名)은 당시에 대표적인 단골 희생양이었다. 마녀사냥에 있어서도 사바트(Sabbat, 또는 Sabbath, 프랑스에서는 Synagogue도 사용됨. 본래 Sabbath는 유대인들의 안식일을, Synagogue는 유대인들의 회당[會堂]을 의미한다)라는 단어가 사용되었다는 점과 마법사[魔女]는 유대인의 모자[고깔모자]를 써야 한다는 규정 등(Levack, 2003: 294)[27]은 마녀사냥의 희생양에 유대인이 매우 가까이 있었음을 짐작할 수 있는 내용이다(Sallmann, 1995: 25). 러시아 역사학자인 사무일 로진스키는 베를린 출신의 화폐주조국 기술책임자였던 유대인 리폴드가 마법의 죄를 뒤집어쓴 사례를 다음과 같이 들려준다.

> 밀고는 사람들의 재산을 몰수할 수 있는 마지막 수단으로 이용되기도 했다. 더 이상 합법적으로 강탈할 방법을 찾기 어려울 때 마법의 죄를 뒤집어씌우는 것이었다. 예를 들어 화폐주조국 기술책임자였던 베를린 출신의 유대인 리폴드는 1573년에 선제후(選帝侯) 이오힘의 일을 망쳐놓았다는 혐의를 받았다. 물론 그의 죄는 입증되지 않았다. 그러자 이번에는 마법 행위를 의심하기 시작했다. 그는 재산과 어음을 몰수당했고 1573년, 오늘날 루터 기념비(종교와 사랑, 자비를 기념하기 위해 세워진 비)가 서 있는 바로 그 자리에서 화형당하고 말았다(아커만 박사, Miinzmeister Lippold, 프랑크푸르트, 1910)(사무일 로진스키, "해설" in Sprenger and Kramer, 2016: 581).

자신의 반대파를 숙청하기 위해서도 마녀사냥이 사용되는 경우도 있었다. 그 대표적인 예로 독일 바이에른 지방의 "밤베르크 (Bamberg)의 요한네스 유니우스(Johannes Junius) 시장(市長) 이야 기"를 들 수 있다(양태자, 2015: 159-166). 반대 세력이 그를 제거 하기 위해서 요한네스 유니우스 시장이 염소로 변한 악마의 꼬임에 빠져 악마의 연인이 되고 개로 변한 악마를 타고 마녀집회에 참석 했다는 혐의로 고소당하였고 결국에는 유니우스 시장은 마법사로 몰려서 화형을 당하게 된 사례다(주경철, 2016: 34). 물론 기소한 인물 중 한 사람이었던 게오르크 한 박사(Dr. Georg Haan)도 자업 자득이듯이 결국에는 마법사로 몰려서 처형당하게 되었다고 한다 (주경철, 2016: 265).

단순한 시기와 질투나 증오심도 마녀사냥의 원인으로 당시에는 작용했었다(양태자, 2015: 168-176 참조). 쥘 미슐레(Jule Michelete) 는 믿기지 않는 다음과 같은 얘기를 전해주고 있다. 단지 예쁘다는 이유로 고발되는 경우도 있었다고 한다. 그것도 신분 사회가 존재하 는 곳에서 거지[乞人]가 성주(城主) 부인을 고발하였던 것이다. 그 이유가 단지 예쁘다는 성주 부인에 대한 거지의 시기심 때문에 말 이다.

> 오랜 세월 동안 '마녀'라는 말 한마디는 증오심에 따라 죽일 수 있는 무기였다. 여자들은 질투로, 남자들은 탐욕으로 이런 편리한 무기를 쉽게 휘둘렀다. "그년이 잘산다고? '마녀' 아냐? 그년이 예 쁘다고? '마녀'이겠지 뭐." 무르기라는 거지 소녀는 단지 성주의 귀부인 랑시네나가 너무 아름다웠기 때문에 화형대에 보내려고 고발했다"(Michelet, 2012: 18).

심지어는 자식이나 그 배우자가 결혼 반대에 대한 보복으로도 마녀사냥을 이용하는 경우도 있었다고 한다. "자식이나 그 배우자가 결혼에 반대한 어머니에게 보복하기 위해, 마녀술 혐의로 고발하는 경우도 있었다. 실제로 마녀술 혐의로 구속하는 것은 정혼(定婚) 관습을 반대하는 수단 중의 하나로 사용되었다. 이 관습은 근대 초기 종교 개혁가들이 결혼 생활에 충실할 것을 주장하면서, 또 결혼 연령이 늦어짐에 따라 점차 인기를 잃게 되었다"(Levack, 2003: 202).

당시 사회문제(社會問題)를 해결하기 위한 방법의 하나로써 마녀사냥이 사용되기도 했었다. 길거리에 부모 없는 고아들이 너무 많았고, 그것이 그 당시에는 사회문제가 되었다는 것이다. 이러한 사회문제를 해결하기 위한 방법으로 길거리의 어린아이들을 마녀로 몰게 되었다는 것이다. 그 결과 고아들이 마녀로 몰려 죽게 되고, 그럼으로써 자연스럽게 고아라는 사회문제가 해결되게 되었다는 것이다. "'가난과 버림은 한 쌍의 짝'이라는 말이 있다. 부모에게 버림받은 어린이들이 무더기로 거리로 나돌자 사회적인 문제가 되었고 근절할 방안을 찾게 되었다. 그 하나가 마녀사냥이다. 유럽 전역에서 마녀사냥이 퍼졌을 때 뮌헨 지방에서는 가엾은 여자아이들을 마녀로 몰아 죽인 기록이 남이 있다."(양태자, 2011: 58).

3) 그 외의 흩어진 다양한 파편들 주어 모으기

이 밖에도 마녀사냥의 원인에 대한 다양한 의견들이 존재한다. 그렇다면 마녀사냥과 관련되어서 흩어져 있는 다양한 파편들을 주워 담아 보기로 하자(물론 개인적인 능력이 되는 한도에서 말이다. 설혜심 교수는 자신의 책에서 "4장. 마녀사냥을 보는 다양한 시선"[설혜심. 2011: 89-110]을 소개한다. 1. 고전적 접근. 2. 사회 희생양 이론. 3. 인류학적 방법론의 도입. 4. 국가권력과 사법체계. 5. 성(sexuality)의 통제. 6. 악마론과 심리 분석적 접근 등이 그것이다).

먼저 마녀사냥은 게르만족이 기독교화가 되는 과정에서 기독교 풍습과 이교풍습[民間信仰이 만나면서[遭遇와 收容 過程] 나타나게 되는 갈등 현상으로 이해하는 경우다. "특히 중세 마녀사냥은 게르만족의 풍속과 그리스도교 풍속의 마찰로 빚어진 것이라고 볼 수 있다. 수천 년을 이어온 게르만족의 풍속은 그리스도교 옷을 입었다고 하루아침에 사라진 것이 아니라 사람들 속에 뿌리 깊게 남아있었는데 교회는 이것을 이단시했고 결국 마녀사냥이라는 죄명을 갖다 붙여 처단한 것이다"(양태자, 2012: 152). 이와 비슷하게 기독교 문화를 엘리트 문화로 이해하고, 반대로 당시 게르만 문화[非 基督敎 文化]를 민중의 문화로 이해하면서 문화 간의 갈등으로 이해하는 경우도 있다. "특별히 눈여겨보았던 것은 민중 문화와 엘리트 문화 간의 관계였다. 기본적으로 마녀사냥은 세속 당국과 교회라는 상위 기구가 일반 민중들의 종교적 오류를 바로잡겠다며 가한 억압의 성격을 띤다. 그렇게 본다면 지배 문화가 위로부터 규율을 강제하며 아래의 민중 문화를 공격해 들어간 흐름이라 할 수 있다. 실제 이런 방향으로 마녀 현상을 설명하는 연구들이 많다."라고 한다(주경철, 2016: 11). 이집트학자였던 마거릿 머레이(Margaret Murray)의 주장에서도 앞의 관점과 비슷한 점을 발견할 수 있다. "머레이는 악마의 연회가 기독교 전파 이전의 다이애나 여신숭배와 같이 지금은 사라진 오래전의 다산숭배 전통에서 기원한다고 주장했다. 따라서 마녀에 대한 재판이 강화된 것은 기독교적 일체성이 무너지고 이교적 잡신숭배가 부활했다는 반증이라는 시각이다"(심혜심, 2011: 94).

마녀사냥은 기득권 세력이 당시 사회 저항세력의 에너지를 분산시키고 파편화시키기 위해서 사용한 것[手段]이라는 주장도 있다. 실비아 페데리치(Federici, 2011: 280-281 참조)는 인류학자 마빈 해리스(Marvin Harris)의 마녀사냥에 대한 지적에 대해서 눈여겨볼 필요가 있다고 말한다. "마법 광란은 가난한 자와 무산자들의 저항운동의 가능성을 박탈하고, 서로 간의 사회적 거리감을 조장시키며, 서로 의심하게 하고, 이웃끼리 서로 싸우게 하며, 모든 사람들을 소외되게 했고, 모든 사람들을 공포에 몰아넣었으며, 불신을 고조시켰고, 무기력하게 만들었으며, 그 결과 지배계급에 의존하게 했으며, 단순한 지역적인 문제에 모든 사람들이 분노하고 좌절하게 했다. 이렇게 하여 마법 광란은 부의 재분배와 사회계급 타파를 요구하고 교회 제도와 사회제도에 대결할 수 있는 능력을 점점 더 가난한 자들로부터 박탈하였다. 마녀 광란은 과격한 전투적 메시아니즘을 거꾸로 바꾸어놓은 것이었다. 마법 광란은 사회 특권층의 마법적 총탄이었다. 바로 이것이 마법 광란의 감추어진 비밀이었던 것이다"(Harris, 2011: 224; 이미혜, 2018: 145 참조.[28]).

뉴턴이나 베이컨으로 상징되는 근대 과학적 세계관에서 마녀사냥의 원인을 찾는 경우도 있다. 캐롤린 머천트(Carolyn Merchant)가 이 경우다. 머천트는 자신의 책 『자연의 죽음: 여성·생태학 그리고 과학적 혁명(The Death of Nature: Women, Ecology and the Scientific Revolution)』에서 뉴턴적인 세계관이 지배권을 행사하고 있을 당시 유럽과 뉴잉글랜드 지방에서 소위 '마녀의 광기'가 발전했다는 점을 지적하였다. 합리적인 과학이 비합리적인 마녀(여성)를 정복했다는 것이다. "마녀는 과학적 합리성과 범위를 초월하는 신비로운 힘을 지닌 비합리적인 여성이었고 합리주의자들이 두려워하고 정복하고자 하는 다른 주변 세계를 상징하고 있었다."라는 점이다(이득재, 2004: 68). 또한 머천트는 마녀심문과 고문이 프랜시스 베이컨이 규정한 근대 과학의 방법론에 모델이 되었다고까지 주장한다. "[베이컨이] 자신의 과학적 목적과 방법을 설명하는 데 사용했던 많은 이미지는 법정에서 영감을 얻은 것이다. 베이컨의 이미지들은 기계적인 발명품으로 고문할 수 있는 여성으로 다루었다는 점에서 마녀재판의 심문과 마녀를 고문하는 데 사용했던 기계적인 장치들을 연상시킨다."라고 지적한다(Merchant, 1980: 168; Federici, 2011: 385, 4장 38번 후주 재인용).

성(性)에 대한 통제에서 마녀사냥의 원인을 찾는 경우도 있다. 조셉 클레이츠(Joseph Klaits)는 마녀사냥의 희생자들의 대부분이 여성이라는 점에 착안해서 당시 유럽 사회에서 마녀사냥의 광풍이 일어난 결정적인 요소로 "성에 대한 태도의 변화"를 지목하였다. 클레이츠에 의하면 대부분의 희생자가 여성이라는 점, 그리고 재판과정에서 여성을 악마의 성적 노예로 규정한 사실에서 그러한 주장을 하게 된 것이다. 사실 16-17세기 마녀사냥에서 성적 요소가 강하게 부각하였을 뿐만 아니라 디테일한 성적 묘사를 재판과정에서도 볼 수 있기 때문이다. 예를 들어 거대한 성기를 가진 악마라는 관념, 신체의 은밀한 부분에 악마임을 나타내는 표지[마녀 마크]를 가졌다는 생각, 그리고 그 표지를 찾기 위해 공개적으로 옷을 벗기고 고문했다는 점, 근친상간을 통한 영아 식인이라는 관념, 더 나아가 사바트(Sabbath 또는 Sabbat)를 행하고 거기에서 행해지는 무차별한 난교(亂交, orgy) 등 당시 마녀재판은 그 내용 면에서 성적인 디테일이 존재하였다는 것을 알 수 있다는 것이다(설혜심, 2011: 104-105). 그러한 이유로 실비아 페데리치(Silvia Federici)는 성에 대한 '담론적 폭발', 즉 '권력'에 의해 사람들이 강제적으로 성(性)에 대해서 입을 열게 된 것은 프랑스의 사회학자 미셸 푸코(Michel Foucault)의 주장처럼 가톨릭 사제들과 고해성사에서 온 것이 아니라 중세 마녀사냥의 고문실에서 왔다고 주장하기도 한다(Federici, 2011: 284). 양태자 박사도 이와 관련해서 다음과 같은 내용을 소개하기도 한다. 당시 마녀사냥의 광풍이 심하게 분 여러 이유 중의 하나를 가톨릭 사제의 독신제도(獨身制度)에서 찾는 학자들도 있다는 것이다. "독신제도에 갇힌 사제들이 억압된 욕망을 해소하기 위해 마녀사냥에 열심히 매달렸다는 주장이다. 사람이 태어날 때부터 지닌 자연스러운 성적 본능을 강압적으로 누르다 보니 민중, 특히 여자들에게 그 화살을 돌려 본능을 해소했다는 것이다. 여자 하나를 마녀로 몰아 화형에 처하고 나면 다시 다른 희생양을 찾아 나서길 반복하면서 억압된 성욕을 분출했다는 것이 그 근거였다"라는 지적이다(양태자, 2015: 37).

여성차별[劣等한 女性]이 또한 마녀재판의 원인으로도 작용했다는 것이다. 왜냐하면 마녀사냥에 심할 때에 여성 비하적인 사상이 크게 부각했기 때문이란다. "중세 유럽에서는 여성이 남성에 비해 우둔하고, 약하고 더욱 감각적이며 구원의 대상에서 제외된다는 개념이 팽배하였다. 이는 고대로부터 비롯한 전통적인 여성차별 사상에 기독교적 여성 혐오가 더해진 혼합체로 볼 수 있다. 마녀사냥기에 나타난 여성 혐오 사상을 크게 분류해 보자면 다음과 같다. 1. 이브의 자손으로서 선천적으로 지니는 원죄; 2. 이성의 결여에서 비롯하는 감각적·쾌락주의적 특성; 3. 생리·출산 등과 관련된 경외심; 4. 남성의 성적인 열등감"(설혜심, 2011: 105, 4장 29번 각주). 여성에 대한 두려움이 남성으로 하여금 여성을 상대로 한 마녀사냥을 불러오게 되었다는 지적도 있다. 장-미셸 살망(Jean-Michel Sallmann)은 다음과 같이 적고 있다. "17세기에 이르도록 반(反)여권주의의 아성은 탄탄했다. 여성은 두려움의 대상이었다. 여성의 생리는 의사들도 아직 제대로 파악하지 못한 현상이었으며, 신학자들은 여성을 감시를 게을리 해서는 안 될 불안전한 존재로 보았다. 사법적인 관점에서 보아도 여성은 아버지의 보호 아래, 결혼한 뒤에는 남편의 후견 아래 있어야 했다. 그런 여자들은 과부가 되어서야 상대적 자율성을 누릴 수 있었는데, 사회적 지위는 전보다 낮아지게 마련이었다. 역사가 미슐레는 과부가 마법 속에서야 욕망을 채울 수 있다는 허황한 논리의 원인으로 사회적 소외를 꼽았다"(Sallmann, 1995: 55, "본문 옆 글"에서).

심리적인 문제 또한 마녀사냥의 원인으로 작동했다는 지적이다(설혜심 교수의 "6. 악마론과 심리 분석적 접근"에 해당하는 사레일지 모르겠다). 세일럼의 마녀사냥에서 토머스 퍼트넘(Thomas Putnam) 집안과 관련해서 제프리 B. 러셀(Jeffrey Burton Russell)은 다음과 같은 설명을 한다. 계모와 마녀의 동일시, 파리스(Parris) 목사와 그의 반대편에 있는 자를 마녀로 동일시함으로써 그러한 사건들이 발생하게 되었을 것이라는 지적이다. "푸트남 가의 문제는 상황의 전개를 제대로 보여주고 있다. 어머니가 죽자 아버지가 재혼한다. 전처의 자식들은 계모와 그녀가 데리고 들어온 남자아이에게 깊은 원한을 품는다. 그리고 계모에 대한 적의를 정치적, 심리적으로 위협을 줄 만한 위험이 거의 없다는 다른 사람들, 특히 계모의 같은 세대의 소외된 여성들에게로 투영한다. 푸트남 가는 새뮤엘 파리스를 지지하고 있던 터라, 파리스 적대 세력들에 대한 분노가 계모에 대한 분노와 동일시된다. 계모와 동일시된 여성 또한 파리스 반대파와 동일시된다"(Russell, 2004: 214).

죄의식에서 벗어나기 위한 죄의 전가 행위(轉嫁行爲)가 마녀재판을 자연스럽게 불러왔다는 지적도 있다. 앨런 맥팔레인(Alan Macfarlane)이 주장하는 경우로 그에 의하면 "16~17세기 영국에서 경제적 도움이 필요한 사람에게 도움 주기를 거부하고, 자기 집에 구걸하러 온 사람을 빈손으로 돌려보냈을 때, 마녀로 고소한 사건이 일어났다고 주장했다. 가톨릭과 프로테스탄트 윤리지침은 가난한 이를 도우라는 것이었다. 이 지침을 지키지 않았을 때 사람들은 자연스럽게 죄책감을 느꼈다. 도움을 요구한 사람을 도덕적으로 타락하여 도움 받을 가치조차 없는 윤리적 일탈자 즉 마녀로 낙인찍어서, 자신의 행위를 정당화하고 죄책감을 덜었다. 실제로 죄를 지

은 이웃이 자신의 죄를 마녀에게 전가했던 것이다"(Levack, 2003: 156)[29]

종교재판소의 보존[存續]의 욕망 또한 마녀사냥에 일조했을 것이라는 지적이다. "당시에도 종교재판은 성행했으나 13세기 중반까지 처형당하거나 추방당한 경우는 거의 없었다. 그러나 문제는 종교재판이 존속했다는 것이었다. 마녀재판이라는 명목으로 체계가 잡힌 순간 종교재판소는 그 기능에 자율성을 획득했고 자기 보존 욕망에 빠져들었다. 종교재판소는 새로운 배교자들을 찾아 나서기 시작했다. 처음에 가톨릭교회 교리에 도전하는 이단자들을 심판하던 역할에서 점점 확대된 종교재판소는 마법의 이단성을 도마 위에 올리는 수준까지 발전했다. 이들은 유대인과 무어인을 심판하는 데 목적을 두었다"(이택광, 2013: 44).

그 당시의 인쇄술의 발달도 마녀사냥이 확산하는 데 어느 정도는 일조했었다. 인쇄술의 발달로 악마론에 대한 연구서[著書]들이 유럽 전역에 퍼지게 되었고 그로 인해서 마녀사냥이 급증하게 되었기 때문이다(Sallmann, 1995: 32; Levack, 2003: 89; 이택광, 2013: 9 참조).

마녀사냥의 원인에 대한 파편(破片)들은 여기에 기술한 것이 전부 다가 아니다[個人 知識의 限界]. 주워 모으지 못한 파편들이 많이 존재할 것이다. 아니 연구자들이 아직 발견하지 못한 파편들도 있다는 점을 또한 기억해야 할 것이다.

4. 얽히고설킨 마녀사냥 굴레 벗어나기

그렇다면 이 지긋지긋한 중세 마녀사냥의 굴레를 벗어나게 한 것은 무엇이냐 하는 점이다. 어떻게 함으로써 중세인(中世人)들은 이 지긋지긋한 마녀사냥의 굴레로부터 벗어날 수 있었을까? 주경철 교수는 브라이언 P. 르박(Brian P. Levack)을 인용하면서 마녀사냥 종식(終熄)의 최종과정을 '비범죄화'(非犯罪化, decriminalization)에 있었다고 지적한다. "마녀사냥 종식의 최종과정은 마녀 자체를 '비범죄화'(decriminalization)하는 일이다[Levack, 2013: 433]. 즉 더 이상 마녀라는 죄로 기소하는 게 불가능해지는 것, 다시 말해서 법적으로 더 이상 마녀를 인정하지 않는 것을 의미한다"라고 지적한다 (주경철, 2016: 285). 그런가 하면 실비아 페데리치(Silvia Federici)는 브라이언 이슬리아(Brian Easlea)의 주장에 중심을 두고 전혀 생각지도 못한 다음과 같은 주장을 하는 것을 볼 수 있다.

> "(브라이언 이슬리아[Brian Easlea]가 확실하게 보여 준 바와 같이) 마녀사냥이 최후를 맞은 것은 승승장구하는 자본주의 체제가 요구했던 사회적 규율이 가동되기 시작하면서 마녀의 세계가 소멸해 갔기 때문이다. 다시 말해서 17세기 말엽 마녀사냥이 막을 내린 것은 좀 더 계몽된 세계관이 나타났기 때문이 아니라, 그즈음부터 지배계급이 자신들의 권력이 안전하다는 느낌을 분명히 갖게 되었기 때문이다"(Federici, 2011: 300-301).

본 연구자는 얽히고설킨 마녀사냥의 지긋지긋한 굴레에서 벗어날 수 있었던 것[理由]에 대해서 다음의 것들을 기술하고자 한다.

1) 각자 정신 차리고 자신들의 본래 자리 찾아 앉기

(1) 기독교 관계자들과 관련해서

마녀사냥에 관해서 가장 일조한 기독교와 관련해서 무엇보다 중요한 것은 바로 올바르게 성경을 이해하게 되었다는 것이다. 올바른 성경해석이 바로 마녀사냥의 불을 끄는 데 중요한 역할을 했다는 점이다. 주경철 교수가 다른 어느 요인보다 상대적으로 강조하는 부분이다. "정신적 영향이라는 면에서 철학보다 **오히려 성경 연구가 더 큰 공헌을 했다는 사실이다.** 예컨대 출애굽기 22장 18절의 구절(Exodus 22:18. 'Thou shall not suffer a witch to live')은 오랫동안 마녀사냥의 가장 중요한 성경 상의 근거 중 하나로 제시되었다. 그런데 히브리어 성경을 연구하니 이때 witch의 원어는 '독으로 살해하는 사람' 혹은 '점복술사'를 의미하지 악마와 계약을 맺은 마녀가 아니라는 점이 밝혀졌다. 이런 연구 성과는 마녀재판을 옹호하는 사람들에게 정신적 기반을 뒤흔드는 큰 충격을 주었다."(주경철, 2016: 288. 강조는 본 연구자). 크리스천 토마지우스(Christian Thomasius)는 고문 행위가 성경에 없는 기독교적 방식이라는 지적을 하였다고 한다(주경철, 2016: 289). 르박(Levack)도 당시 새로운 종교 환경에 대해서 소개하고 있다. 합리적인 신앙이 상대적으로 강조되었다는 지적이다. "당시 사람들이 신의 계시를 직접 받았다고 주장하는 사람을 믿지 않았다는 것은, 새로운 종교 환경이 조성되었다는 일반적인 징표라 할 수 있다[Heyd, 1981: 258-280]. 또한 신학에서는 종교적 열정에 대한 반발로 합리적인 신앙이 강조되었다[Gragg, 1960]"(Levack, 2003: 330).

마녀사냥의 광풍을 일으키는 데에 기독교 관계자들이 그 중심에서 중요한 역할을 했던 것처럼 마녀사냥의 광풍을 잠재우는 데에 기독교 관계자들의 중요한 역할을 담당했다는 것 또한 사실이라는 점이다. 러셀(Jeffrey Burton Russell)은 세일럼의 마녀사냥에서 설교를 통해 광풍을 잠재우려고 하는 노력을 다음과 같이 소개하고 있다. "코튼 메이더[Cotton Mather]의 부친인 인크리스 메이더[30]는 케임브리지 시에서 행한 설교에서 '한 사람의 무고한 인간에게 유죄판결을 내리는 것보다는 의심스러운 10명의 마녀들을 도망하게 하는 편이 낫지 않은가'라고 주장했다[Boyer and Niseenbaum, 1974: 10]. 나아가 재판에서 증거라 내놓은 것들의 대부분은 신빙성이 없는 것이라면서 그러한 증거들을 사용하는 행위를 신랄하게 비판했다"라고 한다(Russell, 2004: 185-186). 세일럼의 마녀사냥에 대해서 로잘린 샌저(Rosalyn Schanzer)의 다음과 같은 기술에서도 이를 간접적으로 확인할 수 있을 것 같다. "하버드 졸업생인 스물두 살짜리 조셉 그린이 1698년부터 세일럼 빌리지 교회 목사가 되면서, 상황은 점차 나아지기 시작했다. 타고난 협상가인 그린은 '평화의 모임'을 시작해 교회를 떠난 사람들과 남아있는 사람들이 화해할 수 있도록 했다. 그러자 이내 분위기는 정상으로 회복되기 시작했다. 18년이란 긴 세월이 지난 후인 1711년 10월 17일, 매사추세츠만(灣) 당국은 '사권(私權) 박탈의 철회'를 선언했다"(Schanzer. 2013: 134).

예수회 신부인 프리드리히 폰 슈페(Friedrich von Spee)와 관련해서 모리시마 쓰네오(森島桓雄)가 전해준 이야기는 참으로 많은 의미를 내포하고 있는 것 같다. 마녀사냥이 한창이었을 때 슈페와 같은 공감 능력이 점차 교회 공동체[가톨릭] 안에 들어오지 않았을까 하는 생각을 해볼 수 있기 때문이다. "… 슈페를 혹독한 항의로 내몬 것은 추상적인 이데올로기가 아닌 이런 구체적인 현실에의 소박한 분노와 슬픔이었다. 후에(1642년) 뷔르츠부르크의 주교가 된 필립 폰 센보른이 젊었을 때 슈페에게 '왜 그렇게 빨리 백발이 되었느냐'라고 묻자 형장까지 곁에 따라간 많은 마녀가 무고한 죄로 말미암은 것을 알기 때문이라고 슈페는 대답했다(이것은 필립이 친교가 있던 철학자 라이프니츠에게 한 이야기. 라이토슈, 『프랑켄에서의 마녀사건사』. 1883년)"(森島, 1997: 190).

(2) 다른 지식인들과 관련해서

새로운 지식에 각자 눈을 뜨게 되었다는 점이다. 우선 의학이 더 발전하면서 "마녀나 마법에 걸린 사람들은 환각과 우울증에 빠진 경솔한 여인들에 불과하다는 견해가 크게 우세해졌다."(Ginzburg, 2003: 268-269). 참고로 "마녀의 샤머니즘 요소는 문화적 의미가 아닌 신경 인지적(neurocognitive) 방식의 샤머니즘이라는 해석도 나왔다. 죽은 혼령과 만나고 날아가는 등의 일은 '인지 과정의 변형에서 오는 인식의 발현'이라는 주장이다."(주경철, 2016: 327, "나가며", 1번 주석). 당시 주류를 차지한 스콜라주의에 대항해서 회의주의적 방법론이 등장하였던 것이다. 물론 기계론적인 지식체계는 신앙에 위험을 가할 수 있었지만 데카르트의 회의주의적 방법론(懷疑主義的方法論)이 등장하게 된 것이다. "마녀사냥이 종식되는 원인을 설명하는 데 철학 체계로서의 데카르트주의는 아주 중요하다. 왜냐하면 그것은 17세기에 스콜라주의와 주요 경쟁 상대였기 때문이다. 그러나 더 중요한 것은 데카르트가 따랐던 회의주의 방법론이다"(Levack, 2003: 323).

"사법제도에도 변화"가 또한 이루어지기 시작했다. 중앙통제가 강화된 재판제도가 확립되기 시작했다. 잔혹한 마녀재판은 지방 사법당국이 주도한 경우가 많았었기 때문에 중앙에서 강한 통제력으로 지방 사법당국을 통제할 필요성이 대두되었던 것이다(주경철, 2016: 298). 마녀재판과 고문의 잘못된 점에 대해서 신학자들과 법학자들의 주장들이 제기되었다. 예수회 신부이자 시인이었던 프리드리히 폰 슈페(Friedrich von Spee, 1591-1635)는 『재판관에 대한 경고(Cautino Criminils)』라는 책에서 51가지를 주장하였다고 한다. 그 책에는 다음과 같은 내용이 포함되어 있다. "… 마녀사냥에서 혐의자의 재산을 압수해서는 안 된다. 이런 몰염치한 일은 즉각 중단해야만 한다. … 고발당한 사람에게는 반드시 변호인을 붙여주어야 하고, 고문을 통해 강제 자백을 받아내는 일은 중단해야 한다. 무시무시한 고문을 당하면 고통스러운 나머지 죄가 없어도 억지 자백을 하기 마련이다."(양태자, 2015: 72. 양태자 박사가 이에 대해서 잘 요약해 놓았으니 양 박사의 책을 참고하면 매우 유익할 것이다). 콘스탄츠의 법학자인 몰리토르 등도 다음과 같은 주장을 했었다고 한다. "그[몰리토르]는 매우 훌륭한 상식에 따라 마녀들의 자백을 진지하게 간주할 수 없다고 했다. 그녀들의 입을 통해 나온 말은 거짓 사제인 악마가 하는 말이기 때문이다. 그는 악마의 기적을 조롱했다. 환상일 뿐이라는 점을 지지했다. 후텐, 에라스뮈스 등

신랄한 비평을 좋아하는 사람들은 도미니크 회원들을 은근히 바보 취급한 풍자적인 글을 통해 종교재판에 거칠게 일격을 가했다. 카르다노는 직설적으로 말했다. '희생자의 재산을 차지하려고 똑같은 사람들이 무고한 사람을 고발하고 사형 선고를 내리고 그들의 혐의로 걸어 넘길 수천 가지 터무니없는 이야기를 지어내었다'"(Michelet, 2012: 204-205). 르박(Levack)은 마녀사냥을 감소시킨 세 가지 주요한 법적·사법적 변화가 있었다는 점에 대해서 다음과 같이 기록하고 있다. "(1) 악의적인 마술과 계약에 관한 명백한 증거의 요구, (2) 고문의 사용에 대한 엄격한 규칙의 적용과 (3) 마녀의 기소를 제한하거나 금지하는 법령의 공포였다."(Levack, 2003: 318). 이처럼 의학과 철학 사법 등 각(各) 분야에 있어서 지식이 진일보함으로써 마녀사냥이 갖는 병폐로부터 멀어지는 결과를 낳게 된 것이다.

2) 직·간접적으로 마녀사냥의 당사자 되기[易地思之]

마녀사냥의 고발 대상이 고위직까지 번지게 되는 사태가 벌어졌다는 점이다. 이는 전형적인 마녀 상(魔女像)의 붕괴를 가져 왔음을 의미하는 것으로 이해할 수 있다. 더 나아가서 이는 신분의 고하에 상관없이 누구나 마녀사냥의 희생의 대상이 될 수 있겠구나 하는 메시지를 모든 사람들에게 전해주었던 것이다. 세일럼의 마녀재판도 매사추세츠 총독 윌리엄 핍스(William Phips)의 부인이 고소된 후 재판을 끝낸 것도 같은 맥락으로 이해할 수 있을 것이다. "고발 대상에 고위직까지 포함되면서, 정형적인 마녀 상은 붕괴하고, 이는 곧 고위 관리가 사냥을 서둘러 종식하는 부가적인 효과를 가져왔다. 1629년 뷔르츠부르크의 주교가 마녀사냥을 끝낸 것과 세일럼의 총독 핍스가 자기 부인이 고소된 후 재판을 끝낸 것도 비슷한 동기가 작용했다[Midelfort, 1979: 177-178]"(Levack, 2003: 242-243). 다음의 사례에서도 이러한 사회적 분위기를 어느 정도 짐작할 수 있다.

> "민중이 마녀재판을 종식한 가장 좋은 예는 독일의 조그만 도시 린드하임에서 발생한 사건이었다. 1661년 이 도시의 시장 게오르게 루드비히 가이즈는 태어난 아기를 죽여 마술 연고를 만들었다는 죄로 산파와 6명의 여자를 처형했다. 시장은 또한 그 아이의 무덤을 파헤쳐 시체가 온전한 것을 보여주며 산파의 무죄를 주장한 아이의 부모까지 체포했다. 사냥은 계속되었고(모두 30명이 처형되었다) 부유한 방앗간 주인이었던 아이의 부친이 고문을 받는 지경에 이르자 도시의 분위기는 시장에 적대적으로 변했다. 방앗간 주인과 다른 죄수들은 감옥을 탈취하여 스파이어에 있는 제국법원에 가이즈를 제소했고 제국법원은 마녀재판을 중단하라는 명령을 내렸다"(Levack, 2003: 316; 이택광, 2013: 157 재인용).[31]

참고로 마녀사냥이 해소된 원인 또한 이 외에도 여러 가지가 더 있을 수 있다는 것이다. 아니 연구자들이 아직 모르는 것이나 생각하지도 못한 것들이 있을지도 모른다.

III. 나가는 말

얽히고설킨 마녀사냥의 올바른 평가를 위해

지금까지 살펴본 것처럼 마녀재판은 얽히고설켜 있다. 그러한 이유로 한 가지 원인만으로 누구에게만 마녀사냥의 책임이 있다고 단정적으로 말[平價]하기는 좀 그렇다. 세상사에서도 그런 것처럼 역사에서로 극단적 인과관계는 거의 존재하지 않는다. 일반적으로 인과관계가 아닌 상관관계를 지닐 뿐이다. 본 연구자는 연구의 전제로 마녀사냥과 관련해서 '기독교=마녀사냥'이라는 도식[안티들의 극단적 논리]도, 또 '기독교≠마녀사냥'이라는 도식[일부 극단적 기독교인들의 논리]도 성립되어서는 아니 됨에 대해서 지적하였다. 이는 이 모두가 극단적 환원주의적 평가법이기 때문이다. 그리고 '마녀사냥=**기독교**+a'라고 하는 것이 좀 더 현실에 가까운 이해라고 개인적인 주장을 했었다. 물론 '마녀사냥=**A**+_기독교_'라는 도식적 주장도 무리한 주장이기는 매한가지다.

실질적으로 마녀사냥에 대해서 살펴보았을 때 단순히 교황을 포함한 기독교 관계자들만 관여된 것이 아니라, 그 당시의 영국의 제임스 1세(James I)로 대표되는 권력가[政治家]들, 장 보댕(Jean Boden)으로 대표되는 계몽이라는 꽃을 피웠던 인문주의자[人文主義者, 知識人(철학자·정치학자·법률가)]들, 재판에 참석했던 법률가[法官]들 등도 마녀사냥에 직간접적으로 일조했다는 것이다. 거기에는 평범한 일반 백성[匹夫]들도 편승해 있었다. 그리고 마녀사냥에 대해서 같은 집단 내에서도 서로 다른 목소리가 나왔다는 점도 확인할 수 있었다. 기독교[가톨릭]의 경우 시인이며 예수회 신부였던 프리드리히 폰 슈페(Friedrich von Spee)는 자신의 책, 『재판관에 대한 경고(Cautino Criminils)』에서 마녀재판과 고문에 대한 잘못된 행위를 지적했었는데, 그 당시 파다본(Paderborn)의 주교였던 요한네스 펠킹(Johannes Pelking, 1573-1642)은 이러한 지적을 하는 슈페의 책에 대한 평가에서 "신을 모독하는 불경한 저서"라고 비하하였던 것처럼 같은 집단[가톨릭] 내에서도 서로 다른 주장들이 나타났다는 것이다(양태자, 2015: 68). 계몽주의자[32]로 대표되는 장 보댕(Jean Boden)의 경우 얼마나 마녀들의 고문에 대해서 잔인한 주장을 했었는지 기억하실 것이다. 그렇지만 다른 측면에서 계몽주의의 기계론적 세계관[비록 그것이 무신론적 세계관과 어느 정도 연관되어 있다고 하더라도]은 당시의 마녀사냥을 억제하는 역할도 어느 정도 담당했다는 주장도 볼 수 있었다(Levack, 2003: 323 참조). 물론 이러한 해석과는 정반대로 계몽주의의 기계론적 세계관이 마녀사냥의 고문 방식에 영향을 주었다는 주장이 캐롤린 머천트(Carolyn Merchant)에 의해서 제기되기도 했었다(Merchant, 1980: 168). 또 프레데리치(Silvia Federici, 2011: 385, 4장 38번 후주 재인용)는 이러한 머천트의 주장에 대해 매우 긍정적으로 받아들이는 것을 볼 수 있었다 이처럼 같은 사건이나 주장에 대해서 서로 엇갈린 주장[多樣한 評價]이 존재한다는 것을 확인할 수 있었다.

마녀사냥에서 벗어남에는 무엇이 있었는가? 이들은 자신들이 지닌 지식을 올바르게 해석하고, 적용할 때 마녀사냥의 굴레에서 벗어날 수 있었다. 더 나아가 마녀사냥에 대해서 자신도 언젠가는 그러한 처지가 될 수 있겠구나[易地思之] 하는 인식[危險 意識]이 있었을 때, 즉 자신들을 마녀사냥의 직간접적인 사건의 당사자로 인식할 때에 비로소 마녀사냥의 광풍을 멈출 수 있었다. 이처럼 중세 마녀사냥의 원인과 해소 또한 매우 복잡하게 얽히고설킨 역사적 사회적 구성물이라는 점을 확인할 수 있다. 그렇기 때문에 정신을 잃고 자신의 자리를 지키지 않는다면, 또 자신과 이웃이 그 당사자가 될 수 있다는 사실을 망각하게 된다면 '마녀 프레임'은 언제든지 어느 곳에서든지 작동[發動]할 수도 있다는 점에 대해서도 기억해야만 할 것이다.

제2장

노예제도에 관한 재고

노예제도의 발생과 유지 그리고 폐지의 원인을 중심으로*

I. 머리말

"종교는 대부분의 전쟁의 원인이다."라는 말은 흔히 되풀이된다. 그러나 이 책[『문화로 본 종교학(Religion: The Basics)』]에서 지금까지 나[Malory Nye]의 주장은 종교의 '본성'에 대해 '본래의' 것은 없고, 문화의 종교적 양상들은 더 폭넓은 문화적 그림의 구성요소이며 거기서 분리될 수 없다는 것이었다. 사람들은 그들의 종교적 정체성을 두고 전쟁을 일으킬 수 있으며, 종교적 이해관계와 차이의 정치학은 민족주의나 종족성과 같은 다른 정치적 차이와 결합할 수도 있다. 종교적 가치는 전쟁과 폭력을 이데올로기적으로 매우 명확하게 정당화하고 합리화할 수 있다. 왜냐하면 종교적 이데올로기는 다른 이데올로기들과 마찬가지로, 매우 확실한 것과 관련된 것처럼 제시될 수 있기 때문이다. **그러나 이러한 사실이 반드시 분쟁과 종교의 연결을 '설명해주는 것'은 아니다. 그것은 단지 분쟁이, 우리가 일반적으로 종교적이라고 부르는 문화생활의 요소들로부터 -마치, 정치, 경제, 종족성, 민족주의를 비롯한 문화생활의 다른 연관된 그리고 뒤얽힌 요소들로부터 생겨날 수 있듯이- 발생할 수 있다는 것을 보여줄 뿐이다.** (Nye, 2013: 279-280. [ ]의 첨가와 강조는 본 연구자)

---

* 본 연구에서는 김형인 (2009). 『두 얼굴을 가진 하나님: 성서로 보는 미국 노예제』에 나온 내용을 심하다 할 정도로 인용했음을 밝힌다. 본 연구자에게는 짧은 소책자였지만 매우 유용했었다. 그 외에도 강철구(2002). 김봉중(2001). 차전환(2015) 선생의 자료도 매우 유용하게 인용했다. 선행연구를 하신 선생님들께 대단히 감사드린다.

오늘날 테러와 전쟁 등으로 인해 반기독교적 정서가 사회적으로 매우 강하다. 신무신론자들[2])과 기독교안티들을 중심으로 기독교에 대한 역사적 오류[黑歷史, dark chapter]의 하나로 지적되고 있는 것 중의 (또 다른) 하나가 바로 노예제도(奴隸制度)다. 역사적으로 기독교가 노예제도와 관련해서 책임이 있다는 주장이다[그것도 매우 많이]. 이는 다음과 같은 반기독교적 정서를 가지고 있는 이들에게서 확인할 수 있다. 과거 기독교회의 목사였다가 지금은 무신론자가 되어 기독교를 향해 날카로운 비난의 화살을 강하게 날리고 있는 댄 바커(Dan Barker)는 노예제도와 관련해서 다음과 같은 주장을 하고 있다. "노예제도를 옹호하는 성경 구절들은 미국 시민전쟁에서 많은 교회에 의해 인용되었고, 남아프리카의 인종차별을 정당화하기 위해 네덜란드 개혁교회에서 몇몇 신학자들에 의해 이용되었다."(Barker, 2011: 352). 고인이 된 작가이자 언론인이었던 크리스토퍼 히친스(Christopher Hitchens)도 노예제도에 대한 근거와 합리화를 성경을 근거로 해서 당시 그리스도인들이 내세웠다는 점을 다음과 같은 문장으로 지적했었다. "모든 종류의 기독교 설교자들은 남북전쟁이 일어날 때까지 노예제도를 합리화했으며, 심지어

---

2) 아마 신무신론자들이 사회에서 강력한 힘을 가지게 된 데에는 종교의 잘못된 행동 때문인 것도 있겠지만(제일 중요한 원인) 그와 더불어 그들의 화려한 학력과 경력이 작용했을 것이다. 옥스퍼드대학교에서 찰스 시모니 석좌교수로 재직한 후에 2009년 정년 퇴임한 리처드 도킨스(Richard Dawkins, 1941.3.26), 유명한 언론인이자 정치학자로 2011년도 식도암으로 사망한 크리스토퍼 히친스(Christopher Eric Hitchens, 1949.4.13-2011.12.15), 신경 정신과학(Neuro-science)에 관한 주제로 스탠퍼드대학교에서 박사학위를 받은 샘 해리스(Sam Harris), 캘리포니아대학교(UCLA)에서 (천체) 물리학으로 박사학위를 받았고 하와이대학교에서 교수로 정년 퇴임한 지금은 고인이 된 빅터 스텐저(Victor J. Stenger) 교수, 그리고 터프츠대학교의 철학 교수이자, 인지과학과 과학철학이 전공인 대니얼 데닛(Daniel C. Dennett)이 바로 그들이기 때문이다. 빅터 J. 스텐저와 관련해서는 다음의 일화도 전해진다. "전 세계에 초능력으로 '숟가락 구부리기' 열풍을 일으켰던 유리 겔러가, 스텐저가 책에서 자신의 초능력에 의문을 제기하여 명예를 훼손했다며 400만 달러를 요구하는 소송을 걸었다가 기각 당하고 법정 비용만 부담했다는 일화도 있다"(Stenger, 2010: 324-325; 김미선, "옮긴이의 글"에서).

남북전쟁 이후에도 마찬가지였다. 그들은 노아의 세 아들(셈, 햄, 야벳, [Shem, Ham, and Japheth]) 중 햄이 저주를 받아 노예 신세가 되었다는 성경 내용을 근거로 내세웠다"(Hitchens, 2008: 246). 신경과학이 전공인 샘 해리스(Sam Harris)는 구체적으로 당시 노예제 합리화의 근거를 주장한 당시 주장에 대해 다음과 같이 인용하기도 한다. "1845년에 리처드 풀러 목사는 '신이 구약에서 인가하고, 신약에서 허용한 것은 죄가 아니다'라고 말했다."(Harris, 2008: 36). 몇 해 전에 고인이 된 천문우주 물리학자인 빅터 J. 스텐저(Victor J. Stenger)도 노예제도의 합법화를 위해 당시 성경이 어떻게 인용되었는지 구체적인 사례를 열거하여 보여주기도 한다.

> 침례교 지도자이자 노예 소유주였던 리처드 퍼먼이 주춧돌을 쌓은 성경 논증은 나중에 남북전쟁에 이를 때까지 노예제도를 뒷받침했다. 사우스캐롤라이나주 침례교 총회의 회장을 역임하는 동안 퍼먼은 주지사에게 편지를 썼다. '노예제도를 가질 권리는 성경에, 가르침으로 보나 실제로 보나 분명하게 확립되어 있습니다.' … 또 다른 저명한 성직자 알렉산더 캠벨은 이렇게 썼다. '성경에 노예제도를 금하는 말은 한마디도 없지만, 그것을 규정하는 말은 많다. 그렇다면 그것은 부도덕한 것이 아니라고 우리는 결론을 내린다.' … 남부 연방의 대통령 제퍼슨 데이비스는 성경 말씀을 따르라고 주장했다. '(노예제도는) 전능한 신의 의사로 세워진 것이다. … 그것은 창세기부터 계시록까지, 구약과 신약 모두에서 인가된다.'(Stenger, 2010: 252).

스텐저 교수는 여기에서 끝나지 않고, 당시 대표적인 인본주의자였던 리처드 랜돌프를 예로 들어 그리스도인들과 비교하기까지 한다. 그 당시 미국 남부의 그리스도인들은 노예제를 버리지 못했지만, 이와 반대로 인본주의자였던 리처드 랜돌프는 스스로 자신의 노예를 풀어주기 시작했다는 것이다. "남부의 기독교인들은 가능한 한 오래도록, 노예들을 붙잡고 있었지만, 속세의 인본주의자 리처드 랜돌프는 1791년 버지니아에서 자신의 노예들을 풀어주기 시작했다"(Stenger, 2010: 252).[33]

신무신론자들로 대표되는 반기독교주의자들의 앞서 언급된 주장 [노예제도와 관련해서 기독교에 대한 비판]에 대해서 그렇게 반박하고자 하는 생각은 없다. 과거에 기독교[人]라는 이름으로 또 기독교 공동체 안에서 성경의 잘못된 해석[과 適用]을 통해서 노예제도가 옹호되었던 것이 역사적으로 사실이기 때문이다. 다만 본 연구자가 지적하고 싶은 것은 오늘날 기독교의 문제점으로 지적되고 있는 마녀사냥, 홀로코스트, 인종분리정책 등과 같이 노예제도의 원인에 대한 책임이 전적으로 기독교에만 있는 것이 아니라는 점이다 [이 또한 하나의 '참 거시기한 변명(辨明)'처럼 들릴 것이다. 그래서 책 제목이 『참 거시기한 변명』이라는 사실에 대해서도 다시 한번 기억해 주셨으면 한다.] 이러한 개인적인 생각은 변명처럼 보이기 때문에 될 수 있으면 기독교 공동체 안에 속해있는 본 연구자로서 자제(自制)하고 싶지만[이는 '가재는 게 편'처럼 보일 수 있기 때문이다], 또 하나의 변명 아닌 변명을 할 수밖에 없다는 점이다. 본 연구는 변명 아닌 변명, 즉 노예제도 발생의 원인이 무엇인지 살펴봄으로써 노예제도 발생의 원인이 전적으로 기독교에만 있는 것이 아님을 드러내 보이고자 한다. 이는 노예제도의 폐지에 있어서도 동일한 관점을 가진다. 많은 기독교인들의 경우 노예제도의 폐지가 전적으로 기독교인의 전적인 노력[獻身]으로 [奮鬪만으로]

온 것임을 주장[意圖]하는 것을 심심찮게 볼 수 있는데, 이 또한 극단적인 형태의 환원주의적 주장에 불과하다는 점을 지적하고자 한다. 물론 노예제도의 폐지를 위해서 역사적으로 기독교인들이 많은 노력을 통해 기여했었고 그와 관련된 많은 활동[奉仕]을 한 것은 사실이다. 그렇지만 단순하게 '노예제도의 폐지=단지, 기독교 업적[功勞]'이라는 도식이 성립되기가 어렵다는 것이다. 이는 마치 '노예제도 발생=기독교 책임[役割]'이라는 도식이 성립할 수 없는 것과 같은 이유에서다. 노예제도 발생의 원인이 다양하게 얽혀져 있는 것처럼 노예제도 폐지의 경우에 있어서도 그 여러 원인이 매우 복합적으로 연관[關聯]되어 있기 때문이다.

그러한 이유로 본 연구는 오늘날 기독교가 노예제도의 주원인으로 지목되는 이유에 대해서 다루고자 한다. 그리고 실질적으로 노예제도의 유지에 일조한 것에는 어떤 여러 요인들이 있는지에 대해서 제한적으로 살펴보고자 한다. 마찬가지로 노예제도 폐지의 여러 원인에 대해서 살펴볼 것이다. "노예제도 원인=기독교"가 아닌 것처럼, "노예제도 폐지=기독교"도 아니다. "노예제도의 원인과 폐지=**A+기독교**"인 것이다.

II. 노예제도의 발생과 유지 그리고 폐지

　오늘날 신무신론자들과 반기독교주의자들은 왜 기독교(만을)를 노예제도의 원인으로 지목하고 있는가 하는 점이다. 기독교의 영향력과는 전혀 관계없는 곳[場所]과 때[時期], 즉 기독교가 전파되기 이전에도 다양한 문화권 안에 노예제도가 이미 존재하였는데도 불구하고 말이다. 노예제도의 원인이 신분의 대물림[身分 世襲]에 의한 것이건, 전쟁 포로에 의해서이건, 채무(債務) 관계에 의해서이건, 신화에 의한 것이건 상관없이 다양한 여러 원인에 의해서 노예제도가 발생했었는데도 불구하고 말이다. 기독교가 전파되기 전 중국과 인도를 포함한 대부분의 동양의 나라에도 노예제도는 존재하고 있었다(쉽게 이 나라를 생각해 보라. 기독교를 수용하기 이전부터 신분제도가 존재하지 않았던가?) 노예(奴隷)라는 명칭이 사용되었건 사용되지 않았건 간에 엄연하게 '종'[僕, 下人, 彼支配者]이라는 신분은 존재하고 있었던 것이다. 이슬람이 지배하는 곳에서도 마찬가지다. 찬란한 문화의 발달로 인해 일부 현대인들에게 칭송되어 온 그리스·로마 사회에도 엄밀하게 노예제도는 존재하였다(강철구, 2002: 11-45, "서론: 서양문명과 인종주의: 이론적 접근" 참조)[34]. 그리스는 노예들에 의해서 경제가 돌아갈 정도였지 않는가? 심지어 자신들의 신분 해방을 외친 노예조차도 노예제도를 옹호했었던 사례가 있다고 한다.[35] 그래서인지 몰라도 아이러니하게도 토머스 모어(Thomas More)가 쓴 이상향(理想鄕)인 『유토피아』에도 노예는 여전히 존재한다는 점이다.[36]

1. 도매금으로 취급되고 있는 기독교 책임 문제

사람들의 예상과 달리, 사실 중세 교회는 노예제도를 비난하지 않았다[Thomas, 1997: 92] 교회는 그것을 일종의 불가피한 현실, 다시 말해서 원죄의 필연적 결과로 해석했다. 321년부터는 원칙에 따라서 노예해방에 대해 우호적인 견해를 밝히지만 교회는 소유한 노예를 선뜻 해방하지는 않는다. 그리고 노예들도 일반적으로 다른 사람들처럼 영혼을 갖고 있으며 내세에는 구원될 것이라고 단언하면서도, 그때가 되기 전까지는 기존 권력에 순종하라고 노예들에게 권고하는 것으로 만족한다(Delacampagne, 2013: 166).

반세기 전에 트룈치(E. Troeltsch)는 그들의 입장을 다음과 같이 요약하였다. 즉 내적으로는 "노예제도의 성격이 이념(기독교적 이념-역주)의 요청으로 중화되었다. 그렇지만 외적으로 노예제는 단지 재산에 관한 일반적인 법과 국가 질서의 일부였을 따름이었던 바, 교회는 그것을 받아들였으며 변경하려 하지 않았다. 오히려 그것을 도덕적으로 보장해 줌으로써 사실상 노예제를 강화했다"[37] (Troeltsch, 1931: 1:132.; Finley, 1998: 18 재인용).

그런데 왜 반기독교인들이나 신무신론자들에 의해서 기독교가 도매금(都賣金)으로 노예제도의 모든[主·全] 원인이나 되는 것처럼 오늘날 지목되고 또 실질적으로 그러한 취급을 받는 것일까? 본 연구자는 오늘날 테러와 전쟁의 원인에 있어서 기독교를 주범으로 취급하던 것과 같은 비슷한 정서[心理]가 그 밑[基底]에 기본적으로 깔린 것이 아닌가 하는 생각을 조심스럽게 해 본다. 오늘날 종교를 비판하고 있는 이들[新無神論者와 反基督敎徒]은 기독교에 비해 다른 종교에 대해서는 상대적으로 무지하다는 점이다. 세계 도처에 종교와 관련해서 직간접적으로 많은 분쟁이 존재함을 그들도 안다(알 것이다)[다시 밝히지만 진정한 종교는 평화를 추구한다. 다만 종교적 수사를 사용해 전쟁과 테러가 마치 종교와 관련 있는 것처럼 연계시키고 있다는 사실에 대해 먼저 인지할 필요가 있을 것 같다. 대부분 지역의 분쟁에서 종교가 직접적인 요인이 아니라는 점도 알고 있을 것이다. 더 나아가서 전쟁과 테러와 관련해서 다른 여러 요인들과 종교가 미묘(微妙)하게 얽혀져 있다는 것도 알고 있을 것이다. 그런데도 무신론자들과 안티들은 그러한 현실적 상황과 기독교를 제외한 다른 종교들에 대해서는 상대적으로 무지하다는 점이다[고의로 그러한 행동을 취할 수도 있을 것이다. 기독교를 문제의 원인으로 부각하기 위해서 말이다]. 다시 말해 그들 자신이 속한 기독교에 대해서처럼 다른 종교에 대해서는 잘 알지 못한다는 점이다(물론 여기에는 이들의 무의식적인 학습도 일부 작용했을지도 모른다. 왜냐하면 이슬람교의 경우 잘못 비판했다가는 자신들에게 직접적인 보복이 올 수 있다는 두려움도 작용했을 런지도 모르는 일이기 때문이다3)). 이유가 그 무엇이든 간에 이들에게 익숙한 것은 자신들이 소속되어 있고 생활해 온 기독교에 대한 것이다. 자신들의 눈으로 직접 목격한 것도 기독교와 관련된 부정적인 사례들이었다. 그래서 종교(Religion)라는 단어를 쓰면서도 그것에 대한 구체적인 비판은 단지 기독교(但只 基督敎, Only Christianity)라는 한 종교로 제한될 수밖에 없지 않았을까 하는 생각을 해보게 된다. 이는 신무신론자들을 나타내는 또 다른 이름인 '지적 사고'(知的 思考, I·T: Intelligent Thought, 이는 지적 설계[知的設

---

3) "『만들어진 신』에는 '비겁한' 점도 눈에 띕니다. 그것은 성서와 달리 코란을 직접적인 분석 대상에 넣지 않았다는 점입니다. 코란을 분석하면서 성서를 분석할 때처럼 거친 말을 내뱉으면 살해위협에 놓이게 될 것에 대한 두려움 때문이 아닐까 생각해 봅니다."(윤원근, 2010: 10). 유원근 박사의 진술은 이슬람의 과거 반응을 생각한다면 충분히 생각할 수 있는 부분이다.

計, I · D: Intelligent Design]에 대한 대립 개념으로 나온 명칭이다)의 비판에서도 동일하게 확인할 수 있는 부분이기 때문이다. '지적사고'에 속한 이들의 종교에 대한 비판은 크게는 일반 종교에 대한 비판이지만[비판처럼 보이지만], 이들 지적사고의 저술가들은 대부분 유대-기독교(Judeo-Christian) 전통의 종교적 기반에서 생활한 영·미인(英·美人)이라는 점에서 일반적으로 이들이 비판하고 있는 종교의 중심은 바로 기독교라는 것을 쉽게 확인할 수 있기 때문이다. 이는 히친스(Hitchens)가 과거에 자신의 무신론을 "개신교 무신론"(Hitchens, 2008: 27)이라고 말하였던 것이라든가, 샘 해리스가 자신의 책 제목을, 『기독교 국가에 보낸 편지(Letter to a Christian Nation, 2006)』라고 분명하게 밝힌 것과도 무관하지 않다는 점이다. 이와 관련해서 로버트슨(David A. Robertson)이 신무신론주의자('지적사고')들의 주장에 대해서 "A·B·G주의"(Anything-But-God-Ism)라고 비판적으로 지적(Robertson, 2008: 198)하였을 때에도 로버트슨이 말하였던 신은 지적사고[新무신론]의 비판 중심에 서 있는 "기독교의 하나님(God, YHWH)"을 나타낸다는 점을 확인할 수 있기 때문이다. 이는 리처드 도킨스라든가, 대니얼 데닛 등에서도 똑같이 확인할 수 있는 부분이기도 하다. 그들 새로운 무신론자들이 비판하는 종교가 구체적으로 무엇인지는 그들의 저서를 통해서 다루고 있는 종교들 간의 비판 분량[量的 比較]을 확인해 보면 또한 쉽게 쉽게 확인할 수 있는 부분일 것이다. 말하지 않아도 비판의 대상으로 기독교가 상대적으로 많은 비판 분량을 차지하고 있다는 점을 확인할 수 있다.

더 나아가서는 이는 과거 "모든 것이 기독교의 업적(?)"이라는 식의 환원주의적 평가에 대한 오늘날의 반작용[激한 不滿]이라고도 볼 수 있다. 일종의 과거 행위에 대한 자승자박(自繩自縛)적 성격도 지닌다는 생각도 해본다. 과거 기독교는 역사에서 기독교의 긍정적인 영향력에 대해서 많은 연구 자료들을 발표했었다. 노예제도 폐지에 대해서도 기독교가 담당한 중요한 역할에 대해서 크게 선전[自讚]하였다. 물론, 제한된 연구범위에서의 기존 연구들의 연구 결과들은 변함없이 사실일 것이다. 그렇지만 노예제도의 발생에도 기독교의 잘못된 성경해석과 적용이 직·간접적(直·間接的)으로 자리 잡고 있었다는 것이 새롭게 확인됨으로 인해서[새로운 資料의 登場] 과거 기독교에서 주장하는 방식과 비슷한 방식[일종의 짝패]으로 노예제도의 발생 원인은 기독교라는 주장과는 질적(質的)으로 전혀 다른 반대편에서의 환원주의적 비판이 등장할 수 있도록 하는 구실을 하게 된 것이다. 참고로 자본주의에 대한 기원[復興] 등에 대해서도 마찬가지다. 과거 자본주의가 어느 정도 긍정적인 역할을 했을 때-특히 구소련(USSR)을 중심으로 한 공산주의 사회와의 관계에서-에는 자본주의의 발전과 탄생에 기독교가 긍정적인 역할을 했다는 주장은 전혀 문제가 되지 않았었다[아니, 문제가 될 필요도 없었다]. 그러나 오늘처럼 카지노자본주의[掠奪的 資本主義]와 같은 변질된 자본주의가 판치고 신자유주의가 판치는 시점에서는 과거 자본주의 발전에 기독교가 영향을 미쳤다는 연구 결과[論理 展開]들은 전혀 다른 식으로 안티기독교들을 중심으로 해석[re-reading]되어지게 되고 극단적으로는 자본주의가 지닌 병폐에 대해서도 기독교가 일조하였던 것처럼 해석될 수도 있다는 점이다. 이러한 사례를 다음의 경우에서 확인할 수 있다. 윤원근의 『성서, 민주주의를 말하다』에서 손봉호 교수가 그 글의 '추천의 글'을 썼을 때에도 손 교수 스스로가 앞서 언급한 자승자박의 논리를 피하고 있음을 볼 수 있다. 저자인 유원근은 '민주주의적 사회 체계=하나님 나라'로 인식하였지만, 추천의 글을 쓴 손봉호 교수는 민주주의를 추구하는 것이 이상적인 제도가 아니라는 점[次善的 選擇]을 지적하고 있다는 점이다. 이는 민주주의가 잘 돌아가면 문제가 아닌데, 민주주의라고 만사가 형통이 아니라는 현실의 상황[問題] 때문에 "기독교=민주주의의 발전에 영향"을 주었다는 식의 환원주의적 평가가 이루어져서는 안 된다는 점을 손 교수님 스스로가 인지하고 있었기 때문(?)에 이러한 평가를 하지 않았겠는가 하는 생각을 해보게 된다. 이는 민주주의뿐만 아니라 인간이 만든 그 어떤 제도[主義와 理念]도 같은 결과가 항상 존재할 수 있다는 점이다. 과거엔 좋았지만, 지금도 좋지만[(여전히) 좋을 수 있지만], 또 좋은 것처럼 보이지만 그리고 앞으로도 좋을 수 있겠지만, 그것이 시대와 장소를 초월해서 절대적으로 옳음[絕對的 '正'=眞理]은 아니라는 점이다. 오늘날 자본주의가 사람들에게 긍정적인 인식을 주었더라도 "자본주의 발전(發展)=전적으로 │기독교 기여(寄與)│"라는 절대평가(수학기호의 절대치 ││를 나타낸다)는 언제나 잘못된 결과를 가져올 수 있다는 것이다. 왜냐하면 자본주의는 하나의 시대 이념[時代理念]으로 절대적으로 옳음[正, the Truth]이 아니기 때문이다. 모든 것은 언제나 타락한 인간에 의해서 악용될 소지가 십분(十分) 있고, 이해관계에 의해서 잘못 운영될 가능성이 다분(多分)히 있기 때문이다. 주제에서 좀 벗어나지만 그런 의미에서 기독교는 어떤 특정 '이즘'(ism)이 절대로 되어서는 안 된다는 점이다.

또 생각해 볼 수 있는 것으로는 다음의 경우다. 이 경우는 우리들의 역사 인식[過去認識]과도 관련이 있는 것 같다. 우리는 조선=유교 국가, 고려=불교 국가라는 환원주의적 역사 인식에 익숙하다. 물론 이는 학습의 결과이기도 하다. 이는 학문이 지닌 특성인 분류화(分類化)와 범주화(範疇化)의 경향(屬性) 때문인지도 모른다. 같은 맥락에서 "유럽=기독교 국가," 중세의 연장에서의 유럽을 생각한다. 샘 해리스의 책 제목에서와 같이, "미국=기독교 국가"라는 강한 환원주의적 인식이 우리 안에 존재한다. 미국의 경우 정교분리(政敎分離) 원칙이 있음에도 말이다. 더 나아가서 아시아를 비롯해서 후발국가에서는 "서구화(西歐化)=미국화(美國化)=기독교화(基督敎化)"라는 도식으로 이해하는 경향이 강하다는 점이다. 과거뿐만 아니라 현재에도 그렇게 생각하는 경향이 존재한다. 노예제도와 관련해서 각국에 또 각처에 있는 노예제도에 대해서 바라보는 것이 아니라 "미국의 노예제도"만을 바라보는 것이 대부분이라는 점이다.

노예제도와 관련해서도 일반적으로 인식하기를 미국의 노예해방전쟁[南北戰爭, Civil War] 때문인지 아니면 유럽에 비해서 상대적으로 노예제도가 늦게 폐지되었기 때문인지 몰라도, 유럽보다는 미국의 노예제도의 모순에 대해서 더 강한 인상들이 일반인들의 뇌리에 남아있다는 것이다[이는 미국 중심의 역사 교육의 결과일 수 있다]. 사실 노예제도는 유럽에서 먼저 발생했는데도 말이다[혹자는 산업혁명 시절의 아동노동의 착취가 노예제도에서의 노예 아동의 노동보다 더 참혹했다고 지적하기도 한다(Utrio, 2000: 248-249).4)]

이는 미국의 경우 노예해방 이후로 흑인에 대한 지속적인 차별(악명 높은 KKK團)과 그에 대한 마틴 루터 킹 Jr. 목사를 중심으로 하여 흑인차별 반대 운동[民權運動]과 같은 역사적 사건에 대한 기억[言論 報道와 歷史教育]이 우리 안에 잔존하기 때문이기도 할 것이다. 그리고 아직도 풀리지 않은 미국의 문제, 즉 인종차별[黑人 差別]이 존재한다는 현실 때문이기도 할 것이다[오늘날의, 무릎 꿇기 (kneeling) 시위라든가, 조지 플로이드 사망 사건과 같은 인종차별적 사건의 발생]. 이러한 기억은 당연히 '노예제도=미국, 미국=기독교, 노예제도 발생=기독교'라는 도식으로 자연스럽게 일반인들에게 흘러 들어가게 된 것이다. 마치(無意識) 경로 의존성(path dependence) 처럼 말이다. "미국의 문제=기독교 문제, 미국의 흑인 차별문제=기독교의 노예제도[人種差別] 문제"로 자연스럽게 인식되고 있는 것이다. 이러한 무의식적 경로 의존성은 한국인의 경우 유럽이나 다른 대륙(남아메리카나, 아프리카, 이슬람)의 역사보다 미국의 역사에 대해서 상대적으로 더 익숙하다는 점도 한몫을 했을 것이다.

---

4) **1870년 국의 공장에서 일하는 아이들은 남미 나라들의 목화밭에서 일하는 흑인 노예의 아이들 보다 더 작고 병약했다.** 유럽 어느 곳에서도 상황은 더 낫지 않았다. 프랑스에서는 5세짜리 아이가 쉬지 않고 하루 15시간 동안 일하도록 강요당했다"(Utrio, 2000: 248-249. 강조는 본 연구자). "산업화 과정으로 양산된 공장 노동자들은 인류가 단 한 번도 경험하지 못했던 새로운 화학물질에 아무런 보호 없이 노출되었다. 1775년 영국의 의사였던 퍼시벌 포트(Percival Pott)는 굴뚝 청소를 하는 어린 노동자들에게 음낭암이 많이 발생한다는 것을 보고했는데 이는 당시 노동환경에 대한 상징적인 사건이다. 산업혁명 당시 노동에는 연령 제한이 없어서 지금 같으면 학교를 다녔을 어린이가 몸집이 작다는 이유만으로 굴뚝에 들어가 검댕을 제거하는 일을 한 것이다."(홍윤철, 2020: 57. 굴뚝 청소를 하는 어린이 모습의 사진을 보라. 마음이 그렇게 편하지 않다는 것에 동의하실 것이다). 홍윤철 (2020). 『팬데믹』. 서울: 포르체. 참조.

2. 노예제도의 발생과 존속의 원인

노예제도의 발생 그리고 존속의 원인이 어디에 있는지 살펴보자. 먼저 기독교와 관련해서 그리고 다른 여러 요인들에는 무엇이 있었는지에 대해서 기술해 보도록 하자.

1) 먼저 기독교와 관련해서

> 교회도 노예무역을 응원했다. 에스파냐인들은 이교도를 개종시킬 기회를 노예무역에서 발견했고, 예수회, 도미니크회, 프란체스코회의 수도사들도 노예소유를 의미하는 사탕수수재배에 깊이 관여했다. 뉴포트에 있던 교회의 어느 늙은 장로와 관련된 일화도 이 사실을 증명한다. 아프리카 해안을 출발한 노예무역선이 뉴포트에 도착한 날이 속한 주간의 주일(일요일) 예배시간에는 반드시 "또 다른 미개인들이 복음의 은혜를 누릴 수 있는 땅으로 운송되어왔사옵니다."라고 신에게 감사기도를 했다고 한다(Williams, 2014: 114-115).

(1) 잘못 해석된 성경

기독교와 관련해서 단골로 제시[指摘]되고 있는 것으로는 『창세기』에 나온 노아와 관련된 기사다. 노아가 포도주를 마시고 취(醉)한 가운데 일어난 일이다. 함(Ham)이 어떻게 흑인[심지어는 흑인과 사탄을 연결하기도 하였다]과 연결되고 있는지에 관해서 들라캉파뉴(Christian Delacampagne)는 자신의 책, 『현대판 노동을 끝내기 위한 노예의 역사(Historie de L'esclavage)』에서 보여주고 있다. 창세기에 나타난 '노아의 가나안 저주 사건'에 대한 잘못된 해석이 어떤 결과를 낳게 되었는지에 대해서 다음과 같이 적고 있는 것을 볼 수 있다. 조금 길지만 인용해 보기로 하겠다(물론, 긴 인용은 앞에서 언급했듯이 본 연구자의 이해의 부족과 더불어 글쓰기의 한계임을 다시 밝히는 것으로 양해를 구한다. 표절이라는 단어를 운운하지 말도록 하자.).

> … 이 대목 이후의 어디에도 노아 아이들의 후손에 특정 피부색을 결부하는 말은 없다. 그러나 기독교가 시작될 때부터 그리고 아마도 더 일찍부터 검은 '인종'을 함의 후손으로 여기는 전통이 시작되었다. 이 전통은 「창세기」 10장 6-20절에서 가나안으로부터 비롯된 민족들 가운데서 쿠시 왕국과 푼트국이 언급되고 있다는 사실에 근거를 두고 있는 것 같다. 고대 이집트인에 따르면, 쿠시 왕국과 푼트국은 이집트 남쪽, 즉 지금의 수단과 소말리아에 있었다. 이렇게 해서 기원후 첫 몇 세기가 흐르는 사이에 전설에 대한 의심스러운 해석을 토대로, 흑인은 신의 저주를 받아 신분이 열등하며 당연히 노예로 부려도 된다는 확신이 조금씩 형성되었다. 모세오경을 똑같이 원용하는 기독교도와 이슬람교도는 처음부터 이 확신을 공유했다. 이러한 확신은 이후 가톨릭 포교서에서도 발견된다. 또한 중세에 모든 도상에 영향을 주어 악마와 사탄은 흑인으로 그려졌고, 18세기까지 유럽 문화에 자취를 남겼으며, 이후 가톨릭 포교서에서 다시 한번 나타난다. 따라서 흑인에 대한 유럽인의 인종차별은 콜럼버스가 아메리카 해안에 닿을 때 이미 확립돼 있었다. 콘키스타도르가 신세계에 어렵지 않게 노예제도를 도입하고 양심의 가책도 거의 느끼지 않았던 까닭이 바로 여기에 있다(Delacampagne, 2015: 234-235).

(2) 분열된 성경해석의 존재

성경에 대한 잘못된 해석이 존재하였지만 그렇다고 해서 노예제도에 관해서 성경을 근거로 해서 찬성하는 의견만이 존재한 것은 아니었다. 이는 김형인 교수가 자신의 책, 『두 얼굴을 가진 하나님: 성서로 보는 미국 노예제』에서 대서양 건너편의 미국에서 같은 성경[本文, the TEXT]을 가지고 한쪽에서는 노예제도의 폐지를, 다른 한쪽에서는 노예제도의 존속에 대한 상반된 주장이 존재하였던 사실을 두고서 '두 얼굴을 가진 하나님'을 발견할 수 있다고 말한 것과 같은 의미이다(김형인, 2009). 로스앤젤레스의 '크렌쇼 크리스천 센터'(Crenshaw Christian Center)의 담임 목회자인 프레드 프라이스(Fred Price) 목사가 인터뷰에서 다음과 같이 말한 것도 같은 의미일 것이다. **"교회의 문제는 성경이 아니다. 문제는 성경을 해석했던, 더 정확히 말하자면, 성경을 잘못 해석했던 사람들이다.** 어떤 사람들은, 사람들이 성경을 가져다가 그 메시지를 조작하여 단지 피부색이 다르다는 이유만으로 한 인종을 노예로 삼고 학대하는 것을 정당화하였기 때문에, 우리가 성경을 버려야만 한다고 말한다. 그러나 원래부터 성경이 문제였던 것은 아니다. 문제는 이른바 성경의 가르침을 전달하는 사람들에게 있었다"(White, 2005: 242 재인용. 강조는 본 연구자).

김형인 교수의 책을 더 참고해서 보기로 하자. 노예제도와 관련해서 동일한 성경 본문에서도 서로 다른 주장이 존재했었다. "… 대부분의 남부인들은 그것이 교리적으로 올바르든지 오류이든지 간에, '함의 저주'가 노예제도를 승인하였다고 줄곧 믿어왔다. 그것은 다른 어떠한 것보다 그들이 가장 보편적으로 의존하던 성경의 텍스트였다."(김형인, 2009: 35). 이와는 반대로 세일럼(Salem)의 마녀재판의 재판관 중 한 사람인 새뮤얼 씨월(Samuel Sewall)[38]과 같은 사람은 "'함의 저주'에 대한 반론으로 아프리카인(Black Moors)은 가나안의 자손이 아니고, 에티오피아인(구스인, Cush)들의 후예이므로 함의 저주는 아프리카인들에게 떨어지지 않았다고 맞섰다"라고 한다(김형인, 2009: 34). 더 나아가서는 같은 성경에서 서로 다른 구절들을 근거[典據, proof-texting]로 해서 노예제도에 관해서 다른 주장을 하기도 하였다. "노예제 폐지론자들은 물론 '황금률'을 들고 나왔고, 노예제도가 근본적으로 그리스도교 정신에 위배된다고 비판했다. 지지론자들은 '함의 저주'로 응수하면서 기독교는 교리나 관행에서 노예제도를 결코 비난하지도 않았고, 더욱이 이교도를 노예로 삼는 것을 금하지 않았으며 주인이나 노예들이 진정으로 기독교 정신을 받아들인다면 아름다운 인간적 교류를 가질 수 있어서 신에 더 가까이 갈 수 있다고 주장하였다"(김형인, 2009: 79-80).

앞에서 언급했던 신무신론자들(C. Richard Dawkins, Daniel C. Dennett, Christopher E. Hitchens, Sam Harris, Victor J. Strenger, Dan Barker et als.)과 반기독교들(Anti-Christianity)이 지적하고 있는 사례는 노예제도와 관련해서 '분열된 성경해석' 중에서 노예제도를 찬성하는 이들이 제시한 사례들[핑계처럼 들릴 수도 있는]의 편향(偏向)된 모음집에 불과하다는 것을 알 수 있다. 과거 노예제도가 지닌 병폐를 인지하였던 그리스도인이나 오늘날 살아가고 있는 대부분 그리스도인들은 '함의 저주'(the curse of Ham)에 관한 본문을 과거처럼 그렇게 읽지(Interpreting) 않는다는 점이 중요하다. 데이비드 T. 램(David T. Lamb)은 자신의 책, 『내겐 여전히 불편한 하나님(God Behaving Badly)』이라는 책에서 함의 저주로 노예제노의 성당성을 주장함으로 인해서 야훼 하나님을 인종차별주의자로 만들어서는 안 된다고 주장한다. 이와 관련해서 램(Lamb)이 자신의 책을 통해서 내세우고 있는 3 가지 이유는 다음과 같다.

첫째, 이야기의 특이함 때문에, 저주가 지속할 가능성이 암시되어 있는지에 더 깊은 결론을 끌어내기가 불가능하다. 실제로 저주의 영향을 받은 것은 노아의 아들들 한 세대뿐이므로, 어쩌다 보니 이 저주가 19세기 미국으로 이어졌다는 주장은 언어도단이다. 둘째 저주를 말한 것은 야훼가 아닌 노아였으며, 이때 노아는 그의 생에서 거의 본을 보여주지 못했다. (형편없는 숙취에서 비롯된 괴팍한 행동을 비난하고 싶다) 노아의 상태가 그랬음에도, 분명 야훼는 저주의 능력을 주셨다. 그렇다 해도 저주의 대상은 극히 제한되었다. 이것은 그다음 이유와 연결된다. 셋째, 노아가 저주한 대상은 함이나 함의 아들들이 아니라 가나안뿐이었다. 이것이 함 저주에서 가장 이상한 점이다(영리한 당신은 이 문제가 궁금해졌을 것이다). 분명 함의 두 아들 구스와 애굽은 아프리카와 관련되는 반면(구스는 에티오피아였고, 애굽은…애굽이었다), 가나안의 후손들은 이스라엘 자손이 가나안 땅에서 부닥친 사람들과 관련되었다(아모리 족, 여부스 족, 히위 족과 그 밖의 모든 다른 족속), 실제로 애굽이 이스라엘을 종으로 삼은 것은 가나안 사람들의 종살이가 있기 전이었다. 그래서 가나안을 저주한 것은 이스라엘이 가나안 사람들과 충돌할 것임을 예시한다(Lamb, 2013: 89-90).

참고로 과거 많은 학자들의 마음을 끌었던 다인종설(Polygenesis)은 기독교의 관점에서 보면 잘못된 이설이다. 왜냐하면 성경의 가르침에 의하면 모든 인간은 모두가 하나님의 피조물이며 아담의 자손이기 때문이다(강철구, 2002: 21. 물론 모든 인종이 아담의 자손이라는 단인종설[monogenesis]도 해석에 따라서는 인종주의로의 해석이 가능할 수 있다. 단일일종설도 진화에 따라 인종 간의 우열이 생겼다는 식으로 해석할 경우에는 쉽게 인종주의로 연결되기 때문이다). 한 마디로 처음부터 성경은 노예제도를 부정하고 있다는 것을 알 수 있다. 김형인 교수는 그 당시 미국에서 당시 미국에서 얼마나 성경이 노예제도를 유지하는 도구로 자의적으로 해석되고 있었는지 노예들의 결혼과 관련된 다음의 사례들을 통해서 말해주고 있다. 이에 대해서도 참조하기 바란다.

비록 노예들이 법적으로 결혼을 하지 못했다고 하더라도, 그들도
나름대로 예식을 갖추어 결혼을 하는 예가 종종 있었다. 그럴 때
는 목사나 전도사가 결혼식을 관장할 때가 많았다. 미국의 종교는
어떻게 대응하였는가? 남부의 백인 목사들은 나름대로 다음과 같
은 명민한 대응책을 고안해냈다. 미국에서 어떠한 결혼식에서건,
"예수께서 대답하여 가라사대 사람을 지으신 이가 본래 저희를 남
자와 여자를 만드시고 말씀하시길, 이러므로 사람이 그 부모를 떠
나서 아내에게 합하여 그 둘이 한 몸이 될 치니라 … 이러한즉,
이제 둘이 아니요 한 몸이니 그러므로 하나님이 짝지어 주신 것을
사람이 나누지 못할지니라"(마19:4-6)라는 마태복음에 나오는 구
절을 목사가 혼례의 신성한 서약으로써 읽는다. 그러나 남부의 목
사들은 노예들을 결혼시킬 때에는 "하나님이 짝지어 주신 것을 사
람이 나누지 못할지니라"라는 대목을 살짝 빼버리고 그 외의 부분
만 읽었다. 심지어 어떤 목사는 강제로 헤어졌던 노예를 다른 사
람과 재혼시킬 때, 전 남편의 상태는 'civil death'라는 모호한 말
로 선언하면서 새로운 혼례를 정당화했다. 그 말은 아마도 강제로
헤어진 남편은 마치 민법상에서 아니면 사회적으로 죽은 것이나
다름없다고 여기면서 재혼의 죄의식을 경감하기 위함이었을 것이
다. (김형인, 2009: 60-61).

(3) 분열된 성경해석의 존재 이유

그렇다면 왜 같은 성경에서 서로 다른 본문을 근거로 해서 다른
주장을 하고 있으며, 심지어는 같은 본문[同一 聖經, 同一 本文]에
서 서로 다른 주장을 할 수 있는가? 먼저 전자의 경우는 성경 전체
가 말하는 뜻[意味]을 보았느냐 그렇지 않았느냐의 문제인 것 같다.
전체적으로 성경을 볼 경우에는 성경해석에 있어서 균형을 유지할
수 있으나 그렇지 않을 때에는 편견[誤讀과 誤解]으로 빠질 수밖에
없기 때문이다. 그 편견도 다름 아닌 자신들이 목적을 이루기 위한

수단으로 성경의 내용이 변질되기 때문일 것이다.

> "노예제 반대론자들은 기독교의 일반론에 근거하여 성서에 대한
> 광의적 해석(broad interpretation)을 하였다.…반면, 노예제 찬성론
> 자들은 성서에서 그들의 입지를 강화하는 명확하고 구체적인 사
> 례와 예증들을 풍부히 끌어내면서 성서에 대한 협의적 해석(strict
> interpretation)으로 기울었다."(김형인, 2009: 90-91).

두 번째 경우인, 같은 성경 본문에서 서로 다른 해석이 존재하는
이유는 기독교 세계관이 니콜라스 월터스토프(Nicholas Wolters
torff)가 지적하였던 것처럼 개인에게 있어서 지배신념(支配信念,
control belief)으로서 작용하지 않았기 때문이다(Wolterstorff,
1991). 성경을 읽을 때 읽는 자들이 가지고 있는 그 무엇[利益 등
利害關係 浸透]인가가 성경 본문의 해석에 크게 개입되기 때문에
이런 사단(事端)이 발생하게 된 것이다. 한 마디로 말해서 자신이
얻기 위한 그 무엇인가의 개입 때문에 쉽게 아전인수(我田引水) 식
의 성경해석과 이해에 매몰(埋沒)되어 버리기는 경우가 발생했기
때문이다. 노예제도의 정당화는 분명히 노예제도를 유지하려고 하
는 자들의 이해관계[經濟論理]와 매우 밀접하게 연결되었을 것이다.
이들은 자신들의 이익이나 이해관계와 밀접하게 연결되어 있는 "그
무엇(something)"인가를 지키고 싶었기 때문에 성경의 가르침에서
크게 벗어난 그러한 잘못된 해석과 무리한 적용을 할 수밖에 없었
던 것이다.

2) 기타 원인들

고대 사회는 '노예제도 폐지론자가 없는 사회'였던 것이다(Finley, ed., 1969: 149; Delacampagne, 2015: 85 재인용, 강조는 본 연구자).

그렇다면 기독교 말고 노예제도를 발생케 하고 유지케 하는 원인은 없었던 것일까? 역사적으로 기독교라는 종교만이 노예제도를 유일하게 옹호한 것일까? 물론 이를 부정하고, 다른 곳에서 노예제도 존속의 원인만 주장[찾는]하는 일부 극단적 그리스도인들도 있을 수 있을 것이다. 노예제도를 이론적으로 주장한 사람으로 제일 먼저 지목되는 사람은 일반적으로 그리스의 철학자 아리스토텔레스다.

> "'이성적인 능력이 부족한 사람은 지적·도덕적으로 더 우월한 사람의 노예가 될 필요가 있다'라는 플라톤의 말은 주인과 노예의 관계가 서로에게 이익이 된다는 생각을 반영했다. '태어나는 순간부터 어떤 사람은 타인에게 종속되고, 어떤 사람은 타인을 지배한다.'라는 아리스토텔레스의 '노예 찬성론'은 노예제를 자연적인 질서로 인식한 것이었다."(차전환, 2015: 18; 노예제에 대한 플라톤과 아리스토텔레스의 견해는 Garnesy, 1996: 11-34 참조하라).

설혜심 교수도 아리스토텔레스를 그 출발점[물론 관상(觀相)에 대한 내용이지만 노예제도와 일부 연관성이 있는 대목이기도 하다]으로 한다면서 그의 사상이 어떠한 영향을 후대 사람에게 미쳤는지에 대해서 다음과 같이 적고 있는 것을 볼 수 있다. "아리스토텔레스를 출발점으로 하는 이 성격 분석적 관상의 변화과정은 결국 서양에서 몸을 둘러싼 '구별 짓기'의 역사와 다름 아니다. 특히 이방인, 여성, 동물을 서로 교차시키며 만들어내는 '타자'의 이미지는 사람의 모습을 있는 그대로 보는 것이 아니라 만들어진 틀에 맞추어 인지하게 하고, 나아가 위계적인 틀 속에서 도덕적 가치의 등급 매기기를 하는 것이다. 따라서 서양 관상의 역사는 생김새를 매개로 타인을 파악하고, 구별 짓고, 집단을 나누는 타자에 대한 경계와 배타의 역사이기도 하다. 그리고 그 전통은 19세기의 인류학, 우생학과 같은 학문에 그대로 녹아들어 인종을 구분 짓고 차별하는 억압 기제의 바탕을 이루었다."(설혜심, 2003: 22-23). 역사적으로 아리스토텔레스뿐만 아니라 여러 사상가들의 발언과 생각들은 직접 노예제도의 정당성을 주장하기도 했었지만 다른 이들에 의해 노예제도를 정당화하는 근거로 사용[引用]되었다는 점이다. 직접 노예제도를 옹호하지 않았다 하더라도 노예제도를 유지하는 데 긍정적 역할을 감당했었다는 것이다. "우리가 민주주의의 태두로서 추앙하는 존 로크(John Lock)마저 남캐롤라이나주의 헌법을 기안하면서 주인이 흑인 노예에 대해 절대적 권한을 가진다는 것을 암시하였을 정도였다."라고 한다(김형인, 2009: 44).

노예제도의 발생과 유지가 사상가[哲學者]의 사상과 이론에 기인하는 것만이 아니라, 경제 제도와도 밀접하게 연결되어 있다는 점에 대해서 지적하기도 한다. 크리스티앙 들라캉파뉴(Christian Delacampagne)와 에릭 윌리엄스(Eric Williams) 등이 그러한 견해를 지니고 있는 것 같다. 단순하고 간략한 문장이지만 들라캉파뉴의 다음과 같은 문장은 매우 강한 인상을 준다.

"세계화는 자본주의와 함께 시작했고, **자본주의는 흑인 노예무역과 함께 시작했다**"(Delacampagne, 2015: 186. 강조는 본 연구자).

트리니다드토바고 공화국의 초대 총리를 지낸 역사학자인 윌리엄스(Eric Williams)의 책, 『자본주의와 노예제도(Capitalism and Slavery)』에 대한 한국어판 "추천사"에서 홍기빈 선생도 다음과 같은 기술을 한 것을 볼 수 있다. "저자 에릭 윌리엄스는 노예제도와 노예무역을 유럽 경제사의 주변적인 사건이 아니라 그 핵심에 있는 사건으로 자리매김하기를 시도하며, 이후 프랭크(Ander Gunder Frank)와 같은 이들이 말하는 '저발전의 발전' 명제의 원형을 제시하고 있는 것이다. 나아가 그는 19세기 들어 영국에서 노예제를 철폐하게 되는 이유는 흔히 '자유와 이성의 진보'와 같은 휘그(whig) 사관류(史觀流)의 도덕적 동기 때문이 아니라 **산업혁명이 빚어낸 산업구조 및 경제구조의 변화로 인해 더 이상 노예제가 경제적으로 예전과 같은 수익성을 갖지 못하게 되었기 때문이라고 주장**한다." (홍기빈, in Williams, 2014: 12, 홍기빈, "추천사: 지구적 자본주의의 원형으로서의 대서양 삼각무역". 10-14 참조. 강조는 본 연구자). 당시 노예제도 폐지론자였던 윌리엄 폭스(William Fox)가 다음과 같은 통계를 도출한 것도 이러한 맥락으로 이해할 수 있을 것이다. "1792년 윌리엄 폭스(William Fox)는 '설탕 1파운드를 소비하면 인육 2온스(57그램)를 소비하는 셈'이라고 브리튼 국민에게 호소했다. 브리튼의 설탕 소비량을 수학적으로 면밀히 계산한 그는 '1가구당 설탕 소비량을 21개월간 매주 2.25킬로그램씩만 줄여도 노예 상태로 죽어가는 흑인 1명을 살릴 수 있다'라는 결과를 도출했다. 그래서 그는 설탕 소비자야말로 진정 '모든 끔찍한 불의에 항거하는 위대한 운동의 최일선 운동자'라고 생각했다."(Fox, 1791; Nuermberger, 1943: 9-10 참조; Williams, 2014: 340 재인용). 애론슨과 부드호스(Marc Aronson and Marina Budhos) 부부는 "영국인들이 노예제의 실상이 무엇이었는지 이해하기 시작했을 때 클라크슨(Thomas Clarkson) 등은 '피로 단맛을 낸 음료'(blood-swee tened beverage[노예들을 통한 사탕수수재배])라고 불리는 불매운동을 펼쳤다."라고 적고 있다(Aronson and Budhos, 2013: 95; [ ] 첨가는 본 연구자).

사실 신대륙 아메리카에는 애초에 흑인이 살지 않았다. 인디오(남미는 인디오, 북미는 인디언)만 존재했을 뿐이다. 유럽과 아메리카의 노예제도에서 노예란 일반적으로 흑인을 지칭한다. 이 흑인들은 어디서 온 것일까? 흑인 노예무역의 원인이 어디에 있는지 살펴보면 노예제도가 무엇과 관련되어 있었는지 알 수 있다. 더리와 쉬퍼(Andrea Durry and Thomas Schiffer)는 당시 행해졌던 삼각무역에 대해 다음과 같이 적고 있다.

> 1537년 교황의 칙서에는 원주민 노예만을 금지했으므로, 아프리카 노예들은 금지 대상이 아니었다. 아프리카 노예들이 효과가 검증된 대서양 삼각무역 시스템에 따라 베네수엘라로 들어온 과정은 이렇다. 우선 식민 지배 세력들의 노예선은 무기나 도구 같은 무역 완제품을 서아프리카의 노예 대기 장소로 이동시킨다. 여기서 무역품과 인간 화물인 노예를 교환한 뒤, 노예를 싣고 이들이 일하게 될 사탕수수·카카오·인디고·담배 농장이 있는 신대륙으로 향한다. 신대륙 농장의 수확물은 다시 모국으로 보내 높은 이윤을 남겨 판매한다. 아프리카 사람들은 극도로 열악한 조건에서 짐승처럼 노예선에 쳐 넣어진 다음 결박된다. 현재 추정으로는 이런 항해 시에 100명당 8-10명이 목숨을 잃었다(Durry and Schiffer, 2014: 264).[39]

유럽인들은 아프리카를 발견했지만 그곳의 풍토병(風土病)으로 인해 아프리카의 깊은 내륙으로는 들어갈 수 없었다고 한다. 기껏해야 해안가 근처에서 거주할 뿐이었다. 대항해 시대로 인한 신대륙의 발견으로 광범위한 땅을 확보할 수 있었다. 유럽인들이 아메리카 원주민들과 접촉했을 때 유럽인들이 가지고 있는 홍역, 두창, 이질 등에 대해서 미처 면역력을 갖추지 못한 대다수의 원주민이 사망하고 만 것이다(Karlen, 2001 참조). 또 그 당시에 유럽인들은 기호식품 등에 맛을 들이기 시작했었다고 한다. 사탕, 커피, 카카오(초콜릿), 담배 등에 대해서 말이다. 카리브해와 서인도제도의 기후는 사탕수수 등 기호식품을 재배하는 데 알맞은 조건이었다. 사탕수수로 설탕을 만드는 데에는 많은 노동력을 필요로 했었다. 사탕수수 줄기를 자르는 데도 많은 노동력이 필요하였으며, 과육이 나오도록 눌러 짜야 할 뿐만 아니라, 당밀이 될 때까지 끓이는 등 많은 복잡한 공정이 필요하였기 때문이다. 이를 위해서 아프리카 흑인 노동력을 노예무역을 통해 중남미로 이동시켰던 것이다. 삼각무역의 형태를 이룬 노예무역을 통해서 말이다. 이때 대규모의 인구이동으로 인해 1567년에는 "그 땅이 마치 에티오피아 현지 같았다"라고 유럽인들이 기록할 정도였다고 한다. 이는 노예무역을 통해서 얼마나 많은 수의 흑인들이 노예로 끌려갔는지 짐작할 수 있는 부분이다(최주리, 2014: 29).

홍기빈 선생은 당시 대서양에서 행해진 삼각무역에 대해 간략하게 잘 설명해주고 있다. "17세기 중반 유럽인들은 설탕의 단맛에 심하게 중독[40]되기 시작하며 설탕값도 하늘로 치솟는다. 하지만 설탕의 원료가 되는 사탕수수를 대량으로 재배할 수 있는 지역인 중남미에는 인력이 부족했다. 원래 숫자가 많지도 않았던 원주민들은 특히 유럽인들이 가지고 온 온갖 세균과 질병에 노출되면서 급속히 숫자가 줄어들었다. 그러자 서아프리카의 노예시장으로부터 흑인들을 사다가 이곳의 노동력으로 활용하자는 움직임이 나타나게 되며 노예무역과 노예농장은 폭발적으로 팽창한다. 그리하여 총, 탄약 및 몇 가지 공산품을 싣고서 리버풀을 떠난 영국 상선이 서아프리카 해안으로 가서 그것으로 흑인 노예를 사들이고, 이를 중남미의 노예농장에다 팔아치운 후 그 돈으로 설탕을 사서 영국으로 돌아오는 이른바 대서양 삼각무역이 나타나게 된 것이다."(홍기빈, in Williams, 2014: 13). 한 마디로 일반적인 유럽과 미국에서 존재하였던 '노예제도' 발생의 기저에는 삼각무역(三角貿易, triangular trade)으로 대변되는 자본주의의 작동 원리가 있었다는 것을 알 수 있다[資本主義 作動 原理=奴隷 勞動=三角貿易=奴隷制度 定着].

그렇다면 기독교 외에 노예제도의 발생과 유지에 기여한 이들은 누구였을까? 유럽이라는 범위는 너무 넓기 때문에 그 범위를 좁혀서 우리에게 노예제도에 대한 강한 인상을 간직하도록 한 미국으로 그 범위를 한정해서 살펴보자. 김봉중 교수는 미국의 남북전쟁(the Civil War) 당시 노예제도를 옹호한 주장을 세 가지로 구분할 수 있다고 한다. (1) 첫째는 철학적 옹호이고 (2) 둘째는 종교적 옹호이며, (3) 셋째는 '긍정적 선'(a positive good)에 근거한 옹호가 그것이라는 지적이다. 김봉중 교수는 이 중에서 세 번째 '긍정적 선'에 근거한 옹호가 그 당시에 가장 강력했었다고 지적한다. 우리가 이해하고 있는 노예제도의 종교적 옹호나 철학적 옹호보다도 ….

"(1) 첫째는 철학적 옹호이다 …. (2) 둘째는 종교적 옹호이다. 물론 종교라 함은 기독교를 가리킨다. … (3) 셋째는 이른바 '긍정적인 선'(a positive good)에 근거한 옹호이다. 이것은 노예제도 옹호론자들이 내세우는 가장 중요한 주장이었다. 이는 위의 두 가지 주장을 아우르면서 북부의 자본주의 사회를 비판하며 노예제도를 가장 능동적이고 필요한 제도임을 옹호하는 주장이었다. … 노예제도가 '이상적인 제도'는 아니지만, 그것이 인종 간의 갈등을 조절하는 '효과적인 방법'이라고 주장했다."(김봉중, 2001: 166-169).

노예제도 찬성론자들 중에는 그리스와 로마도 훌륭한 공화제, 민주제 아래 노예제도를 유지하고 있었으므로, 그 두 제도[자유와 평등을 구가하는 공화주의와 자유와 평등을 억압하는 노예제도]가 병행하는 데는 아무 문제가 없다고 주장하는 이들도 존재하였다(이는 헤렌[Arnold H. L. Heeren][41]의 주장과도 유사하게 들린다)(김형인, 2009: 76). 피츠휴(George Fitzhugh)는 자신의 책, 『우리 모두 축제를!(Carnivals All!)』에서 "북부 같은 자유 노동체제 하에서 노동자는 자본가의 비정한 이해타산 때문에 항상 잠재적인 실업의 위험을 안고 살지만, 노예들의 처지는 주인의 가부장적 보살핌이 고용을 보장하고 복지를 마련해 준다고 역설했다."고도 한다(김형인, 2009: 77).

간단하게 앞의 내용을 요약을 해보자. 노예제도와 관련해서 기독교가 노예제도의 발생과 유지에 큰 역할을 한 것은 어느 정도는 사실이다. 그러나 그것은 스티븐 보마-피레디거(Steven Bouma-Prediger)의 지적처럼 "성경은 무오(無誤)하지만, 성경 독해는 그렇지 못하고 있[기]" 때문에 발생한 매우 불행한 결과였다(Bouma-Prediger, 2011: 177-178). 노예제도의 원인 또한 그렇게 간단하지 않았다. 아리스토텔레스로 대변되는 사상가들의 발언에서 그 원인이 있을 수 있겠지만, 더 나아가서는 자본주의라는 사회제도도 노예제도에 일조했다는 것을 알 수 있기 때문이다. 아마 윌리엄스(Eric Williams)나 들라캉파뉴(Christian Delacampagne)는 노예제도의 원인에 대해서 그 무엇보다도 '자본주의' 쪽에 더 강조점을 두지 않을까 하는 생각을 해보게 된다. 참고로 아이러니하게도 미국의 노예제도 폐지에 있어서도 자본주의가 한[어느 정도의] 역할을 했다는 주장을 하는 역사학자들도 있다. 일본의 타카하시 겐이치로(Takahashi Genichiro, 高橋源一郎)는 "역사학자들은 노예해방이 일면적 정의에 지나지 않고, 남북전쟁에는 발흥하는 자본주의가 낡은 남부의 노예제를 파괴하기 위한 전쟁이라는 이면이 있다고 지적한다."(Takahashi, 2016: 109).

3. 노예제도의 폐지의 원인

그러면 노예제도를 폐지하게 한 요인은 무엇이었을까? 무엇이 노예 폐지[解放]를 이루었는가. 이 또한 매우 복잡하다는 것이다. 노예제도의 원인과 유지가 역사적으로 매우 복잡하게 얽혀있었던 것처럼 노예해방[奴隷制 廢止]의 요인들도 복잡하게 얽혀있다는 것이다. 에이브러햄 링컨(Abraham Lincoln) 대통령에 대한 평가에서도 볼 수 있는 것처럼 우리가 일반적으로 이해하고 있는 것보다 훨씬 더 복잡하다는 것이다. 우리는 일반적으로 미국의 노예해방을 링컨의 업적에서 찾는다. 그래서 다음과 같은 퀴즈 문제에 대해 이렇게 대답해야만 정답이라고 생각한다.

> "문제: 미국의 16대 대통령으로 노예를 해방한 사람은 누구입니까?"
> "정답: 에이브러햄 링컨 대통령입니다."

그렇다면 전적으로 미국의 노예해방이 링컨만의 업적이라고 말할 수 있을까?[42] 다음의 기록을 읽어보면서 어떤 생각이 드는가? "딜로렌조(Thomas J. DiLorenzo)는 링컨이 … 1837년부터 1860년까지 수천 건의 사건을 처리해 1850년대 연평균소득이 당시 일리노이 주지사의 3배에 이를 만큼 주로 돈 되는 사건만 맡았고, 23년간의 변호사 생활에서 노예 소유주를 변호한 적은 있지만 도망친 노예를 변호한 적은 한 번도 없었다고 말한다. …"(강준만, 2010a: 58 재인용). 또 "링컨은 노예제도에 대해 지속해서 반대하였지만, 그렇다고 노예제도의 폐지를 강력히 지지하는 입장도 아니었다. 그는 흑인들을 열등한 인종으로 보았고, 흑인들에게 참정권을 부여하는 것에도 반대하는 입장이었다. 이런 정황들을 고려할 때 남부는 링컨의 노예제도에 관한 입장보다는 그의 관세에 관한 입장에 대해 더 많은 염려를 했을 것이다. 실제로 링컨은 연방제의 존립을 위해서라면 남부의 노예제도를 인정할 의사가 있음을 남북전쟁 기간 동안 명백하게 밝혔었다. 그러니까 1862년의 링컨의 노예해방 선언은 그의 도덕적 신념보다는 남북전쟁에서 승리하기 위한 전략적 차원에서 이루어진 것이었다."(Chang, 2006: 62). 다음의 링컨에 대한 자료는 또 어떤 느낌이 드는가? "링컨도 애초에는 노예제에 온건한 입장이었습니다. 반대는 했지만 남부의 노예제는 연방정부가 간섭해서는 안 된다고 했고, 노예제를 천천히 점진적으로 끝내자는 입장이었죠. 링컨이 1860년 공화당 대통령 후보가 되었던 것도 그가 노예해방에 온건한 입장을 표명했기 때문이었습니다."(남태현, 2014: 193; http://en.wikipedia.org/Abrahm_Lincoln. 참조하라).

1) 기독교와 관련해서

> 노예 폐지론자들은 국민에게 "영국은 기독교 신앙 위에 건립된 국가인가 아니면 사람들을 재산으로 여기는 믿음 위에 건설되었는가?"라는 질문을 마주할 것을 압박하곤 했다(Aronson and Budhos, 2013: 107).

일반적으로 기독교 내에서 설교나 성경공부를 통해서 노예해방[奴隸制度 廢止]과 관련해 강조되고 있는 인물로서는 노예무역을 하다가 회심한 영국의 존 뉴턴(John Newton)과 윌리엄 윌버포스(William Wilberforce)다. 사실 미국의 노예해방에 대해서는 마틴 루터 킹 목사 외에는 거의 개인적으로 듣지 못한 것 같다. 루터 킹 목사의 경우에도 영국의 뉴턴과 윌버포스에 비해서 그 비중이 그렇게 크지 않는 것 같다. 아마 이는 앞에서 오늘날도 기독교 국가=미국이라는 도식으로 이해되고 있는 미국에서 인종차별이 여전히 존재한다는 부담감 때문인지도 모른다(노예제도를 폐지되었으나 여전히 인종차별이 존재한다는 현실에 대한 부담감 말이다). 아니면 마틴 루터 킹 주니어 목사 사례로 들어 노예해방을 설명할 경우에도 루터 킹 목사의 섹스스캔들[性中毒]이 아마도 발목을 붙잡고 있기 때문인지 몰라도 뉴턴이나 윌버포스의 경우보다 그 강도가 약한 것 같다는 생각이 개인적으로 든다. 다음은 랜디 알콘(Randy Alcorn)이 자신의 책, 『악의 문제 바로 알기(If God Is Good)』에서 소개하고 있는 "어메이징 그레이스"(Amazing Grace)라는 찬송가로 우리에게 잘 알려진 뉴턴(John Newton)에 대한 매우 간략한 삶에 대한 기술이다.

> 1750년, 나이 스물다섯의 뉴턴(John Newton)은 영국의 노예무역 선을 지휘했다. (…) 하지만 결국은 노예무역에서 손을 떼고 자신이 저지른 악행을 땅을 치며 후회했다. 그리고 남은 반생을 런던 근처에서 목사로서 복음을 전하고 성경을 가르쳤으며 나중에는 노예무역에 반대하는 목소리를 높였다. 뉴턴이 젊은 정치인 윌리엄 윌버포스(William Wilberforce)를 설득하여 노예제도에 맞서 싸우게 한 일은 모르는 사람이 없을 정도로 유명하다(Alcorn, 2011: 75).

영국의 노예제도 폐지 운동은 또 한 명의 주역인 윌리엄 윌버포스(William Wilberforce)로 대표되어 잘 알려진 영국의 "클라팜 파(派)"(Clapham Sect, 또는 聖徒黨 즉, the Saints)는 자유인이 된 노예들이 시에라리온(아프리카 서부 해안의 공화국)에 최초로 정착하게 하는 데 중요한 역할을 하였고(1787년), 노예매매 폐지나(1807년), 노예들을 식민지에 등록시킨 것(1820년), 그로 인해 노예 밀매매가 종식되고 마침내 그들이 해방될 수 있게 하는 것(1833년) 등에 대해 매우 주도적인 역할을 하였다고 한다. 그들은 더 나아가서 노예제 폐지 문제 외에도 형벌과 의회법 개혁, 공장과 관련된 법률 제정에도 깊이 관여하였다고 한다(Stott, 2005: 23-24).

병(病) 주고 약(藥) 주는 것처럼 들릴지 몰라도(아니 염치없게 보일지 몰라도-死後 藥方文!),[43] 잘못된 성경해석이 노예제도의 유지에 일조하였던 것과 마찬가지로 성경에 대한 올(ALL) 바른[正] 해석과 이해와 적용은 노예제도의 폐지에 크게 일조하였다는 것을 알 수 있다. "폭스(George Fox)는 이미 1676년에 예수님이 흘린 피는 흑인을 포함한 모든 사람을 구원하기 위해서였다고 말하며 노예제를 반대하는 견해를 밝힌 적이 있었다."(김형인, 2009: 26). "'남에게 대접을 받고자 하는 대로 너희도 남을 대접하라'라는 마태복음에 나오는 기독교의 '황금률'에 따라서 메노교도들은 타인들을 그들의 조상이나 피부색에 상관없이 평등하게 대할 것을 촉구하였다. 메노교도들은 『신약성서』를 믿음의 기초로 삼았다. 그중에서도 그들은 마태복음 5-7장의 '산상수훈'을 가장 중히 여겼다. 그러므로 그들이 '황금률'을 내세우는 것은 지극히 당연하였다."(김형인, 2009: 30). 양희송의 다음과 같은 진술도 생각해 볼 필요가 있다. "당시 노예제 폐지 운동에서 당사자인 노예들도 있었지만, 노예선이나 노예농장에서 일했던 가해자들도 함께하고 있었다. 어떤 이들은 자기 자신의 인간으로서의 권리 주장으로, 어떤 이들은 자신이 저질렀던 과거 행위들에 대한 회개의 실천으로, 어떤 이들은 보편적 인간성의 회복을 위해, 어떤 이들은 정의감의 발로로, 어떤 이들은 신앙적 헌신으로 다양하게 참여하고 있었다."(양희송, 2016: 133). 참고로 노예제도를 반대한 극적인 인물로는 아이러니하게도 '인디언 해방의 사도'로 변신한, 스페인 선교사 바르톨로메 데 라스카사스(Bartolome de Las Casas)라는 자료를 접하면서 당황하지 않을 수 없었다.[5)]

---

5) 16세기 스페인에서 벌어진 바르톨로메 데 라스카사스(Bartolome de las Casas)와 후안 힌네스 데

약간 옆길로 벗어나서 노예제도와 관련해서 보다 큰 그림을 성경에서 보아야 할 것 같다는 생각을 해본다. 왜냐하면 이는 메리 스튜어트 밴 르위원(Mary Stewart van Leeuwen)의 언급처럼, "계시 전체적으로 어디를 향하고 있는가"를 보는 것이 필요하기 때문이다(Van Leeuwen, 2000: 263-264). 신학자 코넬리우스 플랜팅가(Cornelius Plantinga)의 언급은 이에 대한 이해를 도울 것이다. "바울이 노예들에게 순종하라고 말함에도 불구하고, 또 베드로가 까다로운 주인에게 순종하라고 말함에도 불구하고, 성경의 더 큰 역사적 구원의 흐름은 하나님의 형상으로 만들어진 인간에게는 창조주 외의 소유자가 있을 수 없으며, 우리는 이웃을 우리 몸처럼 사랑해야 하고 우리가 대접을 받고자 하는 대로 남들을 대접해야 하며, 특히 예수 그리스도는 억눌린 자들을 해방하러 오셨다는 것을 말해 주고 있[기]" 때문이다(Van Leeuwen, 2000: 264 재인용).

2) 그 밖의 여러 원인과 관련하여

영국의 노예해방이든 미국의 노예제도의 폐지든 간에 이들은 단

세풀베다(Juan Gines de Sepulveda) 사이의 유명한 논쟁에 다음과 같은 시각이 포함되어 있다는 점을 지적하기도 한다. "… 라스카사스와 세풀베다의 시각은 모두 잠재적으로 인디언 문화를 말살시킬 가능성을 내포하고 있었다는 사실이 더욱 중요하다. 프랑스 역사학자 츠베탄 트도로프(Tzvetan Todorov)가 지적했듯이, 인디언들은 '그렇든 아니든(either/or)'이라는 아주 특별한 논리에 이중으로 구속돼 있었다. 만일 그들이 인간이라면 기독교도로 개종을 해야 하고, 그들이 갖고 있던 것과 다른 문명을 받아들여야 한다. 만일 그들이 완전한 인간이 아니라면 노예가 될 것이고, 그들이 간직해온 문화는 무가치하므로 폐기처분될 것이다"(Rattansi, 2011: 47). 믿기지 않겠지만, 아메리카 대륙으로 흑인들이 본격적으로 유입된 것은 바르톨로메 데 라스카사스 신부의 제안 때문이라고 한다. "흑인들이 본격적으로 아메리카 대륙에 유입되게 되는 것은 1517년 스페인의 바르톨로메 라스카사스 신부가 백인 정복자들이 강요한 고된 노동을 견디지 못하여 급격히 감소하고 있던 원주민 인디언들을 동정하여 아프리카 흑인들을 대신 수입하자고 제안하면서부터이다."(신문수, 2009: 129); "라스카사스는 이방인이 아니라 이교도들을 박해했던 이단 심리 종교재판소도 옹호했다. '갖가지 방법'을 동원해 이교도를 처벌했던 '이단 심리 종교재판소가 잘 하고 있다'라고 그는 생각했다"(Jacoby, 2012: 278. 1장 87번 주).

순히 신앙적 이유만으로는 설명되지 않는 다양한 사회적 경제적 요소들이 복합적으로 맞물려 있었다는 점이다. 영국의 경우 '먹을거리 관점'에서 볼 때 저렴한 음식을 먹기 위한 현실적 노력[低費用 食事 要求]이 노예제도 폐지 운동과 결합되어 있었는가 하면 정치적으로는 비대해진 서인도제도 파(派)를 견제하기 위한 하나의 방법이었다는 지적도 볼 수 있다(川北稔, 2003: 163.; Mintz, 1998: 331). 물론 이러한 상황들은 당시 종교와 밀접한 관계를 유지하면서 나타나기도 하였다. 여기서 먹을거리란 노예의 노동력으로 생산하는 플랜테이션(Plantation) 농업으로 설탕, 커피, 코코아, 담배 등을 들 수 있을 것이다[嗜好食品과 換金作物]. 기와가타 미노루(川北稔, 2003)는 당시 상황을 다음과 같이 기록하고 있는 것을 볼 수 있다.

> '서인도제도파'[곡물법, 설탕 관세, 동인도회사의 무역독점 등으로 이익을 얻는 집단]에 대한 공격은 우선 노예무역 및 노예제도에 대한 비판 형태로 이루어졌다. 이런 공격방법이라면 종교적인 입장에서 노예무역과 노예제도에 반대하던 사람들과도 함께 행동할 수 있었기 때문이다. 종교적인 입장에서 노예무역과 노예제도의 폐지를 주장했던 단체로는 '클래펌'(Clapham)과 혹은 '성자단(聖者團)'이라고 불렸던 복음주의자들이 잘 알려져 있다(川北稔, 2003: 163-164; 이윤섭, 2013: 43-52, "영국의 산업혁명과 노예무역 폐지" 참조).

시드니 W. 민츠(Sidney W. Mintz)도 그 자신의 책, 『설탕과 권력(Sweetness and Power)』에서 그와 같은 상황에 대해서 다음과 같이 기술하고 있다.

> … 노예해방은 농장주 계급에는 낭패였으나, 국내에서 상업의 확

장과 소비의 활성화를 주장하던 사람들에게는 승리였다. … 설탕 값이 떨어지게 되면 반드시 소비가 증가한다는 포터의 주장은 설탕에 대한 관세와 세금이 낮아졌던 19세기 후반기에 광범위하게 실증되었다. 정부의 징세가 낮아진 것은 오랜 기간에 걸쳐서 진행되어 왔지만 1872년에 들어서는 세금이 절반으로 뚝 떨어졌다. (Mintz, 1998: 312-334).

우수이 류이치로(Usui Ryuichiro, 白井隆一郎)는 자신의 책,『커피가 돌고 세계史가 돌고』에서 영국이 프랑스 식민지 서인도의 번영에 대한 위협을 인지하고 프랑스의 숨통을 끊기 위한 하나의 방법으로써 노예제도의 폐지를 이용했다는 점에 대해 기술하기도 한다.

노예해방운동은 순수하게 이득을 떠난 인도상의 문제라고는 할 수 없다. 노예제도는 노동자의 구매력을 향상하지 못하기 때문에, 결국 자유로운 인간의 노동이 노예노동보다 경제활동에 이바지하는 바가 훨씬 컸기 때문이다. 또한 그 배경에는 식민지를 둘러싸고 7년 전쟁을 치렀던 프랑스와 영국의 경제적 대립이 있었다. 따라서 프랑스가 미국독립에 가담한 것은 말할 필요도 없다. 프랑스 식민지의 숨통을 끊어놓기 위해서 노예제 폐지가 최우선과제였다. 영국은 재빨리 노예제의 비인도성을 호소했다. 1787년, 영국에서는 흑인노예폐지운동협회가 만들어졌고 그 이듬해에는 프랑스에도 '흑인 친구의 모임'이 결성되었다(Usui, 2008: 141-142).

미국의 경우는 어떠했을까? 고바야시 마사야(Kobayashi Masaya)는 자신의 책,『정의사회의 조건: 마이클 샌델의 정치철학(Sandel No Seijitetsugaku)』에서 당시 미국에서 노예제도를 폐지할 수밖에 없었던 것에 대해서 '자유 노동에 대한 위협'에서 찾는다. 노예제도의 확대가 자유 노동에 대한 위협의 결과를 가져올 수도 있기 때문이라는 지적이다. "1840년-1850년대에는 자유 토지당이나 공화당 같은 정치적인 반노예제 운동이 주도권을 잡았다. 이때는 공화주의적인 자유 개념에 기초하고 있었다. 남부의 노예 소유자는 노예제 권력(slave power)인 노예 소유자의 지배력(slavocracy)을 만들었다는 점에서 자유의 적으로 여겨졌다. 또한 새로운 영토까지 노예제가 확장되면 시민이 스스로 저축해서 자신의 농장이나 가게를 시작하고 경제적으로 자립해서 자유 노동으로 이행한다는 논리가 성립될 수 없게 된다. 이런 이유에서도 노예제의 확대는 자유 노동에 대한 위협이었다."(Kobayashi, 2012: 217-218). 이 밖의 단편[枝葉]적인 요인으로는 "흑인의 북부 이주에 결사 저항했던 남부 백인들이 이주를 추진하고 나선 것은 목화 따는 기계[繰綿機]라고 하는 기술 혁명 때문이었다."라고 말하는 이들도 있다(강준만, 2010b: 186-187).[44]. 애론슨과 부드호스(Marc Aronson and Marina Budhos) 부부가 지적한 것처럼 사탕무와 같이 사탕수수를 대체할 수 있는 대체재(代替財)에 대한 발견이 노예해방에 상당한 역할을 하였을 수도 있었을 것이다.[?]

> 사탕무 설탕은 그 완벽한 단맛을 생성해 내기 위해 노예도 필요하지 않고 플랜테이션도 필요치 않고 사실 사탕수수까지도 필요치 않다는 점을 보여주었기 때문이었다. 사탕무 설탕은 오늘날 우리가 가진 것, 즉 과학의 시대를 여는 하나의 서광이었다. 1854년에 세계 설탕 생산량의 11%만이 사탕무에서 나왔다. 1899년이 되면 그 비율은 약 65%까지 상승했다. 사탕무 설탕은 사탕수수에 대한 최초의 도전이었다(Aronson and Budhos, 2013: 136).

앞의 내용에 대해서 정리해 보자. 노예제도의 폐지에 있어서 중요한 역할을 한 것은 무엇이었는가? 기독교와 관련해서 무엇보다도 올(ALL)바른 성경해석은 노예제도의 폐지에 크게 일조했다. 성경이 노예제도에 대해서 무엇이라고 말하고 있는지 성경을 올바르게 읽은[正讀] 과거 노예선 선장이었던 존 뉴턴(John Newton)과 행동하는 신앙인[政治人]이었던 윌리엄 윌버포스(William Wilberforce)와 같은 그리스도인들은 성경의 바른 가르침에 따라 노예제도의 폐지에 적극적으로 앞장섰던 것이다. 그렇다고 해서 노예제도의 폐지가 기독교만의 노력으로 이루어낸 것은 아니었다. 왜냐하면 신앙과 달리 다양한 요인들이 작용해서 노예제도의 폐지를 이루었기 때문이다. 경제적인 이유('값싼 먹을거리'의 확보를 위해서[英國]), '자유노동의 가치를 확보'하기 위해서[美國], 정치적으로는 영국 내적으로 서인도제도 파(派)에 대한 견제[英國]와 더불어 외적으로 서인도에서의 주도권을 확대해 가고 있는 프랑스를 견제하기 위한 목적 [英國] 등이 노예제도 폐지 운동에 직·간접적으로 작용하였기 때문이다(미국의 독립을 도와준 프랑스가 영국의 눈에는 더욱 눈엣가시처럼 보였을 것이다). 그런가 하면 조면기(繰綿機)의 발명과 사탕수수의 대체재(代替財)로서의 사탕무와 그로부터 설탕을 제조하는 기술의 발견 등도 한몫 했을 것이다.

다시 약간 곁길로 나아가서, 당시 한쪽에서는 설탕이 노예의 노동력을 통해 생산된다는 사실을 안 영국인들은 설탕의 소비를 노예의 노동력을 통해서 생산된 것이 아닌 곳인 인도에서 생산되는 설탕을 소비하였다고 한다. 오늘날로 치자면 일종의 윤리적 소비 운동에서 볼 수 있는 유사한 행동이 당시 영국에서 행해졌던 것이다. 그런데 문제는 노예제도 노예들의 노동이 아닌 고용계약(indenture)

에 의해서 생산된 설탕도 노예제도와 비슷하게[진배없이] 현실에서는 인권을 유린(人權蹂躪)하는 상태에서 생산되고 있었다는 점이다. 시쳇말로 도긴개긴이었던 것이다. 노예제도가 없는 인도에서 생산된 설탕도 여전히 노동자들의 노동 억압과 착취로부터 자유롭지 않았다는 점이다. 그렇다면 노예제의 폐지는 진정으로 무엇을 의미하는가에 대해서 되물어야만 하지 않을까 하는 생각을 잠시 해본다.

애덤 스미스(Adam Smith)와 관련해 한동일 교수는 다음과 같은 정보를 전해주고 있는 것을 볼 수 있다.

> 노예제도는 이것이 더 이상 상업 구조 안에서 필요 없는 상황에 이르러서야 종식되었습니다. 이에 대해 애덤 스미스는 1776년 지주들에게 노예제를 폐지해야 할 이론적 근거를 다음과 같이 제시했습니다. "(아무리 일해도) 최소한의 생계밖에 보장받지 못하는 노예는 자기 한 몸 편한 것만 생각하므로 생계보장비 이상이 되도록 토지 경작의 소출을 늘리려고 하지 않는다. 반면 자유로운 임금노동자는 자기 소득을 높이기 위해 더 근면하고 효율적으로 일하기 때문에 고용주의 비용이 오히려 더 적어진다." 나아가 스미스는 노동자들이 자유인으로서 재산을 소유하게 되면 "생산에서 자기가 받을 몫을 늘리기 위해 되도록 많이 생산하려는 동기를 갖게 된다"라고 말했습니다. 이러한 논리는 19세기 초부터 노동 절감형 농기구의 도입과 비용 절감 효과라는 면에서 노예노동을 반대하는 주요 근거가 됩니다(한동일, 2018: 203).

미국혁명이 노예제 폐지를 막기 위한 것이었다는 주장도 있다는 점이다. 실제로 미국혁명에서 중요한 요인은 노예제였다고 한다. 1770년에 이르면, 영국의 판사들(맨스필드 경, Lord Mansfield이 가장 유명하다)은 이미 노예제가 용인되기 힘든 역겨운 제도라고 분명히 밝히고 있었다. 미국의 노예 소유주들은 불길한 징조를 느졌다. 만약 식민지가 계속 영국의 지배를 받았다면 필시 조만간 노예제가 불법화 되었을 것이다. 이런 사실이 식민지 반란에서 중요한 요인이었다는 확실한 증거가 있다(Somerset v. Stewart, (1772) 98 E.R. 499 [K.B.])(Chomsky, 2018: 26-27).

세상이 돌아가는 것은 이처럼 매우 복잡한 것 같다. 최근에 도서관에서 빌려다 읽은 최은창의 책,『가짜뉴스의 고고학: 로마 시대부터 소셜미디어 시대까지, 허위정보는 어떻게 여론을 흔들었나』는 더욱 더 나의 머리를 무겁게만 한다. 어디까지가 진실일까?

III. 나가기

1. 먼저 요약하기

본 연구는 노예제도에 관한 재고로 노예제도의 발생, 유지 그리고 폐지의 원인이 무엇인지에 대해서 살펴보았다. 다른 기독교의 흑역사(dark chapter)에 대한 평가에서와 같이, 노예제도라는 기독교의 흑역사에 대해서도 신무신론자들과 반기독교주의자들은 도매금으로 취급하고 있다는 점을 지적하였다. 노예제도의 대한 책임이 전적으로 기독교라는 식의 논리가 전개되고 있는 것을 볼 수 있기 때문이다. 물론 역사적으로 기독교 공동체 일부에서는 잘못된 성경 해석으로 인해서 노예제도를 옹호하기도 했었다. 그러나 올바른 성경해석을 통해서 노예제도의 폐지에 기독교와 그리스도인들이 일조(一助)했다는 것 또한 인정해야 할 것이다. 그렇다고 해서 노예제도 폐지가 기독교만의 공헌[勞苦]이 아님 또한 인정해야 할 것이다.

노예제도의 발생과 유지 그리고 폐지의 요인을 [표]로 정리해 보았다. 노예제도의 발생과 유지에서와 같이 다양한 사회적·경제적·정치적 제(諸) 요인들이 복합적으로 작용해 노예제도의 폐지를 이끌었기 때문이다. 다만 그 과정을 통해서 "역사 속에서 '합력하여 선을 이루시는'(롬 8; 28) 역사의 주인이신 하나님을 발견할 수 있을 뿐이다.

표: 노예제도의 발생과 유지 그리고 폐지 요인

노예제도	기독교 요인	기타 요인들
발생과 유지	잘못된 성경해석과 적용	출생(세습 신분) · 전쟁포로 등 자본주의와 이해관계
폐지	*올바른 성경해석과 적용 *Wilberforce 등 그리스도인의 신앙적 열정	경제: 자유 노동 가치 확보(미국) 정치: 서인도에서의 프랑스세력 견제(영국) 자국 내의 서인도제도 파 세력견제(영국) 기술: 사탕무에서 설탕 제조기술 발견, 조면기 발명

2. 자(尺, the CANON)로서의 성경[正經] 본연의 역할 잡기

다른 여러 기독교의 흑역사(黑歷史)에서도 볼 수 있는 것처럼 모든 문제의 기저(基底)에는 절대적인 하나님의 말씀인 성경을 분별과 판단의 절대적인 가치의 자(尺, 'the CANON')로 보지 않고, 자신의 이해관계와 경제적 이익을 위해서 '하나'의 이즘('an ISM')으로 이해하기 때문에 나타나게 된 결과라는 점이다.[45] 성경의 해석과 적용이 그 시대에 출현한 시대정신(Zeitgeist, 時代精神)에 부역(附逆)함으로써 이러한 부정적인 결과들을 초래하게 되었다는 점이다. 이러한 실수를 반복하지 않기 위해서는 무엇보다 필요한 것은 하나님의 말씀인 성경을 절대적인 자[判斷·分別 基準]로 인정하고 시대정신에 야합하지 않고 올바르게 판단하며 분별하는 역할을 기독교 공동체와 개개의 그리스도인들이 담당해야만 한다는 것이다. 이는 "하나님은 누구의 편이기 이전에, 무엇이 옳은지 그른지에 대해 판단하시는 절대자이시기 때문이다."

3. 여전히 존재하는 현대판 노예제도에 대한 관심 가짐이 중요

영국인들이 노예제도를 폐지하였지만 당시 값싼 노동력을 확보하기 위해서 비인간적인 고용계약(indenture, coolie)은 여전히 성행했었다. 간디(M. K. Gandhi)는 그 값싼 계약고용이 무엇을 의미하는지를 직시했었다. "그것은 '거의 노예제만큼이나 악질적이었고, 노예처럼 고용계약 노동자는 주인의 재산이었다.' 간디의 사고방식으로는 의심의 여지가 없었다. 고용계약은 또 다른 형태의 노예제였다."(Aronson and Budhos, 2013: 138). 오늘날에는 과거 의미의 형식적이며 법률적인 노예나 노예제도는 존재하지 않지만 실질적으로 노예처럼 대우받는 노동자들이 이 나라뿐만 아니라 전 세계적으로 매우 많은 수가 존재하고 있는 것도 사실이다. 이들 또한 하나님께서 해방[自由]시키기를 원하는 귀한 존재들이다. 이에 대한 관심 또한 지속해서 필요하다.

표: '구'노예제와 '신'노예제의 차이점

구노예제	신노예제
전 세계화되지 않은 노예제	전 세계화된 노예
제 법적 소유권 주장	합법적-비합법적 소유권 기피
장기간의 관계	단기간의 관계
인종적 차이 중요	인종적 차이 덜 중요
높은 구입비	매우 낮은 구입비
낮은 이윤	매우 높은 이윤
예비 노예 부족	예비 노예 과잉
고정적인 노예들	일회용품과 같은 노예들

자료: Bales, Trodd, and Williamson, 2012: 53

　케빈 베일스, 조 트로드, 그리고 알렉스 켄트 윌리엄스는 자신의 책인 『끊어지지 않는 사슬: 2천 7백만 노예들에 침묵하는 세계 (Modern Slavery)』에서 2천 7백만의 현대판 노예('신'노예제)가 있다고 지적한다(Delacampagne, 2015: 7-8 참조) 그리고 그 차이점에 대해서 위의 [표]를 통해서 확인할 수 있다(Bales, Trodd, & Williamson, 2012: 53).

제3장

홀로코스트에 관한 재고

홀로코스트의 발생 원인과 가해자들을 중심으로

I. 머리말

유명 축구 선수 출신인 차범근 감독이 국가대표 감독을 한 시절, 당시 일부 그리스도인들은 열광했었다. 개인적으로 아는 전도사님 [지금은 목사가 됨]은 당시 그에 대해서 열변을 토하였다. 차 감독은 언론인터뷰에서 '하나님'(신)이라는 단어를 사용했었고 그의 승리를 '하나님에게' 드린다고 직설적으로 표현했기 때문이다. 언론이라는 대중매체를 통해서 공개적으로 말이다. 그것도 여러 번이나. 그 이후 국가대표 축구경기(A Match)에서 선수들은 골 세리머니(Goal Ceremony)에서 잔디에 무릎을 꿇고 기도하는 모습을 자주 보여주었다. 축구경기뿐만 아니라 다른 운동경기에서 승리자의 그러한 모습을 자주 접할 수 있었다.

일부 일반인들은 '기도'하는 세리머니를 하는 그를 그리스도인이라고 생각할 것이다. 그리고 대부분의 기독교인들도 그가 그리스도인이기를 바랄 것이며, 또 어떤 이들은 그러한 퍼포먼스만으로 그 선수가 그리스도인이라고 단정할 것이다. 사람들의 입에서 나오는 '하나님(하느님, 신, 절대자 등)'이라는 단어는 단순한 언어적 수사일 수도 있고, 단순히 좋게 보이기 위한[자신의 강한 신앙을 자랑하기 위한] 단순한 신앙적 수사일 수도 있다는 점이다[信仰的·修辭的表現]. 개인적인 신앙과 관련해서는 특히 보이는 모습만을 가지고 단순하게 일반화[平價]하는 것에 대해 지양해야 하지 않겠느냐 하는 생각을 해본다.

역사적으로 악명 높은 홀로코스트(Holocaust)의 주범인 아돌프 히틀러(Adolf Hitler)와 당시 학살자의 대명사로 일컬어지던 아돌프 아이히만(Adolf Eichmann)도 다음과 같은 발언을 책이나 법정에서 공개적으로 했다. 이들의 발언[表現]처럼 이들은 진정으로 신을 믿는 자들이었을까? 아니면 신과는 전혀 관계없는 정치적 목적을 이루기 위한 단순한 언어적 수사에 불과한 것이었을까 하는 점이다.1)46

> 히틀러가 1939년 이후 '유대인 문제'의 '최종 해결'[the Final Solution, Endloesung der Judenfrage]을 거론할 때마다 자주 언급하곤 하는 이러한 식의 종말론적 예언이 『나의 투쟁』에는 이렇게 씌어 있다. "만약 유대인들이 마르크스주의 신념에 힘입어 세계의 다른 민족들을 지배함으로써 얻어지는 것이 있다면, 그것은 왕관이 아니라 인류의 조화(弔花)일 것이다. … 따라서 **오늘날 나는 전지전능한 창조주의 뜻에 따라 일하고 있다고 확신한다. 유대인에게서 나 자신을 보호함으로써 나는 하느님의 역사(役事)를 위해 분투하고 있다**"(Wistrich, 2011: 72 재인용. 강조는 본 연구자).47

---

1) 이와 유사한 경우로 일본의 A급 전범인 도조 히데키(東條英機)의 경우다. "그는 1946년 4월 29일 극동 국제군사재판(도쿄 재판)에 전범으로 기소되었다. 1948년 11월 12일에 사형을 선고받은 그는 한 달여 뒤인 12월 23일 스가모 형무소에서 교수형에 처해졌다. 죽기 직전까지는 참회하지 않고, '아미타불 곁으로 가는 기쁨'을 노래한 유언시를 남겼다."(안진태, 2010: 305). 이를 어떻게 이해해야 하는 걸까? 일급 전범이 아미타불 곁으로 간다는 것이 가능할까?

후회는 아이들이나 하는 것. 나는 내게 부여된 임무를 확고한 의무감에 따라서 수행했다.

나는 결단코 용서를 구하지 않을 것이다. 나의 내면 깊숙한 곳에서 무언가 잘못 했다고 인정하는 것을 거부하기 때문에 나는 용서를 구할 수 없다.

유대인들을 독가스로 죽이고 사살하라는 명령을 받았더라도 나는 그 명령을 수행했을 것이다.

나로 인해 추방된 유대인들에 관해 나는 관심이 없었다. 이송될 사람이 이송되었다.

총통의 말은 법적 효력을 갖는다.

나는 단지 민족주의자였을 뿐, 결코 반유대주의자는 아니었다. 우리는 올바른 싸움을 수행한 것이다.

나는 평생 신을 믿었고, 신을 믿으며 죽음을 맞이할 것이다.

나의 죄는 명령을 따른 것이다.

수백 명의 죽음은 일종의 재앙이지만, 수백만의 죽음은 일종의 통계다.

만약 그래야 한다면, 나는 웃으면서 무덤 속으로 뛰어들 것이다. 5백만 유대인의 죽음을 책임지고 있다는 생각이 내게 커다란 만족감을 주고 있기 때문이다. (아이히만)(Knopp, 2011: 29. 강조는 본 연구자)

홀로코스트(홀로-코스트, holo-caust, '완전한-희생')의 주역인 히틀러가 자신의 책이나 연설에서 '하나님'(Gott)이라는 표현을 액면 그대로 받아들여야 하는 것일까? 히틀러의 자서전적 성격을 지닌 정치선전 글인 『나의 투쟁』을 사실 그대로 믿는 것은 무리가 따른다는 점을 인정할 필요성을 지적하는 이도 있다(송충기, 2014: 52)[48]. 정치인으로 단순한 정치적 수사[政治的 修辭的表現]라는 것은 언제라도 가능하기 때문이다. 이들은 자신들이 이루고자 하는 목적(目的)을 위해서라면 어떠한 방법도 사용할 수 있다고 보기 때문이다. 그것보다도 더 험악한 것을 사용했는데 아마 종교를 자신들의 이익을 얻기 위한 정치적 수사로 사용하는 것은 누워서 떡 먹기였을 것이다.

홀로코스트와 관련된 글쓰기를 하기 위해 여러 관련 자료를 읽으면서 본 연구자의 머릿속은 매우 복잡했었다. 잔인함과 무서움의 경험을 자료를 읽는 동안 함께 해야만 했기 때문이다. 홀로코스트와 관련된 사진에는 진짜로 잘린 유대인의 머리[진짜 우리와 같은 사람의 머리]를 손으로 들고 동료 독일 병사들에게 보이며 웃고 있지 않는가! 마네킹이어도 오싹한 데, 진짜 죽은 사람의 머리를 그것도 아무렇지도 않다는 듯이…. 그런가 하면 홀로코스트 부정론자[49][Holohoax, 홀로코스트 사기]에 데이비드 콜(David Cole)이라는 유대인이 들어있었다는 점(Shermer, 2007: 372. "말썽꾼 데이비드 콜". 372-378 참조.)과, 나치 정권 당시 불임 실험으로 유명했던 호르스트 슈만(Horst Schumann)이 가나로 도피 중에 붙잡히게 된 이유가 바로 가나의 오지에서 '제2의 슈바이처 박사'로 인정될 정도로 의술[善行]을 베풀었다는 내용이 독일에서 발간(發刊)되는 『그리스도와 세계』에 소개되었기 때문이라는 점(최호근, 2006: 168)이나, 일제강점기를 통해 우리 민족에게 그렇게도 모진 행동을 보인 일본인의 한 명인 스기하라 치우네[杉原千畝, Sugihara Chiune, 1900.01.01-1986.07.31]라는 외교관이 무려 6,000명이나 된 유대인들을 구해낸 '선한 일본인'[의로운 이방인, the Righteous Gentile]으로 평가되어서 예루살렘에 있는 국립 야드 바셈(Yad Vashem, 'monument and a name' 뜻임) 홀로코스트 기념관에 그 이름을 올려놓았다는 사실, 유대인들의 노예노동 착취 등의 이유로 12년 형을 선고받고 모든 재산과 경영권을 박탈당했던 크루프 사(社)의 소유주인 알프리트 크루프(Alfried Krupp von Bohlen und Halbach)가 한국전쟁[6·25전쟁] 때문에 사면을 받고 박탈된 재산의 일부를 다시 돌려받게 되었다는 사실(최호근, 2006: 174-175), 나치에 부역했던 의사들의 '동물실험이 불가능했기 때문에 인간실험을 할 수밖에 없었다'라는 취지의 최악의 논거(채식주의자인 히틀러 집권 시인 1933년과 1935년에 나치독일의 동물보호법[Animal Welfare in Nazi Germany, Tierschutz im Nationalsozialsmus]을 제정했었다고 한다)(Cymes, 2015: 30, 34; "나치 독일의 동물보호법" 「위키백과」 참조) 등은 더욱더 나의 생각[머리통]을 혼란스럽게 만들었다. 미국은 "페이퍼클립 작전(Operation Paperclip)"[2]을 내세워서, 공산주의와의 대결을 위해서 나치 흉악범들이 가지고 있는 과학기술과 인적 자원을 챙겼다는 것이다. 그것도 나치에 부역한 의사들과 과학자들에게 홀로코스트에 대한 면죄부(免罪符)를 부여하면서

2) 제임스 Q. 위트만(James Q. Whitman)은 다음과 같이 기록하고 있다. "역사학자들은 나치의 동방 팽창정책이 미국이 서부 정복 과정에서 원주민을 상대로 벌인 전쟁에서 영감을 얻은 것임을 밝혔다. 우생학과 달리 이 부분은 좀 더 독미 관계에 한정되는 이야기다. 나치는 독일이 동쪽으로 영토를 집어삼키며 확장을 도모하여 '레벤스라움'(Lebensraum) 즉 '생활권'을 회복해야만 한다는 사명감에 시달렸고, 이때, '독일 제국주의 세대와 히틀러 본인에게 모범이 된 제국은 미합중국'이었다.[Snyder, 2015: 12] 나치의 눈에 미국은 영국과 나란히 '인종적으로 동류이자 대제국 건설자로서 존중받아야 할' 나라로 자리매김했다. [Snyder. 2015: 12] 나치가 보기에 영국과 미국은 둘 다 장대한 정복 사업에 나선 '노르딕 인종의' 정치체였다."(Whitman, 2018: 20-21). 위트만은 더 나아가서 뉘른베르크 인종차별법(1935년)이 미국의 인종차별법의 직간접적으로 영향을 받았다고 주장한다. "여하튼 나치 법과 미국법이 완벽하게 일치해야만 '영향'을 논할 수 있다는 이 모든 학자들의 전제는 중대한 해석적 오류다. 앞으로 살펴보겠지만, 미국법이 유대인에 관해 아무 말이 없었어도 나치 법률가들은 미국법을 가져다 부당하게 활용하는 데 아무런 어려움을 느끼지 않았다. 비교법의 견지에서 '영향'이 직접적인 모방에만 국한되는 경우란 거의 없다. 영향이란 번역, 창조적 적용, 선택적 차용, 권위의 발동 등을 아우르는 복잡한 작용이다. 모든 차용자는 부분 수정과 부강을 하게 마련이다. 그 점은 나치나 다른 정권도 다 마찬가지다. 모든 차용자는 외국 모델을 기초 삼아 그것을 자신들의 상황에 알맞게 개조한다. 차용자가 악랄한 인종차별주의자여도 그 점은 마찬가지다. 가감 없는 차용을 통해서만 영향이 미치는 것은 아니다. 영향은 영감과 예시를 통해서도 미친다. 뉘른베르크 법이 모습을 갖춰가던 시대인 1930년대 초 시점에 나치 법률가들에게 상당한 영감과 예시를 제공했다"(Whitman, 2018: 24-25).

말이다(Cymes, 2015, "15장. 페이퍼클립 작전". 205-216 참조; 일본에서도 이와 유사한 행동을 미국은 했었다). 히틀러의 부역자인 헌법학자 카를 슈미트(Carl Schmitt, 개인적으로 대학 때의 헌법학 시간에 그의 이름에 대해 들었던 기억은 있다)와 철학자인 마르틴 하이데거(Martin Heidegger)는 전후(戰後)에도 나치의 부역에 대해서 반성도 없었을 뿐만 아니라 그와 관련된 아무런 제제도 받지 않았다는 점이다. 비난보다도 루이 알튀세르와 미셸 푸코 같은 이들에 의해서 하이데거의 광채[影響力]가 지속하였다는 것과 한나 아렌트는 같은 유대인이며 나치의 피해자인 아도르노[50]에게 적대적으로 반대하면서도 하이데거를 옹호하였다는 사실 등에 대해 말이다(Sherratt, 2014).[51] 우리에게 잘 알려진 실존주의 철학자 하이데거에 대한 평가는 박찬국 교수의 저서인 『하이데거와 나치즘』(2001)을 읽으면 더욱 더 복잡해졌다. 나치에 대해서 비판적이라는 하이데거의 평가서로 인해 교수가 될 수 없었던 막스 뮐러(Max Müller)의 경우도 마르틴 하이데거에 대한 존경과 찬탄(讚嘆)이 컸었기 때문이다(박찬국, 2001: 16. 하이데거에 대한 평가는 "0. 서론". 15-54 참조).[52]

히틀러가 총리가 될 수 있었던 데에는 프란츠 폰 파펜(Franz von Papen)이 자신이 증오한 개인적 경쟁자였던 쿠르트 폰 슐라이허(K. von Schleicher) 장군에 대한 개인적 복수가 작용했다는 점(Wistrich, 2011: 83)이라든가, 독일 고백교회(Bekennende Kirche, BK)의 정신적 지주였던 마르틴 니묄러(Martin Niemöller) 목사의 경우도 처음에는 "다른 많은 독일 프로테스탄트들과 마찬가지로 원래는 히틀러의 권력 장악을 민족 부흥의 시작이라 보고 이를 환영했었다"라는 사실에 대해서(Wistrich, 2011: 196), 그런가 하면 제바스티안 하프너(Sebastian Haffner)의 부인하기 어려운 다음과 같은 진술이 있었기 때문이다.

> 오늘날의 세계는 우리 마음에 들든 안 들든 분명히 히틀러의 작품이다. 히틀러가 없었다면, 독일과 유럽의 분할이 없었을 것이다. 히틀러가 없었다면 미국과 소련이 베를린에 주둔하지 않았을 것이다. 히틀러가 없었다면 이스라엘이 없었을 것이고, 히틀러가 없었다면 식민지 해방도 없었을 것이다. 적어도 그토록 빠른 해방은 아니었을 것이고, 또한 아시아·아랍·아프리카의 해방과 유럽의 추락도 없었을 것이다. 더 정확히 말하면 히틀러의 실수가 없었다면 그런 일들은 일어나지 않았을 것이다. 분명 그 자신이 전혀 원하지 않은 바였으니까(Haffner, 2014: 166-167).[53]

세상사(世上事, 또는 世上史)는 이처럼 우리들의 생각보다 매우 복잡하게 돌아가고 있는 것으로 보인다.[54] 기독교를 비판하는 신무신론자들과 안티기독교는 이처럼 복잡하게 돌아가는 세상사를 무시하는 경향이 홀로코스트 등과 관련된 기독교 흑역사에 대한 평가에 존재하는 것 같다. 이는 극단적 환원주의자들에게서 볼 수 있는 태도와 유사한 것 같다. 특히 기독교를 비판할 때에는 더욱 더 극단적인 환원주의적 태도를 보이는 것 같다.

신(New)무신론자들과 기독교안티들은 기독교의 흑역사를 적극적으로 들추어서 기독교를 맹비난한다. 이는 9·11 테러와 더불어 세계 곳곳에서 일어나고 있는 분쟁의 원인이 종교와 관련되어 있다고 생각하기 때문인 것 같기도 하다. 왜 이들 비판자들은 홀로코스트의 원인을 극단적으로 기독교에서만 찾고 있는 것일까? 크게는 두 가지 흐름에서 찾아볼 수 있을 것 같다는 생각이 든다. 첫 번째는 바로 유럽의 반유대주의(antisemitism)[55] 정서의 기원이 기독교라고 생각하고 있으며 기독교에서 시작된 반유대주의적 정서로 인해서 홀로코스트와 같은 대학살이 발생했다고 생각하고 있는 것 같다.[56] 그리고 두 번째의 이유로는 그리스도인들이 홀로코스트에 직·간접적으로 봉사했다고 생각한다는 점이다. 그래서 그들은 홀로코스트를 이야기할 때에 아돌프 히틀러가 그리스도인이냐 아니냐(이는 채식주의자들과 육식주의자들이 히틀러를 두고 그가 채식주의자인지 아닌지를 놓고 쟁론[爭論]하는 것과 매우 유사하다. 반려견과 개고기 문제에서도 볼 수 있다)에 대해서 논(論)하는가 하면, 당시 독일 나치에 부역했던 신학자들과 교회 관련자들의 친(親)나치적 주장과 행위 등을 열거(列擧)하는 데에 열심을 내는 것 같다. 본 연구자의 관점에서 볼 때 반유대주의는 독일뿐만 아니라 당시 유럽 전역에서 그 정도의 차이가 있을지 모르지만 매우 광범위하게 만연(蔓延)해 있었다는 점이다(송충기, 2014: 30 참조). 이는 나치의 부역자[유럽의 다른 국가나 개인]들의 신분에서 확인할 수 있다. 반유대주의는 당시 일어났던 민족주의(國粹主義化된)의 어두운 면이며 사회진화론과 우생학 등의 영향을 직간접적으로 더 많이 받았다는 점이다.

그렇다면 왜 유럽의 다른 곳도 아닌 독일에서 이러한 일이 발생하였는가 하는 점이다. 제바스티안 하프너(Sebastian Haffner)의 지적처럼 당시 바이마르 공화국(Weimarer Republik) 시절의 베를린에서 유대인은 두 번째 귀족층을 이루었다고 말할 정도로 독일이라는 국가에 유대인들이 잘 동화(同化)되어 살아가고 있었는데도 말이다.

> 유럽에서 대략 19세기 중반에 이루어진 유대인의 해방 이후 유대인들은 많은 나라에서 일부는 재능으로, 일부는 널리 인정되고 있듯이 결속을 통해서 많은 영역에서 매우 눈에 띄게 주도적인 지위를 차지했다. 특히 문화 영역에서 그랬지만, 의학, 변호사직, 언론, 산업, 재정, 학문, 정치 등의 분야에서도 마찬가지였다. 그들은 지상의 소금까지는 아니더라도 많은 나라에서 수프의 소금임을 입증했다. 그들은 일종의 엘리트 계층을 이루었는데 바이마르 공화국에서, 적어도 바이마르 공화국 시절의 베를린에서는 심지어 일종의 두 번째 귀족층을 이루었다(Haffner, 2014: 156).[57]

당시 독일에서의 유대인 위치와 관련해서 최호근 교수도 "왜 유대인들은 이처럼 상황이 악화하기 전에 나치 독일에서 빠져나오지 않았을까?"라는 질문에 대해서 "무엇보다도 독일에 살던 대다수의 유대인이 문화적 정서적 측면에서 이미 독일 사회에 깊이 동화되어 있었던 데서 찾을 수 있다"라고 지적한다. "설마? 하는 식의 인간에 대한 소박한 믿음이 유대인들을 절멸의 구렁텅이로 내몰았다"라는 지적이다(최호근, 2006: 251).[58] 이는 독일에서의 반유대적인 정서를 부정하는 것은 아니지만 홀로코스트의 발생 원인이 반유대적인 정서보다 독일이라는 나라의 당시 여러 다른 환경적 요인들이 복합적(複合的)으로 작용한 것으로 보는 것이 더 합리적이지 않겠는가 하는 조심스러운 생각을 개인적으로 해보게 되는 부분이기도 하다. 또 히틀러가 단지 종교적 이유로 그러한 끔찍한 일을 행했겠는가 하는 의문이 강하게 든다는 점이다. 다시 말해서 당시 히틀러의 여러 가치관 중에서 종교[基督敎 世界觀]가 니콜라스 월터스토프(Nicholas

Wolterstorff)가 자신의 책에서 지적하였던 것처럼, 한 개인의 '지배신념'(支配信念, Control Belief)으로 실질적으로 작동[實質的 作動]했느냐 하는 점이다. 신학자들과 교회 관련자들의 부역행위(附逆行爲)의 경우에 있어서도[이러한 과거 부역행위에 대해 부정해서는 절대로 안 될 것이다], 그렇다면 이들만이 나치에 부역행위를 행했겠느냐 하는 점이다[이에 대해서 이러한 주장을 하는 것은 매우 부끄러운 일인 것은 확실하지만, 염치불문하고 어쩔 수 없이 물(質問)을 수밖에 없게 된다. 이러한 현실이 기독교가 당면한 처지인 것에 대해서 부끄러울 뿐이다. 그러한 이유로 이 또한 '참 거시기한 변명'일 수밖에 없다]. 예루살렘에 있는 국립 야드 바셈(Yad Vashem) 기념관의 "열방의 의인"(The Righteous among the Nations)의 반열에 오른 사람[59]들 중에 가해자의 나라였던 독일인(2003년 기준 376명, 대표적인 것이 영화 '쉰들러 리스트'로 유명해진 오스카 쉰들러[Oscar Schindler]다)이 있는 것(최호근, 2006: 217)처럼 홀로코스트에 강하게 반대[抵抗]한 신학자들과 교회 관련자[목소리]들이 그 당시에도 여전히 일부가 존재하였다는 점이다. 그리고 일부 신학자들의 부역행위가 있었던 것만 아니라 다양한 분야의 전문가들도 직간접적으로 나치를 위해서 부역행위를 했다는 것이다. (심지어 어떤 학자들은 독일인 전체를 언급하기도 한다) 그렇기 때문에 반유대주의적 정서와 히틀러의 기독교적 발언[政治的 修辭], 그리고 일부 신학자들과 교회 관련자들의 부역행위[反猶太的 主張과 實踐]만으로는 '홀로코스트=기독교 책임'이라는 기독교안티들의 주장은 상당한 무리수가 따르는 주장이라는 것이 개인적인 견해다.[60] 본 연구자의 무지에서 온 것인지 모르지만(만약 개인적인 무지에서 왔다면 너그럽게 용서해 주시길 바란다), 구약시대에도 즉 신약 시대의 반유대주의[基督敎的 反猶太主義]가 있기 이전부터 유대인들의 자기 고립화(自己孤立化, 民族的 排他主義)에 의한 반유대주의[異敎的 反猶太主義]가 존재하고 있었다는 사실이다(Küng, 2015: 224-229, "유대인의 자기 고립화와 기독교 이전의 반유대주의" 참조)[61]. 만약에 반유대주의가 성경의 가르침에서 왔다고 하는 극단인 환원주의적 주장은 홀로코스트가 자기 제노사이드(Auto-genocide)가 될 수도 있다는 점에 대해서도 생각해보아야 한다는 것이다. 왜냐하면 잘못된 성경해석이나 적용이 반유대주의의 기저에 있다는 것을 인정하지 않고 성경의 가르침[正經] 자체에 반유대주의적 기원이 있다고 할 경우, 그리고 그것을 근거로 성경[字句]을 인용할 경우, 당시 성경 저자들이 대부분 유대인이기 때문에 유대인에 의한 유대인 학살[逼迫]이라는 극단적 도식도 얼마든지 가능할 수 있기 때문이다.

이미 앞에서 지적[認定]해 왔지만 역사적으로 비참했던 홀로코스트의 원인에는 기독교의 책임이 많이[매우 比重있게] 포함되어 있다는 것만은 사실이다(이는 한스 큉의 지적처럼 기독교적 반유대주의[antijudaism]가 인종적 반유대주의[antisemitism]로 어느 정도 작용한 것은 엄밀한 사실이기 때문이다; Miyata, 2013: 247 참조[62]). 그러한 이유로 인해 현실에서 기독교가 홀로코스트로부터 자유롭지 못한 것도 사실이다. 여기서 주의해야 할 것은 기독교가 홀로코스트에 대해서 책임이 있다고 해서 그것만으로 기독교가 홀로코스트의 원인에 대한 대[全·All]가 아니라는 점이다. 최호근 교수의 지적을 변형하자면, "반유대주의: 학살의 또 다른 원인"인 것만은 사실이다(최호근, 2006: 68-71 참조). 그렇다고 해서 '기독교=홀로코스트 원인'이라는 극단적 도식의 독박을 기독교에 씌워서는 아니 될 것이다. 반유대주의의 시발점이 잘못된 성경해석과 관련성이 있지만 당시 유럽 각국[各地]에서 팽배한 반유대주의적 정서가 단순히 기독교에 근거한 것만은 절대적으로 아니라는 것이다(Haffner, 2014; 155-157.; Sherratt, 2014: "제2장, 독이 든 성배" 참조.; 최호근, 2006; 51-58 참조). 그런가 하면 홀로코스트 전문학자인 일본의 미야타 미쓰오(宮田光雄, Miyata Mitsuo)의 지적처럼 "신약성서의 '반유대교적' 언급을 즉각적인 규범으로 삼을 수 없[기]" 때문이기도 하다(Miyata, 2013: 59). 이러한 이유 등으로 인해서 본고에서는 홀로코스트의 발생 원인(發生原因)과 가해자(加害者)들에 대해서 재고(再考)해 보려고 하는 것에 본 연구의 목적이 있다. 좀 거시기한 변명임에도 불구하고 염치(廉恥)불구하고 나름의 변명을 해보려고 한다. '참 거시기한 변명'처럼 들릴 수도 있겠지만 말이다.

본고에서는 홀로코스트의 여러 원인에 대해서 다룰 것이다. 결론적으로 말해서 먼저 홀로코스트는 기독교에서 기인한 반유대주의(Anti-Judaism)와는 다소 거리가 멀다는 점에 대해서 지적할 것이다. 홀로코스트가 있기 전 독일의 반유대주의나 당시 유럽의 반유대주의는 잘못된 성경해석에서 기인한 반유대주의와는 관계가 멀다는 것이다. 홀로코스트 전의 반유대주의는 Anti-Judaism이라고 볼 때 반종교[반유대교]적인 면이 강한 반면, 홀로코스트의 반유대주의는 Anti-Semitism으로 인종주의에 더 가깝다. 다시 말해, 홀로코스트는 반유대주의에 기인한 것은 사실이나, 기독교의 잘못된 성경해석에서 발생한 반유대주의와는 상당한 거리가 있다는 점을 지적할 것이다. 비록 홀로코스트의 주역인 이들에게서 반유대주의적 구호(口號)와 온갖 신앙적[宗教的] 수사를 발견한다고 하더라도 말이다. 기독교적 반유대주의가 있기 전에 이교도적(異教徒的) 반유대주의가 존재했었고, 홀로코스트는 기독교적 반유대주의보다는 인종적[anti-Sem, 反셈族] 반유대주의에 더 가깝다는 점이다. 그리고 구조주의적 관점에서 볼 수 있는 것처럼 당시 유럽과 독일의 구조적 상황이 홀로코스트의 발생 원인으로도 작동했다는 점에 대해서도 기술할 것이다. 당시 독일의 상황이 독재자[強力한 政治指導者]를 갈망했다는 점과 그와 더불어 희생양을 요구했다는 점이다. 당시 독일에서의 유대인은 '불신(不信)'의 유대인이었으며, '삶의 경쟁자(競爭者)'로서의 유대인이었기 때문이다. 자본가들에게는 유대인이 볼셰비키였으며 그들의 자본을 노리는 반자본주의자들로 비쳤다는 점이다. 이는 독일 밖 유럽의 여러 나라에서도 광범위하게 나타나는 공통적인 현상이기도 했었다는 점이다[構造主義的 觀點]. 더 나아가 의도주의 관점에서 히틀러의 머릿속[가치와 세계관]을 통해서 홀로코스트를 발생하게 할 수밖에 없었다는 지적을 할 것이다. 한마디로 홀로코스트의 원인은 독일이라는 나라에서 '구조주의와 의도주의의 생각지 못한 만남[遭遇]'[3])이었던 것이다. 히틀러의 생각[猶太人 滅絶에 對한 構想-意圖主義]을 현실적으로 실천할 수 있는 당시 사회 환경[獨逸의 社會構造-構造主義]이 홀로코스트를 현실로

---

3) "의도주의자는 홀로코스트를 히틀러 등의 나치 지도자들이 이미 사전에 의도한 사건으로 보는 반면, 구조주의자들은 그것이 나치 체제나 제2차 세계대전이라는 배경 아래에서 구조적으로 형성된 것이라는 점을 강조하고 있다"(송충기, in Wistrich, 2011: 365, 송충기, "옮긴이의 말". 363-365 참조).

옮길 수 있게 했다는 점이다.

'홀로코스트의 가해자'에 대해서는 실질적으로 유대인 멸절(滅絶)의 수족(手足) 역할을 담당했던 당시 각 분야의 부역자들로 지목되고 있는 이들에 대해서 대략 살펴볼 것이다. 본 연구자는 신학자들과 교회 관련자들을 포함하는 이유는 앞에서 언급했던 것처럼 비록 "참으로 거시기한 변명"처럼 보일지 모르지만, 신학자들과 교회 관련자들이 당시 부역자들의 한(一部) 무리에 속했다는 점에서 이들이 홀로코스트의 전체 부역자들을 대표할 수는 없다는 점을 언급[指摘]하고자 함이다. 당시 신학자들과 교회 관계자들 중에는 분명히 도(道·度)가 넘치는 적극적인 협력자[附逆者]도 있었으며 방관자(傍觀者)도 있었던 것은 사실이다. 그렇지만 이와는 별개로 양심적이며 신앙적인 소수의 구조자(救助者)들도 여전히 존재하였다는 점이다. 그리고 무엇보다도 이들이 부역의 도구로 이용한 신학과 성경해석은 누구나 잘 알고 있는 것처럼 근본적으로 정통적인 성경해석에서 매우 벗어난 오류 있는 잘못된 성경해석과 잘못된 적용과 실천이었다는 점이다.

본 연구의 제한점(制限点)으로는 다음을 생각해 볼 수 있을 것 같다. 홀로코스트 자료는 너무나도 광대하다. 라울 힐베르크가 자신의 책 제3판 서문에서 썼듯이, "오늘날 도서관 하나를 채울 수 있을 만큼 많다"(Hilberg, 2008: 21). 본 연구는 많은 자료를 어떻게 정리[處理]해야 할지 모른 상태에서 최호근 교수의 책을 접하는 도중에 기본 골격을 찾았다는 점이다. 그러한 이유로 본문의 구조에 있어서는 최호근 교수의 저서인, 『서양 현대사의 블랙박스, 나치 대학살』에 약간의 '살을 붙이'[내용 끼어 넣기]는 형식으로 기술하려고 한다. 그렇기 때문에 많은 부분에서 잦은 인용(또는 재인용, 그것도 매우 긴 재인용)으로 인해서 최호근 교수의 저서 내용과 중복이 심할 수 있다는 점을 밝히고 싶다. 그렇지만 본 연구의 관점[내용에서 알 수 있듯이 基督教 觀點]에 있어서 다르기 때문에 본 연구 나름대로 독특한 점을 지닐 수 있다는 생각도 조심스럽게 해 본다[自己 正當化의 또 "하나의 참 거시기한 변명(辨明)"처럼 들릴 수 있을 것이다]. 참고로 본고에서는 번역자들의 번역한 단어들을 통일하지 않고 그대로 옮기기로 한다. 예로 Heinrich Himmler의 경우 번역자에 따라 힘러로 옮기는가 하면 히플러라고 옮기는 경우를 보게 되는데, 통일하지 않고 번역자가 사용한 그대로 옮길 것이다. 유대인도 유다인, 유태인으로 통일하지 않고 그대로 옮긴다.

본 연구에서 반유대주의에 대해서 개략적으로 구분하고 넘어갈 필요가 있다는 생각이 든다. 학문적으로 맞는 것인지 모르겠지만, 한스 큉(Hans (Küng, 2015)의 저서를 읽으면서 다양한 반유대주의를 만날 수 있었기 때문이다. 먼저 '이교적 반유대주의'로 이는 구약시대(출애굽기)에서 볼 수 있는 것으로 유대인의 자기 고립화(민족적 배타주의, 혹은 '특정주의', ghettoization)로 인해 발생한 기독교[新約] 이전의 반유대주의를 말한다(Küng, 2015: 224ff; 안진태, 2010: 310 참조).[63] 또 다른 것으로는 '기독교적 반유대주의'가 있다. 이는 오늘날 신무신론자들과 안티기독교인들에 의해서 비난받고 있는 반유대주의로 잘못된 성경해석과 이해와 적용으로 인해 발생한 반유대주의다. 그리고 마지막으로는 '인종적 반유대주의'로 기독교와는 거리가 먼(그러나 그 영향력은 전적으로 부인할 수 없는) 반유대주의로 잘못된 성경의 가르침보다는 인종학이나 사회진화론, 우생학 등의 영향을 받아 발생한 반유대주의다. 아돌프 히틀러에 의해서 저질러진 홀로코스트는 '인종적 반유대주의'에 상대적으로 가깝다("종교란 상관없다. 썩은 것은 인종이다". Hilberg, 2008: 118 참조). 앞의 두 개의 반유대주의는 Anti-Judaism[이 단어는 유대교 Judaism이라는 단어에 강조점이 있다]에 가깝다고 한다면, 마지막 '인종적 반유대주의'는 Anti-semitism(이 단어에서 볼 수 있는 Sem 族에 대한 저항으로 인종주의적 의미가 강하게 내포되어 있는 것을 볼 수 있다)에 가깝다고 할 수 있을 것이다. 물론 홀로코스트에 대해서 반셈족주의(Antisemitism)라고 쓰는 것에 대해 고인이 된 바우만(Zygmunt Bauman)은 이의를 제기할지도 모르지만 말이다(Bauman, 2013: 77 참조).

II. 홀로코스트의 여러 원인과 가해자들

1. 홀로코스트의 여러 원인(諸 原因)

대부분의 연구자들은 홀로코스트의 원인으로 반유대주의를 지적하고 있다(Bauman, 2013: 73)[64] 최호근 교수는 자신의 책『서양 현대사의 블랙박스, 나치 대학살』의 제1장에서 학살의 원인에 대해서 다루고 있다. '반유대주의', '근대화 정책', '소련 침공'에 대해 언급하고 있다(최호근, 2006: 1장. 참조). 그보다 전(前)에 쓴 책, 『제노사이드: 학살과 은폐의 역사』의 유대인 학살 배경과 동기(최호근, 2005: 145-148)에서는 독일인이 가지고 있는 집단적 반감과 전쟁, 그리고 당시 나치 안의 '아돌프 히틀러(Adolf Hitler)-하인리히 힘러(Heinrich Himmler, 히믈러)-라인하르트 하이드리히(Reinhard Heydrich)-아돌프 아이히만(Adolf Eichmann)'으로 이어지는 '확고한 명령계통'에 대해서도 이야기한다. 제바스티안 하프너는 히틀러의 '생애'와 '성과'를 통해 당시 히틀러가 정권을 잡을 수밖에 없었던 독일의 사회적 환경에 대한 정보를 제공하기도 한다(Haffner, 2014). 안인희는 『게르만 신화, 바그너, 히틀러』에서 시대적 배경으로 '영웅에 대한 기대'와 '사회적 진화론과 인종주의'에 대해서 지적한다(안인희, 2004: 289-302). 더 나아가서 안인희는 히틀러의 세계관을 이해하기 위해서는 독일의 음악가인 리하르트 바그너(Richard Wagner)에 대한 이해가 필요함을 지적한다. 형성기의 바그너에 대한 히틀러의 체험이 바로 히틀러의 세계관으로 통하는 문(門)이라는 지적이다(안인희, 2004: 303-314 참조; 안진태, 2010: 415. 토마스 만 Thomas Mann 참조[65]). 셰라트(Yvonne Sherratt)는 히틀러의 머릿속에 무엇이 들어있는지에 대해서 알 필요가 있음을 지적한다. 히틀러가 읽었다는 책(비록 히틀러가 실제로 읽었든 안 읽었든, 또한 그가 이해했든 또는 잘못 이해[歪曲]했든 간에 히틀러가 책을 통해 접한 사상가들)을 통해서 히틀러가 어떤 영향을 받았는지에 대해서 생각할 수 있는 정보를 제공해 주기도 한다(Sherratt, 2004: "제1장. 히틀러: 천재의 바텐터". 24-66 참조).

본 연구자는 홀로코스트의 원인에 대해서 (a) 반유대주의 (b) 당시 독일과 유럽의 상황[構造主義的 觀點], 그리고 (c) 히틀러의 머릿속[세계관]을 중심(意圖主義的 觀點)으로 비록 제한적이지만 이에 대해서 기술하고자 한다.

1) 반유대주의

반유대주의적 근거를 성경[本文]에서 찾는 이들이 있다. 대표적으로 자유주의 신학자인 마커스 보그(Marcus Borg)다. 보그는 반유대주의의 근거를 「마태복음」(27장 25절)에서 다음과 같이 찾고 있다.

> "로마의 책임이 희미해지고 유대인들의 책임이 강조되는 것을 우리는 특히 마태복음에서 찾아볼 수 있다. 복음서 가운데 오직 마태복음에만 나오는 것이 빌라도의 아내가 꾼 꿈 이야기이다. 그 꿈은 예수가 '옳은 사람'(마27:19)임을 보여주었다. 또 빌라도가 '이 사람의 피에 대하여' 자신의 손을 씻은 일(마27:24), 모든 사람들이 '그 피를 우리와 우리 자손에게 돌릴지어다'(마27:25)하고 외친 일도 그런 예이다. 비극적인 것은 초대교인들이 로마 제국 내에 있는 선동적인 불순단체라는 혐의를 벗기기 위한 마태의 노력이 부지불식간에 그 대답을 받아들이지는 않는다 해도, 서양사 전반을 통해서 기독교인들에 의해 유대인 박해를 정당화하는 '증거 본문'으로 사용되는 결과를 낳게 되었다는 사실이다. 유대인들이 그들을 도우려는 일념밖에 없었던 한 유대인의 이름으로 계속된 박해를 받아야 했다는 사실은 여가의 커다란 아이러니 가운데 하나이다. 맹목성은 예수의 적대자들만의 전유물이 아니었던 것이다."(Borg, 2000: 244, 9장 30번 각주).

쉬몬 깁슨(Shimon Gibson)도 이와 비슷한 견해를 지니고 있다. "예수의 재판에서 유대인이 부정적으로 그려진 까닭에(마27:22-25) 중세에 반유대주의가 확산하는 재앙이 일어났고, 결국 종교재판과

제정 러시아의 유대인 대학살, 홀로코스트까지 이어졌다고 할 수 있다."(Gibson, 2010: 99). 이에 반(反)해, 일본의 홀로코스트 전문가인 미야타 미쓰오(Miyata Mitsuo, 宮田光雄)는 앞서 지적했던 것처럼 "오늘날 기독교와 유대교의 관계를 신학적으로 규정하는 데 신약성서의 '반유대교적' 언급을 즉각적인 규범으로 삼을 수 없다는 것은 확실"하다고 언급한다(Miyata, 2013: 59). 미야타는 성경 본문과 유대인 학살(Holocaust)과의 직접적인 연관성에 대해서 부정적으로 언급하고 있는 것을 볼 수 있다.4)

"국제 가톨릭 및 유대인 역사 문제 공동 위원회"의 위촉으로, 교황 피우스 12세(Pius XII)의 전시 행적을 2년간 조사한 6명의 학자 중 한 사람이었던 로버트 S. 위스트리치(Robert S. Wistrich)는 자신의 책에 다음과 같은 내용을 기술하고 있는 것을 볼 수 있다. 위스트리치의 언급은 일반적으로 기독교가 반유대주의와 관련 있다는 점에 대해서 여러 학자들에 의해서 자주 인용되고 지적되는 내용이다. 본 연구자는 위스트리치의 다음의 언급한 내용을 분리(分離)해서 이해할 필요가 있다는 점을 지적하고 싶다. 먼저 "신약성서에서 '유대인'을 '네 아비인 악마'의 자식으로 일컫거나 '사탄의 유대교 회당'이라고 언급한 사례가 많다. 소위 부정한 이득을 얻고자 예수를 배반했다는 제자 유다가 유대 민족과 동의어로 등장했다든지, 혹은 그의 이름이 배신과 비겁함을 상징하는 일반명사가 되었던 것은 우연이 아니다"(Wistrich, 2011: 33)라는 위스트리치의 언급은

---

4) "고대의 사도신경은 예수의 처형에서 로마의 일차적 책임을 강조하는('본디오 빌라도 치하에서 고난을 당하시고') 그 이전의 전승으로 회귀하고 있는데, 이는 예수의 죽음에 관해 유일하게 남아있는 속세의 자료, 타키투스의 『연보』(15.44)와 일치한다."(Wills, 2005: 41).

반유대적인 표현이기보다는 단순한 수사적 표현(修辭的表現)으로 이해하는 것이 더 바람직하다는 것이 개인적인 견해다. 왜냐하면 사랑하는 자신의 제자인 베드로에게도 예수님은 "사탄아 내 뒤로 물러가라."(마16: 23)라고 하셨는데, 이는 베드로가 사탄을 의미하는 것이 아니라는 것이 확실하기 때문이다. 이는 하나님의 말씀, 하나님의 뜻에서 멀어짐을 의미하는 것을 표현하는 하나의 표현(表現) 방법으로 이해할 필요가 있기 때문이다. 계속해서 기술하고 있는 뒷부분에 나오는 "4세기 이후 출현한 교부들의 저서에 보면, 유대인들은 '예언자의 살해범', '하느님을 모함하고 경멸한 자들', '신앙의 적대자', '악마의 수호자'로 끊임없이 악마와 관계되어 묘사되었다. 유대인들에게 따라다닌 별칭은 독사, 모사꾼, 웃음병자, '바리새인의 누룩' 등이었으며, 이들은 물질적이고 음탕하며 방탕하고 돈만 알고 부패한 성격의 소유자로 규정되었다. 이들은 소위 오로지 섹스, 돈, 그리고 권력, 곧 기독교가 경멸하라고 공언한 바로 그 '세속적인' 것들만 뒤쫓아 다닌다는 것이었다.[Maccoby, 1982: 121-133] 나라마다 또 상황에 따라 정의의 차이는 있지만, 이러한 비난은 거의 모든 기독교 국가에서 수 세기에 걸쳐 유포되었다. 이 악랄한 저주의 주된 효과는 기독교 탄생의 모체인 유대교를 헐뜯고, 비난하고, 그 정통성을 부인하는 데 있었다[Trachtenberg, 1943: 11-56; Wistrich, 1992: 13-42]"(Wistrich, 2011: 3)는 구절에 대해서는 역사적으로 이러한 기독교의 반유대주의적인 모습들이 교회 공동체[基督教] 안에서 발생한 것은 위스트리치의 지적처럼 부인할 수 없는 역사적인 사실이라는 점이다. 또 이러한 표현들이 반유대주의를 사회적으로 조장하는 데 사용[利用]되었다는 점에 대해서도 어느 정도 사실인 것에 대해서는 결코 부인할 수 없는 부분이기도 하다. 그러나 기독교적 반유대주의는 성경 '그 자체'에서 나온 것이 아니라는 점이다. 성경의 가르침에 대한 이해의 부족으로 인한 '잘못된 성경해석[誤理解・誤適用・誤實踐]'에서 나온 것이라는 점을 더 염두에 두었으면 하는 것이 개인적인 바람임을 밝힌다. 다시 말하지만 "성경 '그 자체(per se)'"로는 절대적으로 반유대주의적이지 않다는 점이다. 단지 성경을 해석하는 이들의 자의적이고 잘못된 해석과 적용과 이해가 반유대주의를 조장한 것이다.5) 본 연구자의 이러한 주장에 대해서 식상하게 들릴 수가 있을 것이다. "'기독교의 잘못=홀로코스트=기독교의 자체[本質]의 문제'보다 '잘못된 성경해석에 기인(起因)한 잘못=홀로코스트=기독교와 무관'"함이라는 참으로 거시기한 변명을 하는 것처럼 외부에서는 느낄 수 있을 것이다. 그렇지만 이 점에 대해서 너그러운 마음을 가지고 재고해 보았으면 한다.

만약 반유대주의가 성경에서 온 것이라고 가정(假定)하게 된다면, 즉 앞의 머커스 보그(Marcus Borg)나 쉬몬 깁슨(Shimon Gibson) 등의 연구자들이 주장하는 것처럼 성경 자체[正經]를 반유대주의를 발생하게 한 직접적인 원인으로 지적하게 되면 어떤 결과가 나타날 수 있을까? 보그에 의해 반유대주의의 근거로 지적되고 있는「마태복음」의 저자는 유대인인 마태(Ματθαιος, Matthew)다. 그렇게 되면 유대인이 반유대주의의 근거를 제공하였다는 것[解釋]도 될 수 있다.

---

5) "이 지역[보스니아 지역]의 이슬람교들은 남슬라브인들의 민족 신화와 시가 속에서 오랫동안 '예수를 죽인 자들'과 '인종적인 배신자들'로 묘사되어 왔다"(최호근, 2005: 228).

그리고 그것으로 인해 홀로코스트가 발생했다는 것은 극단적으로 설명[主張]하면 '동족에 대한 제노사이드'(auto-genocide, [최호근, 2005: 291 참조])로의 해석도 가능할 수 있다는 것이다. 그렇기 때문에 기독교적 반유대주의 기원은 성경 본문에서 찾을 것이 아니라 성경의 잘못된 해석과 이해 그리고 그 잘못된 적용에서 찾아야만 하는 것이다. 다시 말해서 성경 자체는 반유대주의와는 거리가 멀 뿐이며 단지 잘못된 성경해석과 적용으로 인해서 반유대주의가 발생했다고 볼 수 있기 때문이다.[66] 단순한 사고실험을 한 번 해보자. 우리나라 기독교인들의 경우를 잠시 생각해보라. 「마태복음」을 읽으면서 반유대주의적 정서를 느끼는 사람은 얼마나 될까? 우리나라의 그리스도인들은 성경을 읽으면서 친유대적인[親이스라엘] 정서를 느끼는 경우가 더 많을 것이다. 외세의 침략에 대한 같은 경험 등으로 [예수님의 죽음에 관여한 유대인들에 대해서 아마도 '친일파'나 '매국노' 정도로 생각할지도모른다]. 물론 이에 대한 근거에 대해서는 본고의 내용과 많이 벗어나고 있기에 이에 대해서는 논외로 하겠지만 우리나라 그리스도인들이 상대적으로 친유대적[친이스라엘]이라는 것만은 확실할 것이다. [태극기 부대로 명명되는 단체를 보라, 그들은 태극기에 성조기, 그리고 다윗의 별<Star of David, magen David, the Shield of David>이 그려진 이스라엘 기(旗)를 가지고 시위에 참여하고 있지 않던가?] 분명 이러한 현상은 우리나라 사람들의 성경에 대한 이해 능력이 떨어지기 때문에 이러한 결과가 발생한 것은 결코 아닐 것이다. 성경 본문의 내용 그 자체로는 반유대적인 정서를 확인하기가 어렵기 때문에 이러한 반응이 나오게 된 것일 거다.

다음의 내용은 엘보겐과 슈텔링(Elbogen und Sterling)이 함께 쓴 책에 나온 내용이다.

> "유대인에게 따뜻한 온정을 베풀면 하느님의 진노가 더욱 커지고, 혹독하게 대해도 그것을 진정시키지는 못한다. 따라서 유대인을 완전히 없애야 한다."(루터)
> …
> "순진하고 소박한 독일 농부들과 수공업자들을 위험에 빠뜨릴 자유 기업가의 장사꾼 기질은 '팔레스타인 사람들'과 영국의 속 좁은 인간들의 특별한 발명품이다."(칸트)
> …
> "그런데도 유대인들을 도울 수 있는 방법은 과연 무엇인가? 차라리 유대인의 머리를 베어버리라고 그 속에서 유대적인 것을 철저히 씻어내 버린 다음, 다시 머리를 끼워 넣는 것 말고는 더 좋은 방법이란 없다"(피히테)
> …
> "20세기 유대인 문제는 세계 문제가 될 것이며, 그 문제는 다른 민족들과의 협력을 통해, 그리고 궁극적으로는 완전한 격리를 통해, 그것이 정당방위에 필요한 것이라면 마침내 유대 민족의 말살을 통해 해결될 것이다."(1899년 독일 사회개혁당 당 대회에서 결의한 기본원칙)
> …
> 홀로코스트
> …
> 그리고 아직 끝나지 않은 역사(Elbogen und Sterling, 2007: 8).[67]

앞에서 전술하였던 것처럼, 홀로코스트의 원인인 반유대주의를 언급함에 있어서 지목해야 할 부분은 반유대주의는 성경에서 가르치는 것이 아니라 성경을 해석하는 이들의 잘못된 성경해석에서 기인하였다는 점과 더불어 홀로코스트는 당시 독일의 민족주의(國粹主義) 등과 같은 다른 외부적인 사회 환경(人種主義·優生學·社會進化論 等)에 의해서 형성되었다는 점을 어느 정도 확인할 수 있다는 점이다. [반유대주의는 "성경 '그 자체'"로는 導出할 수 없다] 엘보겐과 슈텔링은 자신들의 책, 『로마 제국에서 20세기 홀로코스트까지 독일 유대인의 역사』에서 유대인의 박해에 대해서 다룬다. 이스마르 엘보겐(Ismar Elbogen)의 경우 연구자들에 의해서 마치 오늘날 반유대주의의 전도사로 취급되고 있는 종교개혁자 마르틴 루터(Martin Luther)에 대해서 다루고 있다. 처음에는 유대인에 대해서 호의적이었던 마르틴 루터가 훗날에 가서 어떻게 유대인들에게 독설을 퍼붓게 되었는지에 대한 설명을 자세하게 가르쳐주고 있다. 개인적으로 비난받을 것을 각오하고 -또 다른 "참 거시기한 변명"을 하자면- 이는 성경에 대한 잘못된 해석[理解]보다는 잘못된 결과-루터가 유대인들에게 호의적으로 대했음에도 불구하고 루터 자신이 생각한 것과 전혀 다른 결과의 발생함에 대한 극단적[膺懲的] 반작용으로 이해하고 싶다-의 발생으로 인한 실망감과 증오가 함께 섞인 극단적인 루터의 개인적인 견해[心情]에 대한 진술로 볼 수 있다는 것이다. 루터는 의도하지 않는 결과['구약에 대한 강조가 삼위일체 교리 부정의 반작용으로 작동한 것']의 발생은 교리적 관점에서 루터에게 매우 심각한 문제를 가져왔을 것이다. 본 연구자는 당시 루터의 심정만은 이해할 수 있을 것 같다. 참고로 당시 루터의 심정을 개인적으로 이해할 수 있다고 해서 루터의 극단적 표현이 전적으로 맞는다는 것에 동의하는 것은 아니다. 한때 루터는 야고보서를 가리켜 '지푸라기 서신'(the Letter of straw)이라고 언급하지 않았던가? 그가 야고보서를 지푸라기 서신이라고 불렀던 것은 야고보서에 대한 계시성(啓示性)을 부인하는 것이 아니었기 때문이다. 그 당시 가톨릭이 강조한 이행득구(以行得救, 믿음으로 구원을 받는다는 교리를 부인한 행함을 통해 구원을 받는다는 교리)의 교리를 무마시키기 위한 강력한 언어적 진술에 불과했다는 것을 알기 때문이다.

"루터는 지난 수백 년 동안 유례를 찾아보기 힘들 정도의 강력한 어조로 유대인 증오를 비난했다.… 시간이 흐름에 따라 유대인에 대한 루터의 어조가 점점 더 과격해졌다. **이것은 특히 그 유일신론이 유대교 교리와 비슷했던 반삼위일체론자들과 같이 여러 새로운 종파들에 대한 루터의 분노와 관련되어 있었다.** 슐레지엔에서 1528년 곧 메시아가 오실 것이라고 기대한 일단의 세례론자들이 안식일을 지키기 시작했다. 루터는『안식일파의 선량한 친구들에 대한 경고』(1538년)에서 유대 율법을 신랄하게 비난했다. 그는 설교에서도 사람들이 유대인을 인정하지 말아야 한다고 강조했다. 『유대인과 그들의 거짓말』,『셈 함포라스』(1543년)에서 루터는 마침내 자신이 20년 전에 썼던 모든 내용을 완전히 부정했다."(Elbogen und Sterling, 2007: 111-113. 강조는 본 연구자)

마르틴 루터는 1543년『유대인과 그들의 거짓말에 대하여(Von den Juden und ihren Lügen)』[68]라는 글을 통해서 유대인들을 "'악독한 짐승, 독사와 마귀의 화신들 따위'로 지칭하고 유대인을 새끼 돼지와 함께 돼지 젖을 빠는 인간으로 묘사했다. 그가 한 충고 가운데는 유대인 교당을 불태우고, 그들의 집을 부수며, 기도서를 빼앗고, 유대인 율법학자인 랍비들이 가르치지 못하게 하며, 신분증을 압수하고 여행할 권리를 박탈하는 것이 포함되어 있다. 훗날 나치가 유대인 교당을 불태우면서 루터의 말을 내세웠던 것은 바로 이 때문이었다."라고 다수의 연구자들이 지적하는 것을 볼 수 있는(송충기, 2014: 36; 최호근, 2006: 53-54; Wistrich, 2013: 35-36; Küng, 2015: 272-277, "루터도 유대인을 적대했다"; Hilberg, 2008: 51-54 참조) 것처럼 루터의 유대인에 대한 잘못된 개인적인 진술이 차후에 나치의 유대인 핍박의 근거로 사용된 것도 사실이다. 그렇다고 유대인에 대한 분노를 드러내 보이는 루터의 글들이 성경의 가르침과 전적으로 부합한다고는 할 수 없다. 즉 루터의 유대인에 대한 잘못된 심정에 대한 진술은 성경의 가르침과는 거리가 먼 것이라는 것은 확실하기 때문이다.

역사적으로도 실질적으로 유대인의 박해의 원인은 개종[基督教 改宗]이 목적이었다기보다는 '돈'[猶太人 財産] 때문이었다는 것을 역사의 곳곳에서 발견할 수 있다[69] 개종·성경·신앙은 단지 그 자신들의 잘못된 행위[暴力的 行爲]에 대해서 정당화를 부여하는 단지 허울 좋은 언어적 수사에 불과할 뿐이었다. 과거 베네치아 상인들로 대표되는 이들이 교역에서 경쟁자인 유대인들을 배제하기 위한 의도가 포함되어 있는 경우에서 볼 수 있을 뿐만 아니라 (Elbogen und Sterling, 2007: 35), 십자군 원정 때의 '노잣돈'[예로 들자면, 1096년 라인란트 학살, Rhineland massacres] 문제에서도 볼 수 있었던 것처럼 유대인에 대한 박해는 종교보다는 돈[金錢]과 더 밀접하게 관련되어 있다는 것을 발견할 수 있다. 이는 중세 마녀사냥의 광풍에서 유대인들이 마녀[犧牲羊]로 지목된 이유에서도 돈[財産]과 관련되어 있다는 점은 어느 정도 확인된 부분이다[猶太人=魔女⇨財産 沒收].

> "『콘스탄츠 세계 연대기』는 사람들이 유대인을 박해하는 것은 그들이 갖고 있던 재산 때문이라고 언급했다. 슈트라스부르크 연대기 저자도 명료하게 이렇게 지적했다. '유대인이 갖고 있던 현금이 그들을 죽음으로 몰아넣은 독이었다.'"[70](Elbogen und Sterling, 2007: 77).

제바스티안 하프너(Sebastian Haffner)는 독일의 반유대주의를 '종교적 반유대주의', '사회적 반유대주의' 그리고 '새로운 유대주의'로 나누어서 다음과 같이 설명하는 것을 볼 수 있다.

> 반유대주의는 대부분의 경우에 종교적 특성이 있다. 가톨릭교회는 제2차 바티칸 공의회 이전까지는 공개적으로 유대인을 이교도로 여겨 맞서 싸웠다. 가장 널리 퍼져있는 이런 종교적 반유대주의의 목적은 유대인의 근절이 아니라 개종이었다. 그들이 그리스도교로 세례를 받으면 그것으로 끝이었다. 그 밖에 나라에 따라서 사회적 반유대주의가 있었다. 여기서 유대인들은 돈을 빌려주는 대부업자로서 미움을 받았다. (…) 유대인이 대부업자 노릇 말고 다른 일을 할 수 있게 되면 이런 종류의 반유대주의는 사라졌다. (…) 마지막으로 유대인 해방 이후에 생겨난 새로운 반유대주의가 있는데, 이것은 경쟁에 의한 반유대주의라 부를 수 있을 것이다. 유럽에서 대략 19세기 중반에 이루어진 유대인의 해방 이후 유대인들은 많은 나라에서 일부는 재능으로, 일부는 널리 인정되고 있듯이 결속을 통해서 많은 영역에서 매우 눈에 띄게 주도적인 지위를 차지했다. (…) 적어도 바이마르 공화국 시절의 베를린에서는 심지어 일종의 두 번째 귀족층을 이루었다. 이로써 그들은 자연스럽게 경탄만이 아니라 질투와 거부감도 불러일으켰다. 이런 이유에서 반유대주의자가 된 사람은 유대인에게 따끔하게 교훈을 주었다. 그들이 약간 겸손해지기를 원했던 것이다. (Haffner, 2014: 155-156).[71]

제바스티안 하프너가 언급하고 있는 '종교적 반유대주의'는 역사적으로 대부분 수사에 불과했다는 것을 알 수 있다. 왜냐하면 우리가 아는 바와 같이 역사적으로 유대인의 기독교 개종이 핍박으로부터의 완전한 자유함을 담보(擔保)하지 않았기 때문이다[개종=핍박 완전면제가 아님][72] 유대인들의 기독교로의 개종 여부와 관계없이 핍박이 항상 그들을 그림자처럼 따라다녔다는 것은 역사적으로도 잘 알려진 사실이기도 하다. 이 경우도 금전이 그 중심에 있는 경우가 많았다. 하프너는 '사회적 반유대주의'로 인해 유대인들이 대부업[高利貸金業, usury]에서 해방되었다고 말하고 있으나, 유대인들이 대부업에서 떠나 다른 다양한 직종에 진출함으로써 발생한 것이 바로 하프너가 말하고 있는 또 하나의 반유대주의인 '새로운 반유대주의'의 원인으로 당시 독일 사회에서 작용하였다는 점도 기억해야 할 것이다. '사회적 반유대주의'에 대한 해방을 위한 유대인들의 노력은 '새로운 반유대주의' 발생의 원인으로 훗날에 작용하였기 때문이다. 각계에서의 유대인들의 성공 신화는 실제로 당시 독일인들에게 많은 시기심을 불러일으켰다. 물론 이러한 유대인의 성공 신화에 대한 시기심은 유럽의 다른 나라에서도 마찬가지로 나타났다. 송충기 교수는 "근대 이후에도 반유대주의가 강력했던 이유는 무엇일까?"에서 다음과 같이 적고 있는 것을 볼 수 있다(송충기, 2014: 36-42).

> 여러 분야에서 드러난 유대인의 급격한 직업적 상승은 질투와 우려를 동시에 불러일으켰다. 이것은 곧 사회적 두려움으로 변해, 유대인이 세계를 정복할 음모를 꾸미고 있다는 등의 근거 없는 소문도 끊이질 않았다. 이러한 뜬소문은 반유대주의 감정을 더욱 부채질했고, 급기야 소문을 그럴듯한 사실처럼 믿게 하는 논리가 만들어지기도 했다. 아직 소수자로서 사회적 약자였고, 오랫동안 반유대주의적 편견 속에서 자라난 유대인들은 그 상황에 적극적으로 대처하기 어려웠다. 게다가 이러한 편견을 더욱 부채질한 것은 19세기에 발전한, 인종에 관한 갖가지 '과학적' 이론이었다. (…) 사람들은 우수한 인종이 늘어나면 사회발전은 자동으로 보장될 수 있다고 믿었다. 설상가상 이러한 인종학은 당시에 과학적 근거가 있는 것처럼 포장되었다. 이에 따라 유대인은 사회의 다른 인종과 다른 특성을 가진 사람들로 규정되기에 이르렀다. 유대인의 민족적 특성으로 탐욕과 부족한 애국심, 음흉한 측면이 부각하였다. 유럽 각국에서는 자국의 사회발전을 위해서는 열등한 민족인

유대인이 사라져야 한다는 과격한 주장이 등장했다(송충기, 2014: 38-39).

근대 이후로 가면 반유대주의의 원인으로 작동하는 것을 보면 오늘날 신무신론자들과 안티들이 주장하는 것과는 거리가 멀다는 것을 알 수 있다. 홀로코스트의 반유대주의에서는 기독교의 잘못된 성경해석과는 점차 거리가 멀어지고 있다는 점을 발견할 수 있다. 다시 말해 근대 이후의 반유대주의는 기독교와는 거리가 상대적으로 더 멀어지고 있다는 것을 느낄 수 있을 것이다. 19세기 유럽에 불어 닥친 민족주의[國粹主義], 유대인에 대한 유럽인의 시기심(個人的·集團的 猜忌心)과 더불어 과학을 빙자한 '인종주의'[優生學과 社會進化論으로 代辯되는], 소련의 공산주의화(볼셰비키 혁명을 통한) 대한 유럽 자본주의자들의 저항["볼셰비키 혁명 주동자=유대인=반자본주의"의 도식으로 인식] 등에 근거한 반유대주의적 정서가 팽배해 있었다는 것을 알 수 있기 때문이다.[73] 물론 잘못된 성경해석과 관계없는 반유대주의[오늘날 신무신론자들과 안티기독교인들이 제시하고 있는 기독교의 반유대주의와 거리가 먼, 인종적 반셈주의]도 과거 마르틴 루터 등이 말[과거의 과격한 반유대주의적 發言]한 신학적 수사[神學的修辭]를 풍부하게 사용하고 있기 때문에 이들의 반유대주의적 정서가 기독교의 잘못된 성경의 해석과 적용에서 온 것으로 간주하여 기독교에 근거한 반유대주의로 도매금(都賣金)으로 취급하려고 하는 경우가 여전히 존재하는데 이러한 근대 이후의 독일을 비롯한 서구의 반유대주의에 대한 원인으로 기독교를 도매금으로 취급하는 것은 매우 잘못된 것[認識]으로 이들 양자 간에는 상호 간의 구별하기가 필요하다는 점을 인지해야 할 것이다.

> "반유대주의는 결코 근대에 생겨난 현상이 아니었습니다. 그것은
> 유대인과 함께 오랫동안, 몇천 년에 걸쳐서 그들의 존재를 따라다
> 녔던 것입니다. 이 뿌리 깊은 반유대주의는 다양한 변종을 동반하
> 고는 했습니다. 오래전 '신을 죽인' 백성 유대인에 대한 기독교회
> 나 교부들의 적의에서 시작된 그것은 이윽고 세속화되어 유럽 정
> 신사의 그림자 부분을 형성하기에 이르렀습니다. 여기에 이후 유
> 대인의 경제적 능력에 대한 질투가 더해져 내셔널리즘의 대우와
> 함께 인종론에 기반을 둔 사회적 차별로 확대되어 갔습니다. 나치
> 독일의 반유대주의는 오랜 역사를 통해 집적된 이러한 편견을 거
> 대한 국가권력을 이용해 한층 첨예화한 것이라고 할 수 있습니
> 다"(Miyata, 2013: 18 재인용).

참고로 지그문트 바우만(Zygmunt Bauman)은 다음과 같이 적고
있다. "반유대주의는 -종교적이든, 경제적이든, 문화적이든, 인종적
이든, 악성이든, 온전하든- 수천 년 동안 거의 보편적인 현상이었다.
그러나 홀로코스트는 전례가 없는 사건이었다"(Bauman, 2013: 75).

2) 당시 독일의 사회 상황: 구조주의 관점

다시 강조하지만 반유대주의의 역사적인 기원에는 잘못된 성경
해석[理解]과 적용[實踐]으로 인한 기독교의 일조(一助)가 어느 정
도 있었음을 인정[前提]해야 할 것이다.[74] 다만 홀로코스트가 발생
할 수 있는 구조주의적인 환경이 당시 유럽과 독일 사회 전반에 폭
넓고 깊게 조성되었다는 점에 대해서도 기술[認知]할 필요가 있다.
당시 독일인들이 고등학교 낙제생인 오스트리아 브라우나우 태생의
'보헤미아 상병'(Seligmann, 2008: 162)인 아돌프 히틀러를 총리로

뽑게 된 당시 독일의 사회 상황을 통해서 그리고 나치의 유대인 학살에 대해서 유럽의 여러 나라에 부역자들이 존재했다는 사실을 통해서도 확인할 수 있는 부분은 그 당시 사회 구조적 상황이 반유대주의를 이끌었다는 것이다. 한마디로 당시 독일뿐만 아니라, 유럽도 반유대주의에 빠지기 쉬운 구조적 상황을 지니고 있었다는 점을 인지할 필요가 있는 것이다.

(1) 1차 세계대전 이후 독일: 무너진 민족적 자존심과 강력한 지도자에 대한 국민적 갈망

> 1871년 독일 제국이 성립된 후 프랑스 측이 지불한 전쟁 배상금은 제국 경제 부흥의 한 원동력이 되었다. 그러나 제1차 세계대전이 끝나자 이번에는 거꾸로 프랑스를 중심으로 한 승전국들이 독일에 전쟁 배상금을 요구했다. 역사적으로 보면 당연한 일이겠지만 그 액수는 상상을 초월하는 것이었다. 게다가 독일은 예상했던 것보다 훨씬 더 많은 영토를 내주어야 했다. 군비 축소 조항 역시 너무나 가혹해서 국내 치안이나 겨우 유지할 수 있을 정도였다. 독일은 자국 방어의 가능성을 잃었다. 수치스러운 평화 조약이 베르사유 궁전 거울의 방에서 조인되었다. 독일 제국의 출발을 선포한 바로 그 방에서(안인희, 2004: 296-297).

나치 정권의 탄생과 히틀러의 등장을 가능하게 한 당시의 독일 내의 특수한 사회 상황도 홀로코스트에 일조했다고 볼 수 있다. 송충기 교수는 당시 독일의 상황에 대해서 다음과 같은 지적을 한다.

> 독일인의 민족적 자존심을 더욱 구긴 것은 바로 전쟁 후 연합국과 체결한 베르사유 조약이었다. 베르사유 조약은 독일인들에게 전쟁 책임을 지우면서 막대한 배상금을 물렸고, 이에 따라 독일은 그동안 차지했던 식민지 등 여러 영토를 상실했다. 독일인들은 이것을 '베르사유 명령'이라고 부르면서 강한 반발심을 드러냈다. 패전과 베르사유 조약으로 자존심이 상할 대로 상한 독일인들은 자신들

의 심리적 상처를 치유해줄 세력을 찾고 있었다. 그들이 바로 나치였다. 이와 동시에 독일인들은 패전에 대한 화풀이 대상을 찾았다. 그들이 바로 유대인이었다(송충기, 2014: 49).

당시 히틀러가 등장할 수 있게 한 구조적 상황으로 지적되는 것으로는 다음의 것들을 생각해 볼 수 있다. 당시 바이마르 공화국(Weimarer Repunlik) 헌법의 "'긴급명령권', 즉 대통령이 비상시에 국민의 자유를 일시 정지할 수 있는 권한"이 히틀러 독재의 길을 열어주었다고 지적한다(Hughes and Mann, 2011: 14).[75] 당시 독일의 경제 상황 즉, 대량실업과 인플레이션, 이로 인한 독일 경제 붕괴도 히틀러의 등장에 크게 한몫을 거들었다는 지적이다(Hughes and Mann, 2011: 53-54). 독일 내의 공산주의, 볼셰비즘의 강력한 도전도 크게 한 역할을 감당했다. 유럽 각지에서도 그랬듯이 당시 독일인들의 유대인들에 대한 인식 중의 하나가 바로 '유대인=공산주의자'[76]였다(최호근, 2006: 103ff). 이러한 사회적인 인식이 당시 독일인들에게는 강하게 작용했다는 점이다. 유대인 출신의 급진 사회주의자들과 공산주의자들이 두드러진 역할을 했다는 점도 독일에서처럼 유럽에서도 반유대주의적 정서에 기여했을 것이라고 짐작할 수 있다. 자본가들은 사회주의자와 공산주의자인 유대인들에 대해서 심한 반감을 지니고 있었다. 앞의 "유대인=사회주의·공산주의자볼셰비즘[Bolshevism]⇨ 자본가의 강한 반감"으로 이어졌던 것이다(Wistrich, 2011: 63 참조). 실제로 자본가들이 히틀러의 집권을 위해서 재정적으로 원조했다는 것은 이제는 누구가 알 수 있는 상식이 되었을 정도다.

이러한 유대인에 대한 당시의 인식은 실질적으로 "나치와 보수 우파의 동맹"으로 이어지게 하는 역할[口實]을 하였다. 또 유럽에 사회진화론과 인종주의가 매우 유행했다는 점도 반유대주의의 분위기 조성에 큰 역할을 했다는 것을 짐작할 수 있다. 독일의 개별(個別) 국민의 삶의 현장에서 유대인들은 함께 살아가는 사이좋은 이웃[同僚]이 아니라 각 분야의 삶에 있어서 취업 등의 경쟁 대상자였고, 착취의 대명사로 일반적으로 인식되었다는 점도 히틀러로 대표되는 나치가 집권할 수 있는 반유대주의의 파급에 매우 중요한 역할을 했을 것이다. 평범한 서민들에게는 삶의 영역에서 경쟁자로서의 유대인의 대두가 더 반유대주의적 정서를 체감하게 했을 수도 있다.

> "문화적으로 동화된 지적인 유대인들은 근대성이라는 적을 구현하는 존재였고, 종교적인 정통 유대인들은 전통적인 기독교적 반유대주의의 이미지에 잘 맞아떨어지는 존재였으며, 경제적으로 성공한 유대인들은 '착취 자본'과 자유주의의 모델이었고, 유대인 사회주의자는 혐오스러운 '볼셰비즘'과 '마르크스주의'를 대표하는 존재였으며, 동유럽 게토의 이질적인 문화로부터 독일로 건너온 유대인들은 제국주의 시대의 문명적, 식민주의적 우월감을 표출시키기에 적절한 공격 대상이었다."(Peukert, 2003: 321; Elbogen and Sterling, 2007: 286; Wistrich, 2011: 64-65).

유대인에 대한 유럽 각국의 당시 상황도 독일과 비슷하였다는 점을 알 수 있다. 재차(再次) 언급하지만 홀로코스트의 부역자들이 유럽 각지에 있었던 것에서도 당시 전 유럽에 반유대주의 정서가 어느 정도 팽배했다는 것을 짐작할 수 있다. 반유대주의적 정서가 유럽 전역에 어느 정도 구조적으로 존재하였던 것이다. 거의 유럽 각지(各地)에서도 유대인들은 환영받지 못한 이방인(homelessness)에 불과했던 것이다. 그 당시 유럽인들의 눈에 유대인들은 삶의 터전에서 본국인과는 일자리[生計]를 두고 피 말리는 경쟁을 하는 경쟁자였으며, 사업 등에 있어서는 착취의 대명사였으며, 무신론과 볼셰비즘을 유포하는 자들로 비추어졌던 것이다. 폴란드인들에게 유대인들이 어떻게 비추어졌는지를 살펴보면 그 당시 유럽 각국에서의 유대인에 대한 시선(視線, sight)을 어느 정도는 짐작할 수 있을 것이다.

> 이제 막 성장하기 시작한 폴란드 중산계층에 유대인들은 위험스러운 사업의 경쟁자였고, 보수주의적이고 종교적인 지배 엘리트층에는 정체를 숨긴 볼셰비키였으며, 농민과 소상인들에게는 이방인 착취자였다. '유대인은 가톨릭교회에 반대하고 자유 사상에 깊이 물들어 있으며, 무신론 운동, 볼셰비키 운동, 그리고 파괴 행위를 주도적으로 대변하고 있다'라는 폴란드 수석 대주교였던 이우구스트 흘론드(A. Hlond) 추기경의 언명(1936년에 행한 강론)은 사실 아주 틀린 말이 아니었다(Wistrich, 2011: 50).

(2) 강력한 지도자의 등장

> 요아힘 페스트[Joachim Fest]는 『히틀러 평전』 서문에서 흥미로운 사유의 실험을 내놓았다. 그는 이렇게 썼다. "히틀러가 1938년 말 암살의 제물로 쓰러졌다면 가장 위대한 독일 정치가들 중 한 명, 또는 독일 역사의 완성자였다고 부르기를 망설이는 사람은 거의 없었을 것이다. 공격적인 연설과 『나의 투쟁』, 반유대주의, 세계지배 계획 등은 어쩌면 초기의 공상으로 여겨져 잊혔을 것이다. ·… 6년 반의 시간이 히틀러에게서 이 명성을 떼어놓았다"(Haffner, 2014: 84; Fest, 1998: 47).[77]

전쟁의 패배 등으로 인한 독일 국민의 자존의 붕괴, 인플레이션과 대량실업 등의 문제는 바로 히틀러의 등장으로 독일인들에게 치료

를 가져다주었다. 새로 등장한 히틀러를 통해서 완전 고용이 이루어
졌다. 그것도 인플레이션의 발생 없이 말이다.[78] 독일의 군사력은 다
시 강화되었다. 그리고 성공적인 외교정책들이 나타나기 시작한 것
이다. 히틀러의 등장과 함께 눈에 보이는 성과들은 독일인 스스로가
자진해서 그를 절대 권력의 소유자로 인정하게 하는 구실로 작용하
였다(Haffner, 2014: 65-66 참조). 히틀러의 제3제국(Drittes Reich)
은 "정당 국가가 아닌 총통 국가"라는 하프너의 지적을 기억해야
한다(Haffner, 2016: 237). 안인희 박사가 자신의 번역서 역주에서
지적한 것처럼 독일 말로는 안내자, 지도자를 뜻하는 퓌러(Führer)
가 당시 아돌프 히틀러에게 쓰일 때는 "단순한 정치가를 넘어서는,
그야말로 민족의 지도자라는 의미로 쓰였[기]" 때문이다. 다시 말해
서 '퓌러'는 "1934년 히틀러가 (의원내각제) 총리와 (대통령제) 대
통령의 권한을 한 손에 움켜쥐면서 나온 '총리 대통령'을 줄인 말"[79]
이기 때문이다(안인희, in Haffner, 2016: 229 역주). 마르틴 브로샤
트(Martin Broszat)는 나치즘의 특징을 '지도자 원칙(Führerprinzip,
指導者 原則)'에서 찾는 것을 볼 수 있다. "나치당 조직은 히틀러의
이러한 위치를 그대로 반영했다. 히틀러는 조정장치가 결여된 채 사
방으로 퍼져나가는 운동을 개인적인 충성 관계로 통합하는 카리스
마적인 구심점이었다. 즉 그는 계서적인 조직의 정점에 위치한 당
총재가 아니라 당과 이데올로기를 초월해 있는 '지도자'(Führer)이
고 그의 지배는 관료제적인 것이 아니라 개인적인(Personal) 것이었
다. 나치당의 권력 배분 역시 히틀러가 권력을 당의 역동성을 유지
하는 방향으로만 위임하였다는 데 있었다."라고 한다(김학이, in
Broszat, 2011: 503. 김학이, "옮긴 이 해설: 지도자국가의 내부 구

조와 나치 운동의 파괴적 역동성". 497-513 참조). "나치의 국가론에 따르면 '총통'은 '독일의 민족 의지'와 '나치 운동'을 구현한다. 히틀러의 총통 권력은 곧 모든 행정 및 사법기구와 '총통에게 충성과 복종의 의무를 지닌 모든 국민'으로까지 뻗쳐나갔다. 전체주의 총통 국가의 슬로건은 '하나의 민족, 하나의 제국, 하나의 총통'6)이었다. '삶에서 꼭 필요한 전제 조건'은 '총통과 복종하는 사람 간의 동질성'이었다."(Elbogen and Sterling, 2007: 327.; Broszat, 2011: 407-450, "제9장. 1938년 이후의 지도자 절대주의와 다중 지배" 참조). 그래서 제바스티안 하프너는 '히틀러의 시대'라는 제목을 자기 책의 하나의 장(章) 소제목으로 붙였던 것이다(Haffner, 2016: 221-263. "히틀러 시대" 참조).

3) 히틀러의 머릿속[그의 세계관]: 의도주의 관점

제바스티안 하프너는 홀로코스트의 원인이 독일의 반유대주의에 기인하는 것이 아님을 다음과 같은 문장을 통해 지적한다. 한마디로 홀로코스트는 히틀러[個人]에 의한 것임을 강조한다.

> "우리는 독일 제국의 역사에서 유대인 박해와 유대인 근절의 시도를 침묵으로 넘겨서는 안 된다. 그것은 일어난 일이고, 이 나라 역사에는 영원한 오류이다. 하지만 총통 국가의 많은 요소들과는 달리, 이것을 독일 제국의 역사에서 그리고 실제 체제의 역사에서 처음부터 존재한 요소들에 포함할 수는 없다. 히틀러가 없었어도 1933년 이후에 아마도 일종의 총통 국가가 나왔을 것이다. 그리고 히틀러가 없었어도 아마 두 번째 세계 전쟁이 일어났을 것이다.

---

6) 나치 독일(NS-Staat, Drittes Reich)의 표어는 "하나의 민족, 하나의 국가, 하나의 총통"(Ein Volk, ein Reich, ein Führer)이었다고 한다("나치 독일 "<위키백과> 참조).

다만 수백만 유대인 학살만은 없었을 것이다"(Haffner, 2016: 262-263. 강조는 본 연구자).

의도주의적 관점에 서 있는 연구자들은 홀로코스트와 같은 반인륜적인 행위에 대해서 히틀러 등의 나치 지도자들이 이미 사전에 의도(意圖, intend)한 사건으로 이해한다. 사실 유대인들에 대한 멸절(滅絶) 계획은 히틀러에 의해서 이미 계획되어 있었다는 것을 히틀러 자신의 기록이나 연설 등, 그리고 당시 히틀러의 여러 측근들의 증언으로 확인할 수 있다는 것이다. 1939년 1월 30일 집권 6주년을 맞이해 제국의회에서 행한 연설에서 히틀러는 다음과 같이 강한 어조로 자신의 의지를 밝혔다고 한다.

"오늘 나는 다시 한 사람의 예언자이고자 합니다. 만일 유럽 안팎의 국제적인 유대인 금융가 집단이 여러 민족들을 다시 한번 전쟁으로 내모는 데 성공한다면, 그 결과는 세계의 공산화와 유대인들의 승리가 아니라 유럽 안에 사는 모든 유대인들의 절멸이 될 것입니다."(1939년 1월 30일, "제국의회에서 행한 히틀러의 연설"; 최호근, 2006: 120 재인용).

또 히틀러는 1939년 1월. 체코의 외무장관에게 다음과 같이 말했다고 한다. "유대인들은 우리가 몰살할 것이다(vernichtet). 유대인들은 1918년 11월 9일 자신들이 저질렀던 행위에 대한 대가를 모면할 수 없다. 이 날의 대가는 치러져야 할 것이다."(Hitler to Chvalkovsky, DGFP. 190-195.; Wistrich, 2011: 113 재인용). 헤르만 괴링(Hermann Göring)이 간결하게 지적했듯이, "최종 결정권자는 결코 총통 한 분뿐이다." 이것은 특히 전쟁과 평화 혹은 홀로코스트의 시점, 장소 그리고 방법에 관련된 중대한 결정에서 특히 그러했었다는 것이다(Wistrich, 2011: 118 재인용). 그런 의미에서 히틀러는 거대한 유대인 절멸 기구의 꼭대기에 서서 학살을 총 기획한 사람이라고 말할 수 있다는 지적이다. "히틀러야말로 1940년까지의 반유대주의 정서를 1941년의 유대인 절멸 정책으로 전환한 냉혹한 실천가였으며, 구심점 없는 독일의 행정조직들을 유대인 학살을 위한 유기적 그물망으로 탈바꿈시킨 탁월한 조직가"였던 것이다(최호근, 2006: 123). "히틀러는 죽을 때까지, 그리고 그의 정치적인 유언장에서도 독일과 중앙 유럽에서 유대인을 제거했던 것을 자랑했다"라고 한다(Küng, 2015: 333).

의도주의 관점에서 히틀러가 그러한 유대인의 멸절에 대한 의도를 사전(事前)에 가지고 있었다는 것을 이해하기 위해서는 제한적으로 히틀러에게 영향을 끼친 사람[歷史的 人物들과 그들의 世界觀]들이 유대인들에게 어떤 감정을 가지고 있었는지 살펴볼 필요가 있다. 그리고 히틀러에게 영향을 준 사상이 무엇인지에 대해서 히틀러가 생전에 가까이 한 책을 중심으로 살펴볼 필요가 있을 것이다. 히틀러에게 영향을 끼친 사람과 사상들에 대해서 살펴보게 된다면 독일 나치의 카리스마적 지도자, 퓌러(Führer) 아돌프 히틀러의 머릿속[世界觀・價値]을 어느 정도 들여다볼 수 있기 때문이다. 이는 히틀러의 친구인 에른스트 한프슈탱글(Ernst Hanfstaengl)의 표현처럼, 아돌프 히틀러는 "술을 섞는 바텐더"(Sherratt, 2014: 57 재인용)[80]에 가까웠음[變形과 曲解 그리고 混合]과 동시에 히틀러의 머리에 '기독교'[단순한 政治的・言語的 修辭가 아닌, 진정한 믿음으로서의 기독교]라는 단어가 들어갈 장소[思想的 空間]가 존재하였는지에 대해 객관적으로 생각할 수 있는 기회를 제공할 수 있다고 보기 때문이다.

먼저 히틀러에게 영향을 끼친 인물들과 그들의 세계관에 대해서 살펴보자. 로버트 S. 위스트리치(Robert S. Wistrich)는 자신의 책 『히틀러와 홀로코스트(Hitler and the Holocaust)』에서 히틀러(이는 히틀러의 정치적 자서전인 『나의 투쟁』을 통해서 볼 때)에게 영향을 끼친 인물로 오스트리아 린츠(Linz)에서 보낸 청소년 시절의 게오르크 폰 쇠네러(Georg von Schönerer)와 빈(Vienna, Wien)의 시장이자 기독교사회당(Christian-Social Party)의 지도자였던 카를 뤼거(K. Lueger)를 지적하고 있는 것을 볼 수 있다(Wistrich, 2011: 67-68). 쇠네러에게 히틀러는 범게르만주의 이데올로기의 영향을 받았으며, "자신을 어떻게 게르만족의 지도자(Führer)로 포장하는지를 배웠고, 그의 게르만 인사말인 '만세'(Heil)를 따왔다."라고 한다. 그리고 카를 뤼거(K. Lueger)에게서는 반유대주의적 선전 선동 등에 대해서 영향을 받았을 것이라고 한다(Wistrich, 2011: 68). 티모시 W. 라이백(Timothy W. Ryback)은 자신의 책, 『히틀러의 비밀 서재(Hitler's Private Library: the Books that shaped his life)』에서 디트리히 에카르트(Dietrich Eckart)를 히틀러의 정서적·지적 세계를 형성하는 데 큰 영향을 미친 사람으로 다음과 같이 소개하고 있는 것을 볼 수 있다(Rayback, 2016: 60).

뮌헨의 한 신문은 유대인에 대한 에카르트의 증오가 너무 격렬해서 '점심으로 사워크라우트[독일식 양배추 절임]와 함께 유대인 여섯 명을 먹어치울 수 있을 정도다'라고 풍자하기도 했다. 에카르트는 히틀러의 반유대주의에 관심을 기울이고 사상을 정립시켰으며 불을 지른 사람이었다. … '… 에카르트의 광적인 인종적 애국심과 급진적인 반유대주의는 히틀러의 정치사상 발달에 커다란 영향을 미쳤다'라고 말했다. 에카르트는 임종 시 '히틀러를 따르라! 그는 춤을 출 것이다. 하지만 곡조를 지정한 사람은 나다!'라고 말했다. 히틀러는 에카르트를 나치 운동의 '북극성'이라고 치켜세웠다(Rayback, 2016: 61).

히틀러는 청년 시절부터 자신들의 멘토라고 할 수 있는 사람들로부터 광적인 인종적 애국심과 더불어 급진적인 반유대주의의 영향을 받았다는 것을 알 수 있다. 전술했던 것처럼 안인희 박사는 자신의 책, 『게르만 신화 바그너 히틀러』에서 음악가 리하르트 바그너(Richard Wagner)가 히틀러의 세계관에 영향을 주었다고 지적하기도 한다. 이러한 이유로 인해서 형성기의 바그너 체험이 바로 히틀러의 "세계관으로 통하는 문"이라고 지적하기까지 한다(안인희, 2004: 303-314; 안진태, 2010: 415 참조).

"히틀러가 반유대주의 사상을 갖게 되는 데에는 -독서를 통해서이긴 하지만- 앞서 거론한 인물들이 모두 스승으로 등장한다. 고비노와 체임벌린과 바그너가 바로 그들이다. 그 밖에도 빈에 머물 때에 그곳에서 '도이치 운동'을 주도하던 인종주의자 쇠너러와 빈의 시장이었던 카를 뤼거 등이 있다. 특히 바그너는 히틀러의 인종주의와 반유대주의 이데올로기 형성에 핵심 인물로 등장하고 있다. 일차적으로 당시 바그너의 엄청난 인기 탓이었다. 히틀러는 빈에 오기 전 실업학교를 다닌 린츠에서 이미 바그너의 작품에 빠져들었다. 열두 살짜리 촌뜨기 소년은 린츠 극장 일층 앞쪽의 입석에서 <로엔그린>을 처음으로 보고 감동의 눈물을 흘렸다. '나는 단번에 사로잡혔다. 바이로이트의 대가를 향한 소년의 열광은 끝을 몰랐다'라고 히틀러는 나중에 당시를 회고했다."(안인희, 2004: 303).

히틀러 자신도 "바그너와 자신을 지나치게 동일시한 나머지 '나치주의를 이해하려면 먼저 바그너를 들어야 한다'라고 말하기까지 했다"라고 한다(Shirer, 1960: 102; Sherratt, 2014: 61). 안인희 박사는 바그너의 사상이 인종주의와 반유대주의로 발전할 수 있었다고 지적한다(안인희, 2004: 219).

『히틀러의 비밀 서재』에서 라이백(Rayback)은 히틀러 서재의 책들을 소개한다. 이본 셰라트(Yvonne Sherratt)는 자신의 책, 『히틀러의 철학자들(Hitler's Philosophers)』에서 히틀러에게 영향을 끼친 철학자들에 대해서 이야기한다. 히틀러 서재 책들의 공통적인 특징은 대부분 인종주의와 반유대주의적인 내용을 포함하고 있다는 점이다. 히틀러에게 영향을 준 철학자들의 경우에도 인종주의적이거나 반유대주의적으로 읽을 수 있는 주장을 한 이들이 대부분을 차지하고 있는 것을 볼 수 있다. 히틀러는 자신이 접한 독일의 철학자들에게서 인종주의를 보았고, 또 그들의 주장을 심하게 왜곡(歪曲)[81]하면서까지 히틀러 자신의 반유대주의 이론[情緖]을 정립하는 데 사용했던 것이다. "히틀러는 철학 서적을 읽음으로써 고대 그리스에 대한 환상을 충족했고, 민족주의에 대한 영감을 얻었으며, 전쟁 정당화를 위한 명분도 얻었다. 그러나 이게 전부가 아니었다. 히틀러는 니체의 복잡한 도덕 분석, 특히 연민에 대한 생각과 약함과 강함에 대한 생각을 어처구니없는 방식으로 재해석했다"(Sherratt, 2014: 59). 셰라트(Sherratt)는 다른 곳에서도 이에 대해 다음과 같이 적고 있다.

강력한 국가, 전쟁, 초인, 반유대주의, 생물학적 인종주의에 대한
이론들이 독일의 과거 속에 차고 넘쳤다. 독일의 숭고한 유산 밑
에는 이처럼 어두운 면이 감추어져 있었다. 숭고함과는 한참 거리
가 멀었으며 평범한 관심사를 초월했던 독일 철학자들은 유럽 문
명에 독이 든 성배를 제공했다. 머지않아 히틀러는 독이 든 그 성
배를 자신에게 유리하도록 이용했다(Sherratt, 2014: 102).

앞의 내용에 대해서 잠시 정리하면서 가보기로 하자. 홀로코스트
의 원인은 어디에 있는가? 당시 반유대주의가 한몫을 했다. 잘못된
성경해석[이해와 적용을 포함한]과 유대인에 대한 교부들의 적의가
반유대주의의 발생에 빌미를 제공한 점은 인정해야만 한다. 그렇다
고 해서 성경 본문(특히, 「마태복음」 27장 25절)을 근거로 해서 반
유대주의를 주장하는 것은 도(度)를 넘는 과도한 주장임을 인지할
필요가 있다(이는 잘못하면 auto-genocide로 갈 수 있다). 나치 집
권 당시의 홀로코스트의 원인으로 지적되고 있는 독일의 반유대주
의는 잘못된 성경의 해석과 이해, 적용과는 거리가 상당히 멀기 때
문이다[**홀로코스트는 相對的으로 人種的 反猶太主義에 가깝다**]. 이
러한 이유로 홀로코스트의 원인은 당시 독일의 사회 구조적 상황에
기인한 것에도 관심을 두어야 한다는 점이다. 민족주의의 변질인
국수주의 등장, 무너진 자존심을 일깨울 수 있는 희생양의 필요, 볼
셰비즘에 대한 자본주의자들의 강한 거부감, 경쟁 관계에 있는 유
대인들에 대한 일반인들의 시기심, 사회진화론과 우생학 등의 영향
으로 인한 반유주의(Anti-semitism)의 유행들 널리 보급되어 있었
다는 점이다[**홀로코스트는 獨逸 社會의 構造主義的 側面을 가지고
있다**]. 그리고 무엇보다도 당시 독일인이 강력한 지지를 보낸 카리
스마적 지도자(Führer)인 히틀러의 머릿속[세계관]에 강한 반유대주

의적 사고가 자리 잡고 있었기 때문이다. 히틀러는 자신의 멘토나 독서를 통해서 반유대주의와 인종주의적 세계관을 몸소 형성하였던 것이다**[홀로코스트는 아돌프 히틀러의 意圖主義的 側面도 지니고 있다**].

2. 홀로코스트의 가해자

> 나치 독일의 행정기구는 1명의 총통(아돌프 히틀러)과 서로 구분되는 4개의 위계조직(행정관료, 군대, 경제계, 나치당)으로 구성되어 있었다. 그 자세한 관계는 [도표 3-1]부터 [도표 3-5]를 참조하라. … 4개의 관료 기구는 역사적 기원과 이해관계가 서로 달랐음에도 불구하고, 유대인의 파괴에는 합의했다. 우리가 '하나의 파괴기계'라는 표현을 쓰는 이유는, 그 네 기관의 협조가 그 정도로 완벽했기 때문이다(Hilberg, 2008: 106-112).

홀로코스트 가해자의 해당 여부[範疇]를 놓고는 다양한 견해가 존재할 수 있다. 미국의 역사학자인 다니엘 J. 골드하겐(Daniel J. Goldhagen, 1996. "골드하겐 효과"[Goldhagen Effect]라는 신조어를 낳음)과 폴란드계 미국 역사학자인 얀 T. 그로스(Jan T. Gross, 2002)는 홀로코스트의 범위를 넓게 이해하려고 하는 경향을 지닌 반면에, 독일 출신인 제바스티안 하프너(Sebastian Haffner)[82]와 귀도 크놉(Guido Knopp), 에른스트 놀테(Ernst Nolte) 등은 그 범위를 좁게 이해하려고 하는 것 같다. 조력자(가해자·부역자)의 범위를 놓고 연구자들의 견해가 어떠하든 간에 확실한 것은 많은 수의 가해자들이 나치 치하의 홀로코스트에서 존재하였다는 점이다.[83] 그리고 지금도 당시 그들이 나치에 부역을 했는지 안 했는지를 놓고도 설왕설래(의심의 눈초리를 받는 경우)하는 경우가 여전히 존재하고 있다. 그러한 대표적인 예로 들 수 있는 사람으로서는 과학자인 베르너 하이젠베르크(Werner Heisenberg)와 철학자인 마르틴 하이데거(Martin Heidegger)를 들 수 있다.[84]

앞에서 언급하였듯이, 본 연구자가 홀로코스트의 가해자를 다루고자 하는 것은 다름이 아니라, 좀 부끄러운 생각이지만 또 그러한 부끄러움을 감수하고도 홀로코스트의 가해자들을 다루고자 하는 것은 당시 나치의 부역자들이 사회의 각 분야에 존재하였듯이 신학계와 종교계에도 존재하였다는 점에 대해서는 인정하지만(재차 언급하지만, 이 점에 대해서는 참으로 안타까울 따름이며 매우 부끄러울 따름이다), 그러한 신학계와 종교계의 일부 부역자들의 잘못된 행위가 신학계와 종교계 전체를 대표하지 않는다[못 한다]는 점을 언급하기 위해서다. 물론 책임에 있어서는 정도[輕重]의 차이는 있을 수 있지만 말이다. 예로 들어, 일개의 목사(신부)와 교황(Pius XII)의 행동과 발언의 경우 책임의 경중은 다르게 취급되어야만 하는 것은 분명한 사실이다. 그리고 오늘날 신무신론자들과 반기독교주의자들에 의해서 지속해서 지적되고 있는 히틀러와 그의 추종자들의 경우 기독교[信仰]와는 상당히 거리가 먼 이[存在]들이라는 점이다. 그렇기 때문에 "히틀러=기독교(유신론자)=홀로코스트=기독교 흑역사[有神論의 暗黑史]"라는 도식은 매우 단순화된 논리 전개에 불과한 것으로써, 홀로코스트에 대한 올바른 인식을 위해서라도 신무신론자들이든, 오늘날 안티들이든 간에 상관없이 이러한 비논리적 전개[極端的 論理 展開]에서 벗어날 필요가 있다는 점이다.

1) 각 분야별의 가해자들에 대한 대략적 개관

최호근 교수는 자신의 책, 『서양 현대사의 블랙박스, 나치 대학살』의 "2장. 누가 유대인을 죽였는가? 학살의 가해자들"에서(최호근, 2006: 111-209) "학살의 기획자들", "책상 앞의 살인자들"(the Desk Murders), "법률가와 의사", "기업가", "외국의 협력자들" 등에 대해서 다룬다. 최호근 교수는 홀로코스트에 대한 이들의 책임(責任)에 대해서 다음과 같이 평가하고 있는 것을 볼 수 있다. 먼저, "'책상 앞의 살인자들'(desk murders)은 누구인가? 유대인 학살은 한 기관이 전담해서 이루어진 일이 아니었다. 앞에서 살펴본 것처럼 총통-힘러-하이드리히-아이히만으로 이어지는 명령계통이 유대인 절멸 과정에서 핵심 역할을 맡았던 것은 사실이지만, 전체적인 구도에서 본다면 힘러 휘하의 친위대 조직도 유대인 학살에 참여했던 수많은 기구들 가운데 하나에 불과하다. 기획은 친위대가 담당했지만, 실행은 수많은 기관들이 공조해야 이루어질 수 있었다. 유대인 절멸에 예산이 따로 배정되어 있지 않았던 것도 여러 부처 관료들이 긴밀한 이해와 협조가 필요한 이유가 되었다."(최호근, 2006: 126). "법률가와 의사"에 대해서는 "유대인 학살이 성공적으로 이루어진 데에는 사회 각 부문의 전문가들의 참여가 한몫을 했다"라고 지적하기도 한다(최호근, 2006: 156). 계속해서, "기업가"에 대해서는 "의사나 법률가들과 직접 비교할 수는 없지만, 나치 독일의 일부 기업가들이 유대인 절멸에 져야 할 책임도 가볍지 않았다"라고 지적하기도 한다.[85](최호근, 2006: 174).

케임브리지대학의 교수인 존 콘웰(John Cornwell)은 『히틀러의 과학자들(Hitler's Scientists)』에서 나치와 관련된 다양한 영역의 과학자들에 관해서 다루고 있다(물리학자, 화학자, 무기개발자, 의학자 등). 앞에서 나치 부역 여부를 놓고 설왕설래하는 베르너 하이젠베르크에 대한 전쟁 후 덴마크인의 공식적인 판단을 다음과 같이 인용하고 있는 것도 볼 수 있다. "하이젠베르크는 나치는 아니었다. 그러나 정부 당국에 충성을 바친 전형적인 열혈 민족주의자였다"(Cassidy, 1992: 470: Cornwell, 2008: 406 재인용).

프랑스 의사인 미셸 시메스(Michel Cymes)는 『나쁜 의사들: 그곳에 히포크라테스는 없었다(Hippocrate aux Enfers)』에서 지그문트 라셔, 빌헬름 바이글뵉, 아리베르트 하임, 아우구스트 히르트, 요제프 멩겔레, 여자 의사인 헤르타 오버하우저 등이 나치 치하에서 한 일들을 다루고 있다. 미셸 시메스는 이들 의사들의 친나치적 행동들과 관련해서 다음과 같이 적고 있다. "의사가 나치 이데올로기의 지배 아래에 있음을 명확히 해야 한다. 먼저 당시 의학은 전쟁 전부터 우생학에 자양분을 두고 있었다. 또한 인종 정화라는 틀에서 의학에 관심이 높았던 체제였기 때문에 통제, 균등화를 공포하면서 유대인 출신 의사들을 몰아냈고, 유대인 학생 수에 차별적 제한을 두고 의대 학생들에게 일자리를 주었다. 그 결과 1939년 대부분의 의사들은 나치 당원으로 구성되었다."(Cymes, 2015: 29). 존 콘웰도 "26. 학살과 인체실험"에서 나치 의사들을 중심적으로 다루기도 한다(Cornwell, 2008: 430-453; Cornwell, 2008: 442-443 참조).

셰라트(Sherratt)는 『히틀러의 철학자들(Hitler's Philosophers)』에서 철학 관련 분야에서의 나치 부역을 다룬다. 역사적으로 인종주의와 반유대주의가 독일에 얼마나 깊은 뿌리를 두고 있는지에 대해서 그리고 알프레트 로젠베르크(Alfred Rosenberg), A. 보임러(A. Bäumler), 에른스트 크리크, 그리고 그 밖의 다른 여러 철학과 관련된 부역자를 다루고 있다. "사실상 니체와 히틀러 사이에 연결고리를 만들어준 데 가장 책임이 큰 사람을 딱 한 명만 꼽는다면 그가 바로 보임러(A. Bäumler)였다"라고 지적하기도 한다(Sherratt, 2014: 114). 마르틴 하이데거는 니체의 『권력에의 의지』를 나치의 시각으로 해석한 보임러의 업적에 대해서 훗날 칭찬했다고 하는 정보도 제공해 준다(Sherratt, 2014: 115). 당시 부역의 여부를 놓고 세간에 말이 많았던 하이데거에 대해 셰라트는 "히틀러의 슈퍼맨"(Sherratt, 2014: "제5장". 158-189)이라는 제목의 장(章)을 통해서 다루고 있는 것을 볼 수 있다. 하이데거와 관련해서 셰라트는 다음과 같은 사실에 대해서 지적하는 것을 볼 수 있다.

"하이데거의 전임자가 총장직을 사임한 이유는 총장으로서 자신에게 맡겨진 일이 몹시 불쾌했기 때문이었다. 그러나 자신의 열정을 입증하고 싶었던 하이데거는 전임자가 거부했던 그 일을 끌어안았다. 히틀러의 첫 번째 조치 중 하나는 모든 비(非)아리아인들을 대학과 공직에서 몰아내는 것이었다. 하이데거는 이 '바덴 칙령'을 공표했고 이에 따라 모든 비아리아인 교수와 원로들이 대학에서 쫓겨났다. 그중엔 당시 독일에서 가장 유명한 철학가였던 에드문트 후설도 끼어 있었다. 앞서 언급했듯이 후설은 하이데거의 헌신적인 스승으로 그동안 하이데거에게 많은 일자리를 마련해준 사람이었다. 후설은 1933년 4월 명예교수직에서 물러나라는 강제 '휴직' 통보서를 받았다. 하이데거는 이 휴직 결정을 취소할 힘을 가지고 있었음에도 아무런 조치도 취하지 않았다(후설의 아들인

게르하르트도 바덴 칙령에 따라 키엘 대학에서 쫓겨났다)"(Sher
ratt, 2014: 178).

그렇다면 왜 오늘날 철학계(哲學界)는 문제가 있는 마르틴 하이데
거의 과거 나치에 대한 동조[나치 부역의 진위와 관계없이]에 대해
서 관대한 것일까? 박찬국 교수는 이와 관련해서 다음과 같은 조금
은 충격적인 이야기를 들려준다. "하이데거 철학의 영향을 받은 것
은 프랑스 현대 사상계만이 아니다. 20세기의 거의 모든 철학적 조
류, 최근의 포스트모더니즘뿐만 아니라 마르쿠제와 하버마스의 비판
이론, 한나 아렌트의 정치철학, 그리고 실존철학과 현상학, 가다머의
철학적 해석학, 철학적 인간학, 언어철학, 과학이론 등에서도 하이데
거 철학의 영향을 쉽게 발견할 수 있다. 그의 영향은 철학계뿐 아니
라 신학, 문학, 심리학 등 다른 학문 영역에서도 현저하다. 따라서
하이데거가 없었더라면, 20세기의 정신계는 완전히 다른 지형도를
갖게 되었을 것이라고 말할 수 있을 정도다."라고 한다(박찬국,
2001: 23-24). 그렇다면 한나 아렌트의 경우, 과거 자신의 정부(情
婦)였던 하이데거를 부인할 수 없는 것도 하이데거와의 관계에서 과
거의 정(情)보다는 자기 학문의 뿌리가 하이데거로부터 왔기 때문에
자기 학문의 뿌리를 지키기 위해서 그랬던 것일까 하는 개인적인
궁금증이 생기기도 한다. 셰라트는 법학자인 카를 슈미트(Carl
Schmitt)에 대해서 다루기도 한다. 그가 나치 정권하에서 히틀러를
위해서 다음과 같은 일을 했다는 지적이다. 법률적인 논리를 통해서
히틀러가 보호받을 수 있도록 했다는 것이다. "히틀러의 꿈은 법으
로 보호받기 시작했다. 슈미트는 1922년에 처음 제정된 바이마르
헌법 48조를 근거로 대리 독재 정부와 독립적인 독재 정부에 대한

법률해석을 내놓았다. 이와 같은 슈미트의 해석은 1933년 2월 28일 국가 비상사태와 권리 정지 선언을 통한 히틀러의 권력 장악에 합법적 토대를 제공했다. 곧이어 슈미트는 1933년 3월 24일 자로 합법화된 법을 옹호하는 권위적인 기사를 썼다. 슈미트의 분석에 따르면 이 법을 통해 독일은 법적으로 대리 독재 정부에서 독립적인 독재 정부로 탈바꿈했다. 슈미트는 히틀러를 위해 제3 제국 헌법의 법철학적 토대를 마련했고, 1933년 12월 1일 자 '당과 국가의 통합을 보장하는 법'에 따라 국가의 수장이자 당 지도자로서 히틀러가 중심축이 되어야 한다고 썼다. 6개월 후인 1934년 6월, 슈미트는 나치가 발간하는 『독일 법학 저널』의 편집장이 되었다. 그리고 1934년 6월 30일, '긴 칼날의 밤' 사건이 벌어졌다. '긴 칼날의 밤'은 정적을 숙청하기 위해 재판도 없이 많은 사람들을 처형한 사건이었다. 적어도 85명의 나치당원들이 암살당했고, 어쩌면 100명 이상이 암살당했을 수도 있다. 슈미트는 재빨리 숙청의 정당성과 합법성을 옹호했다. 그는 정치적 살인을 '행정법의 가장 진화한 형태'라고 정당화했다. 훗날 괴링은 제3 제국의 법학자들에게 전 세계가 인정하지 않는 총통을 변호하는 것이 그들의 의무라고 말했다. 슈미트는 그 의무를 다했다. 그는 '총통은 법을 수호한다.'(Der Führer Schutz das Recht)라는 제목의 영향력 있는 논문을 발표했다. 극도로 관대한 슈미트의 전기 작가 조지프 벤더스키(Joseph Bendersky)조차도 슈미트는 '살인적인 독재정권의 변론인이 되었다'라고 했을 정도였다."(Sherratt, 2014: 152-153).

문학과 예술의 분야에서도 마찬가지였다. "1939년 전쟁이 일어나자 다수의 학자들이 선언문이나 연설을 통해서 전쟁을 지지했다. 그들은 또한 1940년 7월 제국의 교육부 장관인 베른하르트 루스트 가 참여한 회의에서 결정된 『언어와 문학에서의 독일적 양식에 대해서(Von deutscher Art in Sprache und Dichtung)』라는 전집을 편찬하는 일에 전념하여, '독일 민족의 해방전쟁'에 기여했다. 이 전집의 목적은 독일 민족의 자의식 강화를 넘어서 폴란드와 프랑스를 정복한 독일인, 즉 아리아 민족이 전 유럽을 이끌어야 한다는 주장을 뒷받침하는 것이었다. 집필자의 한 사람으로 참여한 하인츠 오토 부르거는 전집의 마지막 권에 붙인 헌사에 다음과 같이 썼다. '국가사회주의 혁명과 전쟁을 통해서 독일 민족은 유럽의 민족들 사이에서 자신의 합당한 지위를 회복했을 뿐만 아니라, 더 나아가 전 대륙을 정복하는 일이 이미 시작되었다'"[86](안진태, 2010: 422). 시인 고트프리트 벤에게는 "'민족'이 절대적 가치였고, 그에게 히틀러는 저 비스마르크 철혈 시대부터 주창되어온 게르만 민족주의의 화신이었다. 벤은 '인생의 모든 고통이 사라지고, 드넓은 평야, 대지, 소박한 언어, 다시 말해서 오로지 민족만이 존재하는 순간이 있다'라고 하며 히틀러에게 가담했다."라고 한다(안진태, 2010: 386).

2) 신학과 종교 관련자들

나치의 홀로코스트 당시 얼마나 많은 부역자들이 교회와 신학계에 존재하였는지는 당시의 자료에서 언급되는 기독교와 관련된 많은 인명이 존재하는 것에서 알 수 있다. 앞의 다른 영역에서 볼 수 있었던 것처럼 홀로코스트에 협력과 방관 그리고 저항[救助]하는 이들이 기독교 내에도 존재하였다. 본 연구자를 놀라게 한 것은 한스 큉의 저서에 비신학화(demythologization, Entmythologisierung, 非神學化)로 알려진 자유주의 신학자로 우리나라에서는 비교적 부정적으로 소개되어지고 있는 루돌프 불트만(Rudolf K. Bultmann.)이 나치에 대항한 신학자로 언급되어 나온다는 사실이다(Küng, 2015: 364). 신무신론자들과 안티기독교들이 주장하는 것처럼 히틀러와 그의 추종자들이 기독교인(유신론자)인지 살펴보기로 하자. 홀로코스트의 발생에 히틀러의 가치관에서 종교-基督敎 世界觀-가 지배신념으로서의 역할을 담당했는지에 대해서 살펴보고자 한다(Wistrich, 2011: 185-227. "5 기독교와 나치즘 사이에서".; Hughes and Man, 2011: 147ff, "나치의 종교관"; Küng, 2015: "제II부 현재의 도전, '1장. II. 죄책의 억압'". 355-411; Broszat, 2011: 320-339. "7. 나치와 개신교" 참조). 당시 홀로코스트와 관련해서 독일의 종교인들이 어떻게 대응했는지는 위스트리치(Wistrich)가 자신의 책에서 언급하고 있는 사례들을 통해서 홀로코스트에 대해서 종교인들이 어떤 태도를 지녔는지 알 수 있기 때문이다.

"유대인을 축출하는 것은 기독교적 행위이다. 왜냐하면 그것은 독소를 없애는 일이므로 사람들에게 유익하기 때문이다."(슬로바키아 대통령 요제프 티소 신부, 1942년 8월)(Wistrich, 2011: 185). "나는 분노에 찬 기독교적 양심에서 항의하지 않을 수 없습니다. 그리고 나는 아리안족이든 비아리안족이든 모두 서로 한 형제임을 선언하고자 합니다. 모든 사람은 똑같은 하느님에 의해 창조되었기 때문입니다. …형제의 반유대주의 조치는 인간의 존엄성에 대한 모욕이며, 개인과 가정의 가장 신성한 권리를 침해하는 것입니다."(피에르-마리 테아 주교[몽토방] 프랑스 유대인의 강제 추방에 항의하여, 1942년 9월)(Wistrich, 2011: 185).

"독일 기독교는 나치, SS, 그리고 게슈타포보다 하느님 앞에 더 큰 책임을 지고 있습니다. 구세주 예수께서는 공산주의자이건 혹은 유대인이건 개의치 않으시고 고통받고 박해받는 형제와 함께 하신다는 것을 우리는 깨달아야 합니다."(마르틴 니묄러 목사, 1946년 3월)(Wistrich, 2011: 185).

홀로코스트 당시 신학과 종교 관련 영역에서도 협력(자)과 방관(자) 그리고 구조(구원[자])가 존재했었다. 다만 세인들이 종교인들에게 상대적으로 더 큰 선과 정의를 요구[期待]한다는 점에서 이러한 홀로코스트와 관련해서 종교·신학 영역에서의 부정적 행태(附逆과 傍觀)들은 긍정적인 행위[救助·抵抗·救援]들보다 세인들과 오늘날 신앙인들의 뇌리에 더욱더 큰 충격(trauma)으로 남[았었]고 또 신무신론자들과 안티들에 의해서 부정적으로 지속해서 인구에 회자(膾炙)된다는 점이다. 신앙인들의 잘못된 행동[過誤]들은 새로운 버전(New Version)으로 계속해서 재생산되고 있다는 점이다.

그렇다면 당시 교회는 왜 적극적으로 나치에 대항하지 못한 것일까? 오늘날의 사고로는 이해하기가 좀 힘들겠지만, 당시 교회 나름의 차악(次惡 또는 次善)의 선택(?!)이었다는 지적이다. 당시 일어난 볼셰비키 혁명[蘇聯 共産主義]과 나치[파시즘]와의 양자 선택에 있어서 교회는 나치를 선택한 것이다.[外形的으로 無神論을 拒否한 것이다] 이러한 선택에 대해서 위스트리치는 교회의 유대인에 대한 불신과 홀로코스트에 대한 대안의 부재 때문이었다고 지적한다. 당시 교회는 무엇보다도 역사에서 자주 볼 수 있는 것처럼 나치 집권으로 인해서 그들에게 이익이 될 수 있는 무엇인가를 보았기 때문에 나치 집권이 지닌 문제를 정확하게 인지할 수 없었을 것이라고 본다. 이익을 얻기 위한 침묵과 동조가 행해졌을 것이다. 마르틴 브로샤트(Martin Broszat)는 이와 관련해서 다음과 같이 적고 있다.

> 독일의 기독교도들이 나치즘에 끌렸던 것은 나치가 '신을 모르는 마르크스주의'와 '유대인 물질주의'에 대하여 투쟁했기 때문만이 아니었다. 기독교도들은 나치의 다른 선전에서도 호감을 느꼈다. 예를 들어서 "타락한 예술"에 대한 비판, "자유 정신"과 "윤리적 타락"과 "사회를 파괴하는 문인들"에 대한 비판, 그리고 새로운 권위와 지도력, "유기적인 결합"과 "민족공동체의 윤리적인 혁신"에 대한 외침이 그러했다. 나치 이데올로기의 상당 부분은 바로 기독교적 신념에서 파생된 것이었다. 그 신념은 기독교 공동체가 납득할 수는 없지만, 그렇다고 해서 부인할 수도 없던 세계, 즉 근대성의 다양한 면모들과 대결하면서 발전시킨 편견들이었다(Broszat, 2011: 323).

(1) 협력(加害者와 附逆者): 얻고자 한 그 무엇의 발견

나치 협력자의 한 사람으로 지목되고 있는 경우가 바로 대주교인 알로이스 후달(Alois Hudal)이다. 후달이 나치에 협력했던 것도 나치의 집권으로 인한 후달 나름의 얻고자 하는 무엇인가가 있었다는 것을 라이백(Ryback)의 다음과 같은 기술에서 찾아볼 수 있다. "알로이스 후달(Alois Hudal)은 민족 사회주의 이념을 공부하면서 가톨릭교회와 나치 사이에 근본적으로 연계되는 부분을 여럿 발견했다. 둘 다 권위에 맹목적으로 복종해야 한다는 생각이 일반화되어 있었다. 나치의 총통 전권주의는 교황 무류성[교황의 정식 결정은 성령의 은총에 따른 것이므로 오류가 있을 수 없다는 주장]의 세속적인 형태에 지나지 않았다. 또한 나치와 가톨릭교 모두 유대인에 대해 뿌리 깊은 반감을 지니고 있었다. 후달은 13세기에 이미 토마스 아퀴나스가 『유대인의 정부』라는 책에서 세계를 지배하려는 유대인의 시도를 경고했다는 점에 주목했다. 후달은 나치를 설득해 '반유대주의'(anti-Semitism)를 포기하고, '반유대주의'(anti-Judaism)를 지지하도록 할 수 있다면, 즉 인종 집단으로서가 아니라 종교 집단으로서 유대인을 미워하게 만든다면, 독일인과 유럽이 공통으로 안고 있는 가장 큰 위협인 볼셰비즘의 화산을 막는 방어벽 역할을 하고, 유럽 대륙에서 가장 강력한 정치적·사회적 세력이 될 가차 없는 파시즘을 형성할 수 있다고 믿었다."(Ryback, 2016: 209-210). "후달은 핏빛 현수막과 대조를 이루는 성체 모양 배경에 검은색 '비틀린 십자가'가 그려진 나치 깃발부터 뉘른베르크의 연례 집회에서 선보인 '빛의 성당' 퍼포먼스, 성경 구절이나 전례(典禮) 구문을 대중 연설에서 자주 언급했다는 점에 이르기까지, 어린 시절의 영향이 이후 히틀러의 삶 모든 부분에 나타났다고 생각했다."라는 것이다(Ryback, 2016: 211).

브로샤트가 언급한 목사인 요아힘 호센펠터가 이끌던 '게르만기독교'에서도 후달의 경우에서처럼 나치의 집권으로 인한 자신들에게 이익이 되는 무엇인가를 발견했다는 것을 알 수 있다. "목사이자 나치 당원 요아힘 호센펠더가 이끌던 '게르만기독교'는 간단히 말해서 독일 개신교의 나치 분파였다. 그들은(나치즘의 모든 하부 조직과 운동이 그러하듯) 나치 집권으로 그들의 구상이 실현되기를 기대했다. 그들은 교회를 혁신하여 게르만 인종에 충실한 원 민중교회를 설립하고, 교회가 열방 국가 전통에서 비롯한 여러 열방 교회(Landes kirche)들로 분립해 있는 현실을 극복하며, 관헌적이고 가부장적인 당시의 주교 제도와 교구 감독 제도를 평신도와 평목사가 주도하는 통일적이고 민족적인 제국교회로 대체하고자 했다"(Broszat, 2011: 321-322).

개리 윌스(Gary Wills)는 자신의 책, 『교황의 죄(Papal Sin)』에서 가톨릭교회 안에 많은 협력자가 존재하였는지에 대해서 다음과 같이 적고 있다. "전쟁 기간 중 베를린 주재[로마교황] 대사였던 케사레 오르세니고(Cesare Orsenigo) 대주교는 나치 동조자였는데, 그가 교계에서 유일한 나치의 친구였다는 것은 천만의 말이다."(Wills, 2005: 29).[87] 슬로바키아에서 정권을 잡은 성직자인 신부 요제프 티소(Jozef Tiso)는 자진해서 유대인 재산을 몰수하고 이들을 강제 추방했다(Wistrich, 2011: 216-217).[88] "'제국의 감독' 곧 히틀러가 지지한 예전의 군목 루드비히 뮐러(Ludwig Müller) 아래 '제국교회'가 신속하게 설립되었던 것이다"(Küng, 2015: 363). "에어랑겐 대학교수들은 한 의견서에서(파울 알트하우스 Paul Althaus와 함께!) 교회가 아리안 조항을 도입하는 것을 지지했었다"라고 한다(Küng, 2015: 364). 1933년에 튀빙겐 대학교 유명한 교리사가인 "칼 아담(Karl Adam)은 — '민족의 수상' 히틀러를 열광적으로 찬양('그는 남부 가톨릭 지역 출신이었지만 우리는 그를 알지 못했다')한 후에— 다음과 같이 지적했다. '민족주의와 가톨릭 사상은 본질에서 서로 대립하지 않고' 오히려, '자연과 초자연'처럼 서로 짝을 이루고 있다. '독일의 순수혈통 요구'는 '구약성서의 하나님의 계시 노선' 위에 있다. 그리고 그것은 '그에 상응하는 조치를 통해 그의 민족의 순수한 혈통을 보존하는 국가의 권리이자 의무다'"(Küng, 2015: 371).

"파첼리[Eugenio Maria Giuseppe Giovanni Pacelli, 교황 피우스 12세 Pius XII]와 친분이 깊었던 가톨릭의 정치적 지도자였던 루드비히 카아스 주교가 그의 중앙당과 함께 히틀러의 '수권법'에 찬성하고, 그래서 미래의 '영도자'를 위해 다수의 결정적인 추종자들을 만들어낸 것은 이런 역사적 배경에서 그리 놀라운 일은 아니었다."라고 지적할 정도였다.(Küng, 2015: 383).

  (2) 방관(消極的 協力者): 현상유지

  한스 큉(Küng, 2015)은 나치 지배 하에서 가톨릭교회와 개신교인들이 얼마나 소극적인 모습을 보였는지 자기 책의 소제목들을 통해서 보여주고 있다. "침묵한 교황: 피우스 12세", "저항하지 않았던 개신교인들: 독일 기독교인들", "항복한 주교들: 독일 주교들" 등이 그것이다. 슈테링(Eleonore Sterling)도 당시 개신교 측에서의 소극적인 모습에 대해서 다음과 같이 적고 있다. "기독교 측에서도 공식적으로 유대인 박해에 저항하려는 그 어떤 노력도 보이지 않았다. (…) 특히 '기독교적 자연법', '기독교적 사회', '조직적인 신분 국가' 이론의 지배를 받았던 많은 가톨릭교회들의 입장은 철저히 반자유주의적이었으며 적어도 잠재적으로는 유대인에게 적대적이었다. 교회 내의 몇몇 그룹들만이 '종교 간 대화'를 통해 유대 형제 종교와의 관계를 증진하려고 노력했을 뿐이다"(Elbogen and Sterling, 2007: 325). 로버트 S. 위트리치는 당시 로마 교황청[廳]의 구체적인 방관자적 모습[89]에 대해서도 다음과 같이 적고 있다. "바티칸은 홀로코스트가 유럽의 중심부에서 한창 진행되고 있었을 때도 유대인 차별법이나 그로 인한 사회적 인종차별에 대해 아무런 이의도

제기하지 않았다"(Wistrich, 2011: 225-226). 한스 큉은 가톨릭교회에 관련해서 제2차 세계대전 이전에 발생한 다음과 같은 방관적(傍觀的)인 태도들을 숨겨서는 안 된다고 지적한다.

-1933년의 협정 이전과 이후 나치의 범행을 항의하지 않았다.
-1935년의 뉘른베르크 인종차별법을 항의하지 않았다.
-1936년의 무솔리니의 에티오피아 침공을 항의하지 않았다. 그는 무솔리니를 하나님의 섭리를 통해 세계의 수도와 종교의 중심지로 예정되었던 로마 제국을 복원한 사람이라고 공개적으로 칭찬했다.
-1937년의 교서 <심각한 우려와 함께>에서 유대인 박해를 항의하지 않았다. 이 교서에 '인종'이라는 단어는 한 번 등장하지만, '유대인'이라는 단어는 전혀 언급되지 않았다. 그러나 유대인을 '그리스도 살인자'라고 거듭 비난했다.
-1938년 11월 9/10일의 이른바 '제국 수정의 밤'에 발생한 제국의 소수인종 박해를 항의하지 않았다.
-1939년 5월 20일에 캔터베리의 대주교 랑 박사가 제안했지만, 보헤미아와 모라비아를 합병하려는 히틀러의 거침없는 정복 충동을 교회의 다른 지도자들과 공동으로 항의하지 않았다.
-1939년 성 금요일에 파쇼적인 이탈리아의 알바니아 침공을 항의하지 않았다.
-1939년 9월 1일에 국가사회주의 범죄자들이 제2차 세계대전을 일으킨 것을 항의하지 않았다(Küng, 2015: 374).

(3) 저항(救助者): 신앙과 양심에 따라 각자의 방법으로

교회와 신학 분야에서 협력자와 방관자만 있었던 것은 아니다. 소수의 저항자들도 존재하였다. 저항의 목적은 각기 다를 수 있었지만 나치에 대한 저항으로 인해 살해당하기도 했었고 추방을 당하기도 했었다. 저항은 독일에서뿐만 아니라 홀로코스트가 발생하는 다른 나라에서도 존재하였다. 자신의 생명을 통해 나치에 저항한 이들로

는 유대인을 위해 공개적으로 기도하고 다하우(Dachau concentration camp)로 가는 도중에 살해되었던 베를린 대성당의 수석 신부 베른하르트 리히텐베르크(Bernhart Lichtenberg)와 처형당한 예수회 신부 알프레드 델프(Alfred Delp), 평화운동과 일치 운동을 주도하다가 참수형을 당한 막스 J. 메츠거(Max Joseph Metzger) 박사가 존재하였다(Küng, 2015: 385). 베를린 주교였던 콘라트 폰 프레이징(Konard von Preysing)은 1937년에도 나치 정권에 대해 명백한 대결 전술을 구사하기도 했었다(Küng, 2015: 387; Wistrich, 2011: 212 재인용 참조). 저항 정신을 품었던 로덴부르크 주교 요한 B. 스프롤(Johan Baptista Sproll)은(특히 1938년 4월에 오스트리아 합병을 위한 투표를 공개적으로 거부함으로써) 유일하게 공개적인 대결을 감행하다 추방을 당했"던 인물이기도 하다(Küng, 2015: 387).

마르부르크대학 교수들은(루돌프 불트만 Rudolf Bultmann과 함께!) 아리안 조항[Der Arier-Paragraph]을 도입하는 것을 반대하였다.(Küng, 2015: 364). 1934년 5월에 열렸던 바르멘 고백총회에서 예수 그리스도를 교회의 유일한 '주'라고 천명했는데 이것은 나치가 주장한 '영도자 원리'에 대한 분명한 거부로 이해되었다고 한다. "칼 바르트는 이미 그 당시에 교수 자격을 박탈당했고, 그 후에는 바젤에서 가르쳤다. 1936년 5월에야 비로소 고백교회의 임시 지도부는 정권의 인종 정책과 횡포에 반대하는 문서를 작성했다. 마르틴 니묄러는 1937년에 강제수용소에 갇혔고, 유대인 박해와 처형에 반대한 선구자였던 디트리히 본회퍼(Dietrich Bonhoeffer)는 설교와 집필 금지령을 받았다. 그는 독일 권력의 절정기였던 1940년에 한 정치적 저항단체에 가담했고, 히틀러 암살을 시도한 다음에 1944년 7월 20일에 처형되었다."(Küng, 2015: 365). 1935년 기독교 교회가 "나치의 인종과 민족에 관한 세계관 전체는 허튼소리"라고 공언했다는 이유로 목사 700명이 체포되어 굴욕당하고 기본권을 박탈당했었다(Hughes and Man, 2011: 151). 히틀러가 기독교를 나치화하려고 시도하자 마르틴 니묄러(Martin Niemöller) 목사는 노골적으로 반나치적 성격을 지닌 고백교회를 창설했다. 다음은 1934년 히틀러와 니묄러 목사와의 사이에 오갔던 대화의 내용이라고 한다. 참고하면 좋을 것 같다.

> 히틀러는 니묄러에게 다음과 같이 말했다.
> "당신은 교회만 신경 쓰시오. 내가 독일인들을 돌볼 테니."
> 이 말에 니묄러가 답했다.
> "총통 각하, 각하께서 지금 '내가 독일인을 돌본다'라고 말씀하셨습니다만, 우리 교회도 기독교인이자 성직자로서 독일인에 대한 책임이 있습니다. 이것은 신께서 우리에게 위임하신 일이어서 각하뿐만 아니라 세상 누구도 우리에게서 그 권한을 가져갈 힘이 없습니다"(Hughes and Man, 2011: 344).

3) 히틀러와 그의 추종자, 그리고 나치의 종교

그렇다면 이제 논의를 히틀러와 그의 추종자들의 신앙과 믿음에 대해서 살펴보기로 하자. 왜냐하면 신무신론자들과 기독교안티들이 자주 사용하는 논리 중의 하나가 "기독교 흑역사=홀로코스트=아돌프 히틀러 신앙(信仰)=기독교[유신론자]"라는 도식을 사용하기 때문이다. 실질적으로 히틀러의 자서전인 『나의 투쟁』이나, 연설 등에서 '신앙적 수사'(信仰[宗敎]的 修辭)를 자주 접할 수 있는 것은 사실이다. 그렇다면 히틀러와 그의 추종자의 신앙에 대해서 어떻게 평가해야만 할까? 그들의 입술에서 나온 수사적 표현을 액면가 그대로 받아들여야만 하는 걸까?

(1) 논의에 앞서 슐라게터(Albert Leo Schlageter) 사례를

먼저 논의에 앞서 제2차 세계대전 당시 나치 독일에 의해서 전쟁 영웅이 된 알베르트 레오 슐라게터(Albert Leo Schlageter)의 사례를 살펴보았으면 한다. 왜냐하면 당시 그의 신앙을 두고 기독교인이냐에 대해서 이견(異見)이 분분하기 때문이다. 슐라게터는 제1차 세계대전 기간에 라인-루르 지방이 프랑스에 점령당했을 당시에 석탄의 수송을 막기 위해서 칼룸의 선로를 폭파한 죄목으로 프랑스의 군사 법정의 선고에 따라서 뒤셀도르프에서 처형된 인물이라고 한다. 이 전쟁의 영웅화된 인물인 슐라게터의 신앙에 대해서 기독교도로, 가톨릭교도로, 때로는 신앙인으로 단언하기에는 좀 그렇다고 보는 서로 다른 의견들이 존재하기 때문이다.(안진태, 2010: 358-359 참조).

> 베너에 의하면, 슐라게터는 '죽는 마지막 순간까지' 기독교를 신봉했다. 그러나 브란트에 의하면, 슐라게터는 '매우 경건한 천주교도'였다. 슐라게터가 투옥되었을 때 감옥의 목사였던 파스벤더도 그를 종교심이 깊은 인물로 묘사했다. 그러나 이렇게 그를 종교인으로 보는 사실에 회의적인 인물도 있는데, 프랑케가 대표적이다 (안진태, 2010: 358-359)

(2) 히틀러와 그의 추종자[侍·從者], 그리고 나치(Nazi)

슐라게터에 대해서는 안진태 교수의 글을 통해서 처음 접하게 되었지만(안진태, 2010: 329-383. "제5장. 한 병사의 영웅화" 참조), 본 연구자 개인적으로 생각하기에 어느 개인의 신앙은 단순히 외면적[外形的]인 모습이나, 그가 사용하는 종교적인 수사[單語·語彙]만으로 평가하기에는 충분하지 않다는 점을 말하고 싶다. 개인의 신앙에 대한 평가는 말처럼 쉬운 것은 아닐 것이다. 다음에서 다루게 될 히틀러와 그의 추종자에 대한 신앙의 판단에 있어서도 마찬가지라고 [말보다 행동을 신뢰하라!]

① 히틀러(Adolf Hitler)

'가톨릭 신자'였던 아돌프 히틀러(A. Hitler),···. (Küng, 2013: 234; Küng, 2015: 376 참조; 1933년 2월 10일에 한 히틀러 연설, Ryback, 2016: 211-212 참조; 추태화, 2012: 24 재인용 참조).[7]

홀로코스트의 주범인 히틀러는 유신론자인가 아니면 무신론자인가, 구체적으로 그의 종교는 무엇일까? 한스 큉은 히틀러를 가톨릭 신자로 이해한다(Küng, 2015. 348-354. "한 가톨릭 신자의 불행한 반유대주의: 아돌프 히틀러" 참조). 다만 큉은 히틀러의 반유주의에 대해서는 개인적 반유대주의로 이해한다[個人的 反猶太主義]. 즉 히틀러의 개인적인 반유대주의가 교회의 종교적 반유대주의보다 더 컸기 때문에 홀로코스트의 발생에 더 크게 영향을 미친 것으로 큉은 이해하고 있는 것이다(Küng, 2015: 351 참조). 한마디로 큉의 히틀러의 신앙에 대한 평가에 의하면, 히틀러가 가톨릭 신자이지만,

---

7) "히틀러는 한 연설에서 점점 강렬한 어조로 '조국의 힘과 희망과 영예입니다.'라고 결론을 맺은 뒤, 반사적으로 나온 듯한 '아멘'이라는 짧은 말로 대단원을 장식했다"[1933년 2월 10일에 한 히틀러 연설](Ryback, 2016: 211-212).

그가 지닌 반유대주의는 히틀러의 신앙과는 관계가 먼 개인적인 것
[理由·事情]에 기인한 반유대주의라는 지적이다. 그래서인지 몰라
도 큉은 가톨릭교회가 홀로코스트의 주범인 가톨릭 신자인 히틀러
와 그와 관련된 가톨릭 신자들에게 제2차 세계대전 후에도 어떠한
조치[破門, excommunication]도 취하지 않았다는 사실에 대해서 부
정적으로 기술하고 있는 것을 볼 수 있다(Küng, 2013: 229-234;
Küng, 2015: 376 참조). 큉의 주장에서 볼 때에 히틀러가 형식상의
가톨릭 신자인 것만은 확실하다. 왜냐하면 학생 시절, 6살 때부터
소년 성가대원과 미사를 돕는 일을 한 것은 부인할 수 없는 히틀러
와 관련된 역사적 사실이기 때문이다(Küng, 2015: 350).

그렇다면 홀로코스트를 일으킨 그에게 실질적으로 절대자(絶對
者·神)가 존재하기나 하는 것일까? 히틀러의 삶에 종교[宗敎的 敎
理-基督敎 世界觀]가 히틀러 개인의 삶 가운데에서 지배신념(支配
信念, control belief)으로 작용한 것일까? 히틀러에게 절대자[神]가
있었고, 또 그 종교가 지배신념으로 작용했다면 히틀러는 신무신론
자들과 기독교안티들이 주장하는 것처럼 유신론자, 즉 기독교도(敎
徒)로 볼 수 있을 것이다[看做]. 그런데 이 경우에도 히틀러가 벌
린 홀로코스트라는 재앙은 쉽게 넘어갈 수 있는 철없는 어린아이
의 순진한 불장난이 아니라는 점을 기억해야 한다. 다행스럽게(?!)
도 티모시 W. 라이백(Timothy W. Ryback)은 히틀러가 지닌 종교
에 대해서 "불가지론자 히틀러(?)"라는 개념으로 다음과 같이 소개
하고 있는 것을 볼 수 있다. 개인적으로 히틀러의 종교를 말한다면
그는 무신론자다. 신이 존재한다고 믿는 이가 할 수 있는 행동이라

고 전혀 볼 수 없기 때문이다. 신은 사랑이며, 평화를 원하신다. 개인적으로 그렇다.

"히틀러는 '신이라고 불리는 힘을 이해하는 직관력이 모든 인간에게 존재한다. 그런데 교회는 믿어야 하는 것을 믿지 않는 이들을 벌하겠다고 위협함으로써 그 내적 능력을 제멋대로 주물렀다'라고 말했다. [Hitler, 1980: 40] 히틀러에 따르면, 교회는 이런 직관력을 불구로 만들었고 당파적인 목적으로 이용해 먹었다. 그는 궁금했다. 세상에는 20억 인구가 있고 주요 종교만 따져도 170개나 되는데 저마다 다른 신에게 기도를 올리는 건 어떻게 된 것인가? 그는 '169개는 가짜여야 한다. 오직 하나의 종교만이 옳아야 하니까'라고 잘라 말했다. [Hitler, 1999: 101] 확실히 냉소가 깃들어 있긴 하지만 이는 그가 확고한 무신론자라서가 아니라 엄중한 불가지론자의 감정에 뿌리를 둔 말이다. 히틀러는 장광설을 늘어놓던 중 이 말은 여러 번 되풀이했다."(Ryback, 2016: 229).

그렇다면 기독교적[宗敎·信仰的] 냄새가 다분히 풍기는 히틀러의 강한 종교적 수사에 대해서는 어떻게 받아들여야만 할까? 라이백은 도용(盜用)과 표절(剽竊)로 이루어진 가짜 영적 수사(靈的修辭, [似而非 靈的 修辭])에 불과하다는 점에 대해 지적한다. "비틀린 십자가와 발광하는 성당으로 장식된 나치 의식(儀式)들은 가톨릭교의 그것을 도용한 것에 불과하며 히틀러 연설에 공명하던 성서적 암시 역시 성경 구절을 표절한 것이었다. 히틀러가 들먹인 신은 셰익스피어 전집 제6권에서 가져온, 의미 없는 소음으로 점철된 가짜 영적 수사에 불과했다. 그 유명한 열정적인 연설 말미에 반사적으로 혹은 내심 준비하여(어느 쪽인지는 중요하지 않다) 붙인 '아멘'만큼 의미 없는 수사였다"(Ryback, 2016: 228). 추태화 교수도 그의 책을 통해 비슷한 견해를 밝히고 있는 것을 볼 수 있다. 정치적 수사이며, 음모를 숨기기 위한 단지 말장난에 불과하다는 지적이다. "히틀러에게 기독교는 정권 유지를 위한 도구일 뿐이었다. 그는 정치적 수사학을 정교하게 만들기 위해 기독교 용어들을 십분 활용하는 교활함을 드러냈다. 하지만 그의 정치적 수사학은 말장난에 지나지 않았고, 반대 음모를 숨기기 위한 계략이라는 것이 판명되었다"(추태화, 2012: 24). 로버트 S. 위스트리치(Robert S. Wistrich)도 다음과 같이 말한다. "홀로코스트를 저지르면서 히틀러가 기독교와 볼셰비즘이 공통으로 인류의 모든 문화를 파괴할 악랄한 교리라고 강조했던 것은 정말이지 놀라운 사실이 아닐 수 없다. 그는 이 양자에 내재한 '평등주의적' 개념이 유대인의 '파괴적인 요소'에 똑같이 감염되어 있다고 주장했다"(Wistrich, 2011: 206).

② 히틀러의 추종자[侍·從者]

다음은 히틀러의 주요 추종자들의 신앙에 대한 한스 큉의 평가다.

> '가톨릭 신자'였던…, 하인리히 히믈러(H. Himmler), 파울 요제프 괴벨스(P. J. Goebbels)와 마르틴 보어만(M. Bormann) 등…(헤르만 괴링 Herman. Göring, 아돌프 아이히만 Adolf Eichmann과 다른 이들은 명목상 개신교도였다)(Küng, 2013: 234; Küng, 2015: 376 참조).

히틀러 추종자들의 종교와 관련해서 실질적인 행태(實質的 宗敎行·態)는 어떠했을까? 귀도 크놉(Guido Knopp)은 자신의 책들을 통해서, 간간(間間)이 히틀러 추종자들의 종교와 관련된 이야기를 들려주고 있다. 가톨릭 복사 출신의 P. 요제프 괴벨스(Paul Joseph

Goebbels)는 성직자와 교회에 대해서 소송과 도덕적 비난 등의 매우 공격적인 자세를 취하였다고 한다. "교회를 둘러싼 싸움은 부차적인 것이었다. 하지만 전에 미사를 돕는 복사[服事]였던 그[괴벨스]는 나치란 국가적 대체 종교에 모든 것을 빼앗긴 성직자들에 대한 공격을 끈질기게 전개하였다. 그는 항상 히틀러의 동의를 받아 잔인하게 교회에 대한 도덕적 비난을 가했으며, 성직자들과 수도사들에 대한 일련의 소송을 제기하였다."(Knopp, 2003: 64-65). 하인리히 히믈러(Heinrich Himmler)와 관련해서도 다음과 같은 내용을 소개해 주기도 한다. "이혼의 금지와 일부일처제는 교회에 의해 내려진 비도덕적인 규정이며, 아이 수가 줄어들고 불륜이 생기는 것은 잘못된 교회의 가르침 때문에 생겨난 것이라고 했다. 이에 반대한 친위대의 생식 파수꾼 히믈러는 이슬람과 그 예언자 모하메드에 심취했다. '그는(모하메드) 전쟁에서 용감하게 싸우다 전사한 모든 전사들에게 두 명의 아리따운 여성을 그 보상으로 주겠다고 약속했었다. 전사들은 이 말을 믿었다. 저승에서 보상을 받을 수 있다고 믿는 전사들은 기꺼이 목숨을 바치고 전장에서 용감하게 싸우며, 죽음을 두려워하지 않는다.'"(Knopp. 2003: 210). 역사학자 존 콘웰(John Cornwell)에 의하면 히믈러는 히틀러의 추종자가 되기 위해 자신의 종교인 가톨릭을 부인하기까지 했다고 한다. "철저한 채식주의자이며, 금주주의자였던 그는[하인리히 히믈러] 고등학교 졸업 후 뮌헨 대학에서 농업을 공부했으며 22세에 졸업했다. 졸업 직후 아돌프 히틀러의 추종자가 되기 위해 자신의 종교인 가톨릭을 부인했다. 그리고 독일인의 우수성과 독일 공영권의 필요성에 대해 광적인 믿음을 갖게 되었다"(Cornwell, 2008: 239). 크룹은 상인의 아들이었던 루돌프 헤쓰(Rudolf Hess)가 교회에서 결혼식을 포기한 이야기를 전해준다. "1927년 12월 30일 두 사람은 결혼에 동의했다. 결혼식은 간소했다. 교회에서의 결혼식을 신랑 신부는 '이데올로기적' 이유로 포기했다. 헤쓰는 이 결정에 대해 신자였던 부모에게 설명했다. '우리 두 사람은 일반적으로 말하는 하늘나라와 아무 관계가 없습니다.'"(Knopp, 2003: 280).

(3) 나치당(Nazi, Nationalsozialistische Deutsche Arbeiterpartei; 국가사회주의 독일 노동자당).

히틀러와 그의 추종자들이 명목적(名目的, nominal)인 가톨릭 신자이거나 개신교도일지는 몰라도 그들의 삶의 실질적인 행태에서는 종교와는 거리가 상대적으로 먼 이들이었다. 그들의 당(黨)인 나치당도 마찬가지다. 그들은 그들 자신들의 정치적 목적을 위해서 학문과 예술 그리고 과학 등에서 나치화(Nazification, Aryanization, Arisierung, 아리안化와 一體化)를 하려고 했던 것처럼 기독교에 대해서도 나치화를 꾀하려고 했을 뿐이다(그래서 탄생한 것이 종종 '긍정적 기독교'[Positives Christentum]라고 일컬어지는 나치 신교[Nazi Protestant]다).[8]

나치는 좀 더 극단적으로 일체화(Gleichschaltung) 정책을 교회에

---

[8] "히틀러와 나치당원들은 긍정적 기독교(Positive Christianity)를 발전시켰는데, 이 운동은 구약에서 유대적 요소들뿐만 아니라, 예수의 신성과 같은 거의 대부분의 전통적인 기독교 교리들을 거부하였다."(Shirer, 1990. 234)
"역사학자인 Percy Ernst Schramm가 탁상담화의 기록과 사본을 분석한 것에 따르면 히틀러의 세계관에는 예수를 구세주로 볼 여백이 없으며 단지 예수의 인간적 위대함을 인정할 뿐이다." ("아돌프 히틀러의 종교관" <위키백과> 참조) William L. Shirer, Rise and Fall of the Third Reich: A History of Nazi Germany. Simon and Schuster. 1990). 참조.

적용하려 했다. 이 정책의 목표는 삶의 모든 분야를 융합시켜 독일 인들을 최적의 나치 집단으로 만드는 것이다(Hughes and Mann, 2011: 149).

당(党)비서실장과 총통의 개인 비서를 겸했던 M. 보어만(Martin Bormann)의 다음과 같은 언급은 당시 나치와 개신교와의 관계를 가장 보여준다고 할 수 있을 것이다. 보어만은 1944년 11월 29일 밤에 마치 예감이라도 한 듯이 이렇게 지적했다. "반공산주의적 교리가 그러하듯이 반기독교적인 교리도 '결과적으로는' 똑같이 반유대주의가 될 것이다. 그러므로 민족 사회주의의 교리는 '차원이 높은' 반유대주의이다. 왜냐하면 그것은 반공산주의적이자 **또한 반기독교적이기 때문이다**"(Trevor-Roper, 1973: 722.; Wistrich, 2011: 209 재인용; Houghes and Mann, 2011: 147 참조. 강조는 본 연구자). 나치는 자신의 목적을 이루기 위해서 기독교적인 것을 최대한 곡해하였고 수단화하였을 뿐이다[基督敎 精神의 曲解·誤讀·誤用과 手段化]. 그래서 추태화 교수는 나치의 종교적 성향에 대해서 이교도적(異敎徒的)이며 반기독교적(反基督敎的)이라고 평가(評價)하였던 것이다(추태화, 2012: 16-17 참조).[9]

나치는 개신교를 비틀고 왜곡했을 뿐만 아니라, 정신적 안식처가 필요했던 나치 당원들을 위해서 대안 교회를 만들기도 했다. 그것이 바로 오늘날 고트글로이비히(Gottgläubig, "believing in God"이라는 뜻이다)로 알려진 것이다. "정신적 안식처가 필요했던 일부

---

9) 나치는 교회 절기가 가지고 있는 의미를 다음과 같이 전환했다.(추태화, 2012: 192)
   대강절 -> 성육신, 히틀러의 인격이 역사 속으로 나타남
   성탄절 -> 나치 이념의 탄생
   부활절 -> 나치 이념의 재생
   추수감사절 -> 게르만 신화의 조상, 히틀러에 대한 감사예식.

나치당원을 위해 기존 교회의 대안으로 고트글로이비히(Gottgläu big)라는 신앙이 생겨났다. 이 종교는 특이한 이교도 의식으로 크게 변질되었다. 나치 당국은 고트글로이비히를 정식으로 승인했는데, 1939년에 신도 수가 300만 명이 넘었다. 나치는 이교도 전통의 비현실적인 개념을 강조하면서 기존 교회를 억압했다. 정부는 출생, 결혼, 사망과 관련된 교회 의식을 모두 비난했다. 기독교에 대한 공격의 한 방법으로 기독교 기념일을 그냥 넘어가고 비기독교 의식을 강조하기 위해 역법(曆法, Calendar)도 바꾸었다. 1938년에는 크리스마스 캐럴이나 그리스도 탄생과 관련된 연극공연을 학교에서 할 수 없도록 금지했고 크리스마스도 '율레티데'(Yuletide)라는 새로운 용어로 바꾸었다"라고 한다(Hughes and Mann, 2011: 147-148).

앞의 내용에 대해 간략하게 정리를 해 보기로 하자. 나치 치하에서의 거의 모든 삶의 영역에서 홀로코스트의 협력자, 방관자, 저항자(구조자 포함)를 만날 수 있었다. 자신들의 이해관계[信念과 利得 追求]로 인해서 어느 한 편에 섰던 것이다. 그것이 자의든 타의든 관계없이 말이다. 인지상정(人之常情)인지 몰라도 신학과 기독교 관련 영역에서도 이러한 모습들이 다른 영역에서와 같이 동일하게 나타나고 있을 뿐이다. 신학자와 성직자들에 대한 일반인들의 기대는 상대적으로 컸겠지만, 현실은 그렇지 못했다. 히틀러의 신앙에 대해서 한스 큉은 가톨릭 신자로 구분하였고, 라이백(Ryback)은 불가지론자(不可知論者)로 보았다. 다만 연구자들은 히틀러의 종교적 언어 사용[靈的·宗敎的 修辭]은 단순히 도용과 표절이며, 더 나아가 단지 말장난에 불과하다고 지적하기도 한다. 나치 자신들의 음

모를 숨기기 위한 정치적인 수사의 일종이라는 지적이다

그렇다면 우리는 신무신론자들과 안티기독교가 주장하는 것처럼 아돌프 히틀러와 그의 추종자를 유신론자[범주를 줄여 基督敎徒]로 이해해야만 하는 것일까? 그리고 홀로코스트에 대한 책임을 유신론자, 즉 기독교에 전가(轉嫁)할 수 있는 것일까? 큉의 평가에 따라 그들이 명목적(名目的)으로 그리스도[가톨릭]인이기에(Küng, 2013: 234; Küng, 2015: 376), 히틀러와 그의 추종자들이 정치적 목적으로 했었던 것이든 아니면 다른 목적을 위한 수단으로 했었던 간에 그들이 사용한 언어가 종교적이었기 때문에 그들을 유신론자로 다루어야만 하는 것일까? 이는 히틀러를 두고 채식주의자들과 육식주의자들과의 논쟁과 매우 유사하다는 생각이 들 뿐이다. 주제에서 많이 벗어나는 것 같지만, 이해를 위해 논의의 주제를 조금 바꾸어서 강원대학교 최훈 교수의 히틀러와 채식주의와 관련된 논란에 대한 다음의 지적에 대해서 살펴보자. 최 교수는 히틀러의 채식주의자 논란에 대해서 다음과 같이 적고 있다.

> "히틀러가 채식주의자였다는 것이 채식주의가 잘못이라는 근거가 될까요? 히틀러가 정말로 채식주의자였는지도 논란거리이지만 설령 채식주의자였다고 하더라도 그것이 채식주의가 잘못이라는 근거가 될 수는 없습니다. 그런 식이라면 히틀러는 그림을 잘 그렸고 고전음악 감상을 좋아했으며, 고속도로(아우토반)를 만들었으므로, 그림 그리거나 고전음악 감상이나 고속도로 건설은 모두 옳지 않은 일이 됩니다."(최훈, 2014: 59; 히틀러의 채식주의와 육식주의에 대한 평가는 최훈, 2012: 284 참조).

홀로코스트의 장본인인 히틀러가 유신론자라고 해서, 좀 더 그

범위를 좁혀서 기독교인(명목적 가톨릭 신자)이라고 해서, 유신론자(기독교인들)에게 홀로코스트라는 큰 재앙의 원인에 대한 책임의 독박을 씌울 수 없다는 것이다. 알베르트 레오 슐라게터(Albert Leo Schlageter)의 사례를 통해서 살펴보았던 것처럼, 어느 개인의 신앙을 단순히 외면적인 신앙의 모습[行·態]이나, 그가 사용하는 종교적인 어휘[言語]만으로 평가하기에는 충분하지 않다는 점이다. 그렇기 때문에 신앙에 대한 평가에 대해서는 더욱 더 신중함을 기할 필요가 있다는 [참고로 스스로 이슬람이라고 하면서 테러를 자행하는 이들에게도 동일한 기준이 적용될 필요가 있다].

Ⅲ. 나가는 말

1. 홀로코스트의 여러 원인(諸 原因)

홀로코스트의 원인은 어디에 있는가? 당시 반유대주의가 크게 한몫을 했었다. 성경에 대한 잘못된 해석[이해와 적용을 포함]과 유대인에 대한 교부(敎父, Church Fathers)들의 적의(敵意)가 반유대주의의 발생에 빌미를 어느 정도 제공한 것에 대해서는 교회 공동체는 나의 아내가 딸아이에게 하는 것처럼 쿨하게 인정해야만 한다. 그렇다고 해서 성경 본문(특히, 「마태복음」 27장 25절)을 근거로 해서 반유대주의의 근거로 주장하는 것은 도를 넘는 주장이라는 점도 또한 인정해야 할 것이다(이는 재차 강조하지만 auto-genocide

로 갈 위험성이 다분히 존재한다.).

　나치 집권 당시의 홀로코스트의 원인으로 지적되고 있는 독일의 반유대주의는 잘못된 성경의 해석과 이해, 적용과는 상대적으로 거리가 먼 인종적 반유대주의[人種的 反猶太主義, antisemitism]에서 온 것이다. 또한 홀로코스트의 원인은 당시 독일의 사회 구조적 상황에 기인한 것에 더 염두(念頭)에 두어야 한다는 점이다. 민족주의의 변질로 인한 국수주의 등장, 무너진 자존심을 일깨울 수 있는 희생양의 필요, 볼셰비즘에 반대한 자본가들의 히틀러 지지, 경쟁 관계에 있는 유대인들에 대한 시기심, 사회진화론과 우생학 등의 영향으로 인한 반유대주의에 가깝다는 점이다[構造主義的 觀點]. 그리고 무엇보다도 당시 독일인이 강력한 지지를 보낸 독일 제3제국의 카리스마적 지도자(Führer)인 아돌프 히틀러의 머릿속[世界觀]에 강한 반유대주의적 사고가 자리 잡고 있었기 때문에 홀로코스트가 가능했다는 점이다[意圖主義的 觀點].

2. 홀로코스트의 가해자(加害者)

　홀로코스트의 가해자(加害者)들은 누구인가? 나치 치하의 거의 모든 삶의 영역에서 홀로코스트의 협력자, 방관자, 저항자(救助者 包含)를 만날 수 있다. 자신의 이해관계[無知와 信念과 現實的 利益]로 인해서 어느 한 편에 섰을 것이다. 그것이 자의든 타의든 관계없이 말이다. 다만 인지상정인지는 몰라도, 신학과 기독교 관련 영역에서도 이러한 모습들은 동일하게 나타나고 있을 뿐이다. 히틀러의 신앙에 대해서 한스 큉은 가톨릭 신자로 구분하고, 라이백(Ryback)은 불가지론자(不可知論者)로 구분하였다. 연구자들은 히틀러의 종교적 언어 사용[靈的・宗教的 修辭]에 대해서 도용과 표절, 더 나아가 단지 말장난에 불과하다는 지적도 한다. 그렇다면 우리는 신무신론자들과 안티들이 주장하는 것처럼 히틀러와 그의 추종자를 유신론자로 이해해야 하는 것일까? 그리고 홀로코스트에 대한 책임을 유신론자, 즉 기독교에 전가할 수 있는 것일까? 명목적(名目的)으로 그리스도인이기에(Küng, 2013: 234; Küng, 2015: 376), 히틀러와 그의 추종자들이 정치적 목적으로 했었던 것이든 아니면 다른 목적을 위한 수단으로 했던 간에 그들이 사용한 언어가 종교적이었기 때문에 그들을 유신론자로 다루어야만 하는 것일까? 홀로코스트의 장본인인 히틀러가 설사(設使, even if) 유신론자라고 해서, 좀 더 그 범위를 좁혀서 기독교인(가톨릭)이라고 해서, 유신론자(기독교인)에게 홀로코스트라는 큰 재앙의 원인에 대한 책임의 독박을 씌울 수 없다는 것이다. 로버트 L. 슐라게터(Albert Leo Schlageter)를 통해서 살펴보았던 것처럼, 개인의 신앙을 평가하기란 매우 어렵기 때문이다. 말 그대로 이는 난설(難說)인 것이다.

3. 사족 달기: 과학자 마이트너(Lise Meitner)가 전후(戰後)에 한 말을 읽으면서

홀로코스트와 관련된 자료를 접하면서 특히 ―사진 자료― 혼란스러웠던 나의 머리통은 과학자 리제 마이트너(Lise Meitner)의 말에서 그래도 조금이나마 인간의 양심[냄새]을 맡음으로 인해 조금은 그 복잡함이 수그러들었다. "오스트리아 시민권을 갖고 있던 리제 마이트너는 사직 압력을 전혀 받지 않았다. 그렇다고 유대인 동료 과학자들이 박해받는다는 이유를 내세워 스스로 사직할 정도로 의리를 갖고 있지 않았다. 전쟁이 끝난 후에야 비로소 마이트너는 그 당시의 결정을 후회했다. 그녀는 1946년 '이제야 비로소 그때 곧바로 사직하지 않은 일이, 멍청했을 뿐만 아니라, 옳지 않은 결정이었음을 느낀다'라고 회고하였기 때문이다."(Sime, 1996: 310.; Cornwell, 2008: 261 재인용). 반성은 삶에서 중요한 부분을 차지하는 것은 사실인 것 같다.[90] 반성은 전혀 다른 새로운 출발을 가져올 수 있기 때문이다. 오늘날 기독교의 흑역사에 대한 지적은 '참 거시기한 변명'과 함께 진정한 반성[行動]으로 기독교계 내에서 이루어져야 할 것이다. 필부들이 인정[公認]할 정도의 수준에서 공개적으로 말이다. 최근 광화문 집회로 일어난 코로나 19 확산과 같은 문제에 대해서도 마찬가지의 교회 공동체 내의 공개적인 반성이 필요한 것은 이는 매우 중요한 부분이다.

부록

다양한 가룟 유다의 탄생

타자화, 악마화 그리고 탈역사화된 가룟 유다

I. 들어가는 말

논의에 앞서 두 가지 이야기를 하고 가야겠다. 하나는 나의 대학 시절 경험이고(그리 밝히고 싶지 않은 내용의 개인적 경험, 이 나라의 골 깊은 또 하나의 지역감정의 조장처럼 보일 수도 있는 이야기이기에 매우 조심스럽다), 또 다른 하나는 최근(2017년 5월)에서야 책을 통해서 알게 된 것으로 과거에 TV에서 본 내용과 전혀 다른 허황후(許皇后, 許黃玉)에 대한 내용이 그것이다.

대학 시절 하숙집 구할 때

본 연구자는 대학을 청주[忠大]에서 다녔다. 다른 것 다 빼고 단지 적성[適當한 成績]에 맞았다는 단 하나의 이유로. 당시에는 전라도(광주광역시 포함) 사람들이 그것도 광주에서 고등학교를 다닌 사람이 서울이 아닌 타지방에서 학교를 다닌다는 것은 그리 보기 쉬운 풍경은 아니었다.[91] 개인적으로 지금 말하려고 하는 것에 대해서 오해하지는 마시고 다만 여기에 개인적인 경험을 기록한 것은 본문의 내용(가룟 유다나 유대인을 이해하는 하나의 視線)과 어느 정도 관련이 있는 것처럼 보이기 때문에 기술한 것이니 부디 이해해 주시기를 다시 한번 부탁을 드린다. 한 개인의 사적인 이야기[私的 經驗]를 절대적으로 일반화시켜서는 안 된다는 점이다. 그러면 당시 하숙집 구할 때, 개인적인 이야기를 해보기로 하자.

대학에 합격하고 하숙집을 구하기 위해 청주[1])에 갔었다. 그리고 후문 근처에 하숙생 구한다는 글귀가 있는 대문을 노크하고 그 집 안으로 들어섰다. 주인하고 얘기하는 도중 주인이 한 이야기의 골자는 다음과 같다. 당신께서 과거 경찰공무원을 하다가 은퇴하셨는데, 전라도 사람이 정직하지 못하다는 것이다. 또 자기가 직접 잡은 사람들 가운데 전라도 사람이 다수가 있었다는 것이다. 그 말을 듣고서 생각할 것 없이 다른 하숙집을 알아보아야만 했었다. 이 일로 인해 졸업하기까지 "전라도 사람이기 때문에 행동거지(行動擧止)를

---

1) 개인적으로 청주가 매우 좋다. 추억이 있는 곳이기에 소중한 곳이다. 무심천, 사창동(社倉洞), 상당교회, 영림·영준 남매, 오세탁(오빨래) 교수님, 김윤구 교수님, 그리고 고인이 되신 이지용 교수님, (내 마음 한가운데에 항상 고맙고 또 너무도 미안한) 청주사람인 규철이와 포항사람인 민연이, 옥천사람 주영이가 있다. 이지용 교수님과 함께 상당 교회[통합 측]에 다녔다. 교수님은 후에 모교인 성균관대로 가셨다. 과거 지방 국립대가 서울로 가기 위한 교두보(In Seoul)의 역할을 했던 것처럼 말이다. 암으로 불편한 몸이신데도 불구하고 마지막 강의를 하셨다는 소식을 전해 들었다. 그리고 교수님[집사]은 내가 믿는 하나님 나라에 가셨다. 주영이가 군에서 휴가 나올 때 주영이 집[대전광역시 동구 판암동]에서 어머니가 손수 준비해주신 개고기를 내 인생에서 처음 시식했던 적이다. 개고기인 줄 모르고, 그냥 고기 중의 하나로 어머니 표 정성이라고 생각해서 맛있게 먹었다. 왜 우리 아버님은 개고기를 먹지 않으셨는지, 왜 나에게 개고기를 접할 수 있는 기회를 주지 않으셨는지? 모르고 먹으면 맛있다. 준비해주신 어머님의 정성을 생각하면 더 맛있다. 의리와 로맨스를 아는 진짜 사나이 내 친구 여주영♂이다. 군입대 가기 전 도서관 위층의 넓은 휴게실에서 모든 학생들이 있는[보는]데도 불구하고 김현식의 '내 사랑 내 곁에' ♪♬를 나에게 크게 불러 주었던 그런 내 친구다. 진짜로 여러분은 안 믿어질 것이다. 잊을 수 없는 나의 소중한 기억이다. 그런 친구들이 내 주변에는 많이 있었다. 아무 것도 아닌 존재인데도 말이다. 오래된 가방과 자전거를 타고 다녀서 나보다 경제적으로 어렵다고 생각해서 친한 사이가 된 친구 규철이. 그가 경제적으로 어렵겠다는 나의 생각은 오판이었다. 그의 검소한 삶의 모습이 자연스럽게 규철이 친구에게서 그런 행동을 낳았던 것이다. 고향에서 교회 다니다가 안 다니게 된 민연이. 그가 교회를 떠난 것이 내게는 항상 걱정이었다. 그 걱정이 민연이와 가깝게 했다. 이런 친구들과 있으면 그냥 그저 좋았다. 그냥 "♩ 만나면 좋은 친구." 지금은 내 삶에 자신이 없어서 스스로 그들과 멀어졌다. 이 모두 다 나의 책임이다. 그래도 내 마음에는 잊을 수 없는 소중한 친구들이다.

더욱 조심해야 한다."는 생각이 무의식 속에 항상 살아있었다. 그 무의식은 또 다른 하나의 개인적인 무의식인, "너는 진정한 그리스도인처럼 살아야 한다."[그렇다고 해서 그렇게 그리스도인으로서의 삶을 산 것 같지 않다]라는 무의식보다 어쩌면 더 강하게 대학 시절 내내 나를 붙잡았었는지도 모른다. 같은 과(科) 친구가 자신의 이모 집에서 하숙을 같이 했으면 한다고 하면서 낮은 하숙비를 제시했을 때 하숙집을 옮기기 위해 지금은 말도 안 되는 돈을 전(前) 하숙집 여주인에게 더 주고 나왔었다. 하숙 날짜도 많이 남았음에도 불구하고 거기에 웃돈[1개월치]까지 얹어서 말이다. 이는 나로 인해서 잘못된 또 하나의 '부정적[진실과 거리가 먼] 전라도 전설(否定的全羅道傳說)'이 창조되는 것을 바라지 않았기 때문이기도 했었다.

역사가 되어버린 허황옥

과거 방송에서 허황옥에 대한 이야기를 전문가[敎授]라고 하시는 분으로부터 들었던 기억이 있다. 프로그램에 나온 전문가에 의하면 우리나라 김해 김 씨의 조상인 김수로왕의 배우자인 허황옥이 인도 사람이라는 것이다.[2] 이를 알 수 있는 기록은 일연의 『삼국유사』의

---

2) 개인적으로 나의 어머니는 김해 김 씨다. 그래서인지 몰라도 어렸을 때 외할아버지에게 허황옥에 대한 이야기를 들으신 약간의 기억을 어머니는 가지고 계셨다. 외할아버지께서는 향교에서 가르치셨다고 한다. 나의 外家 바로 옆에는 김완 장군의 祠堂이 있다. 개인적으로 나이 차 많이 나는 형님뻘 되시는 외가의 종손(宗孫)이 과거에 무소속으로 군수가 되셨다. [1998-2006년] 당시 김대중 前 대통령의 정치적 입김이 강한 이곳에서도. 무엇보다도 김해 김 씨 종손이라는 이유만[?!+ Plus Alpha]으로 말이다. 당시에 종손의 군수 당선은 나에게 약간의 긍지를 가져다줬다! 지금도 약간은 남아 있다.

「가락국기」에서 확인할 수 있다는 것이다. 당시 그 전문가는 쌍(双) 물고기 문양이나 다른 여러 증거들을 들어서 이에 대한 이야기를 전개해 갔었다. 당시 나는 TV 그것도 KBS(?)라는 공영방송에서 이러한 주제의 프로그램을 한다는 것에 대해서 우리나라가 단일민족국가에서 다문화 사회로 가기 위한 이론적인 틀의 제공을 위해서 국가적 차원에서 하는 것이라고만 생각했었다. 그전에도 우리나라가 일본 왕실과 밀접하게 연결되었다네, 또는 우리나라에 귀화(歸化)한 외국인들이 우리나라에서 새로운 성(姓)을 임금님으로부터 하사(下賜)받아 그 성씨의 시조(始祖)가 되었다네 등등 여러 이야기들이 있었기에, 허황후 이야기도 그런 이야기 중의 하나라고만 단순하게 생각했었다.

그런데 최근(2017.05.11)에 도서관에서 밀려서 본 책에는 그것이 전혀 사실과는 다르다는 주장이 실려있었다. 부산외국어대학교 이광수 교수3)의 책, 『인도에서 온 허왕후, 그 만들어진 신화』에 의하

---

3) 참고로 이광수 교수님의 책을 읽을 때마다 어안이 벙벙하다는 느낌을 자주 받았었다. 개인적으로 알고 있는 것과 거리가 먼 얘기를 자주 책을 통해서 하시기 때문이다. 이번에도 그런 느낌이 들었다. "아소카 또한 마찬가지다. 그는 최초의 통일 제국을 형성한 후 강력한 중앙집권 정부를 세우기 위해 당시 가장 큰 기득권 세력인 브라만을 억제하고 불교를 지지했을 뿐이다. 그는 브라만 세력을 억압할 목적에서 그들의 경제력 원천인 제사 금지령을 내리고, 백성들에게 브라만뿐만 아니라 불교와 자이나교 그리고 그 외의 여러 다른 종교 교단에도 물질적 후원을 해야 한다는 칙령을 내리고 스스로 그렇게 했던 군주다. 그는 반(反)브라만 차원에서 비(非) 브라만교를 지지한 군주였을 뿐 불교도들이 흔히 말하는 불교를 숭상한 호법(護法) 군주는 아니었다"라고 평가하셨다(이광수, 2017: 74). 불교에서 아소카(Asoka) 왕을 동물보호의 대명사로 소개하고 있지 않은가? 그런데 이광수 교수는 다음과 같이 기술하고 있다. "실제 역사에서 인도가 한 번도 불교의 나라가 된 적이 없었음에도 불교가 인도에서 출발했고 인도를 불교의 역사 인식을 통해 이해했기 때문에 인도를 불교의 나라라고 이해할 수밖에 없었던 것이다. 인도에 대한 이 같은 인식은 조선 중기 이후 최근까지 한국 사회에 널리 퍼져있다"(이광수, 2017: 84). "붓다가 죽기 전 마지막으로 취한 음식이 돼지고기였다는 것은 기록에 나와 있는 역사적 사실이다. 후대의 불교도가 별의별 논리를 들어 붓다의 마지막 음식이 돼지고기가 아니라고 주장하면서 붓다를 자신들이 하는 채식주의자의 교조로 삼으려고 하지만 그것은 붓다의 중도에 대한 모독일 뿐이다"(이광수, 2013: 172); 이광수 (2013). 『슬픈 붓다』. 파주: 21세기북스; 김경학·이광수 (2006). 『암소와 갠지스』. 부산: 산지니; Jha, D. N. (2002). The Myth of the Holy Cow. Verso.

면 허왕후(허황옥) 이야기는 설화에 불과했었는데, 여러 가지 이해 관계가 거기에 개입[添加]되면서 허왕후의 역사가 만들어졌다는 주장이었다. 특히 김병모라는 역사학자가 자신의 학력(서울대, 옥스퍼드대학 박사)과 한양대 문화인류학 교수라는 직함 등을 언론을 활용하는 데 이용함으로써 비역사적 전설을 실체가 있는 역사로 만드는 데 결정적인 역할을 하게 되었다는 주장이었다.

이후 역사가 되어버린 허왕후 이야기는 그 후 어떤 결과를 낳았을까? 이광수 교수의 책에 의하면, 2002년 부산아시안게임에서는 개막식 행사로 허왕후의 도래 이야기가 퍼포먼스로 화려하게 수놓아졌고, 2015년 7월 14-15일에는 인도의 뉴델리 인도 국제센터에서 "Shared Heritage-as New Variable in the Indo-Korea Relations: Historicizing the Legend of the Princess from Ayodhya and Its Historicity"(공유하는 유산-인도-한국 관계에서의 새로운 변수: 아요디야에서 온 공주 전설의 역사화와 그 유산)라는 국제 심포지엄이 개최되기까지 했다는 것이다(김광수, 2017: 173).[92]

나의 기억 속의 한 모퉁이에 처박혀 있었던 별로 좋은 경험이 아닌 개인적인 대학 시절의 이야기를 통해서 얘기하고자 하는 것은 '[극단적] 환원주의적 평가'에 대해서 재고(再考)의 필요성[餘地]이 있다는 것이다. 물론 내가 만난 퇴직 경찰공무원은 분명히 현직에 있을 때에 좋지 못한 사건 등으로 전라도 사람을 잡았을 것이다.

이광수 역 (2004). 『인도 민족주의의 역사 만들기: 성스러운 암소 신화』. 서울: 푸른역사.; 이광수 (1993). "고대(古代) 인도(印度)-한국(韓國) 문화(文化) 접촉(接觸)에 관한 연구: 가락국(駕洛國) 허왕후(許王后) 설화(說話)를 중심으로". 『비교민속학』. 10. 257-279 참조.

우리가 생각하는 수(數)보다 더 많이 잡았을 수도 있다. 그리고 그분의 말처럼 전라도 사람들 중에는 정직하지 못한 사람도 있을 수 있을 것이다. 그분이 말하는 정직의 수준이 어느 정도인지는 몰라도 나 자신도 정직하지 못한 사람일 수도 있을 것이다. 그러나 확실한 것은 전라도 사람이 다 그런 것만은 절대로 아니라는 점이다. 그렇기 때문에 '전라도 사람=정직하지 못함'은 매우 극단적인 환원주의적 평가로서 현실적으로 전혀 객관적이지 못하다는 것이다. 역사적으로 "가룟 유다=배신자=유대인"이라는 평가에도 극단적 환원주의적 사고가 들어있다는 점이다. '예수의 배신자=유대인'이라는 도식도 마찬가지다. '가룟 유다=배신자', 또는 '가룟 유다=유대인'은 어느 정도 맞지만, "가룟 유다=신을 죽인 자[背信者]=유대인"이라는 도식은 극단적 환원주의적 평가로 재고의 여지가 있는 비상식적인 논리라는 점이다.

두 번째 허왕후 이야기는 누군가의 이해관계가 뒤엉키면서 사실이 아닌 것이 사실로, 역사가 아닌 것이 역사로 둔갑할 수도 있다는 점이다. 반대 경우로 진실이 비진실로, 역사가 비역사로 이해관계 때문에 둔갑할 수도 있을 수 있다는 점도 충분히 생각할 수 있는 부분이기도 하다. 사실이 심하게 왜곡된 상태로 말이다. 바로 본고에서 다루고자 하는 가룟 유다의 경우, 성경이 말해주고 있는 유다와는 다르게 역사적으로 다양한 유다가 존재하였고 또 존재하고 있는 이유도 바로 유다에 대한 환원주의적 평가와 더불어 유다를 둘러싼 다양한 이해관계로 인해서 사실이 아닌 것을 사실로 만들고 역사가 아닌 것을 역사로 만드는 이들이 존재해[였]기 때문이다.[93]

이러한 환경으로 인해 역사적 인물인 가룟 유다((Judas Iscariot)는 타자화(他者化, otherizing 긍정적으로 이는 「유다복음」서의 유다와 구별하기 위한 목적으로 볼 수 있는 부분이다)되었고, 더 나아가서 악마화(惡魔化, Demonizing the Other, 이는 「유다복음」의 유다와 더욱더 차별화하기 위해서 배신자 유다를 극단적인 비윤리성을 강조함으로써 나타난 것으로 볼 수 있다. 이는 부정적인 타자화의 사례로 매우 위험한 행동이라는 점을 인지할 필요가 있다)되었고, 결국에 가서는 탈역사화(脫歷史化, 정통적 해석과 정경의 범위가 붕괴함으로써 역사와 거리가 먼 유다를 볼 수 있다. 고로 이러한 탈역사화는 脫聖經化 또는 脫正經化를 의미한다)됨으로써 여러 유형의 유다가 지금까지 우리 곁에 존재하게 되었다는 점이다. 역사적 사실과 동떨어진 가룟 유다의 존재, 그리고 역사적 인물이 아닌 가룟 유다, 소설과 공상 속에서나 볼 수 있는 유다 가룟, 그 유다들(Judas[es])이 우리 주변에 출현하게 된 것이다. 때로는 역사적 인물처럼 소개된 채로 말이다.

기독교 공동체 안에서 지속해서 생활한 본 연구자로서는 오직 하나의 가룟 유다, 즉 복음서와 사도행전을 통해서 만날 수 있는 가룟 유다만을 역사적인 사실로 기억할 뿐이다. 그것이 유다에 대한 것[情報]의 전부다. 이것이 개인적으로 믿는 가룟 유다에 대한 역사적 정보[知識]의 전부다. 그런데 심심찮게 성경과 다른 가룟 유다를 발견할 수 있었다. 최근에 마녀사냥에 관한 글을 쓰면서 중세와 관련된 이런저런 자료들을 조금 살펴보았는데 가룟 유다와 관련해서 다양한 이야기들이 나왔다. 성경에서 가르쳐주고 있는 가룟 유다하고는 전혀 딴판(板)인 유다에 대해서 말이다. 그런데 그 당시 사람들이 성경에서 말하는 유다와 전혀 다른 유다를 역사적 사실처럼 곧이곧대로 믿었다(?)는 것이 더 충격적이었다. 아니 사실이 아닌지 알면서도 사실처럼 믿으려고 했는지도 모른다. 전혀 현실처럼 보이지 않는 소설 수준의 이야기들에 불과하기 때문이다. 당시 마녀사냥에서 마녀에 대한 이해와도 거의 비슷하게 느껴졌었다. 그렇다면 왜 다양한 가룟 유다가 존재하는가 하는 점이다. 이것은 앙시앵레짐(舊體制, ancient regime)에서 프랑스 혁명으로 전환되는 과도기 때에 역사적 사실과는 거리가 먼 마리 앙투아네트(Joséphe Jeanne Marie-Antoinette)의 존재와도 비슷한 맥락을 자기고 있으며 또 중세 십자군 전쟁 당시 사실과 다른 이슬람의 예언자 무함마드(Muhammad, ﷺ)가 존재하는 것과도 매우 유사하였다는 점이다. 다만 크나큰 차이가 존재한다면 마리 앙투아네트와 예언자 무함마드에 대한 것들은 일시적으로 그 개인 당사자들에게 한정되었다는 것이다. 이에 비해서 가룟 유다에 대한 이해[評價]는 예수 그리스도를 배반(背反)한 한(一) 인물에 대한 저주와 비웃음으로 끝난 것이 아니라 유대인 전체를 향한 저주[反猶太主義, Anjudaism]와 비웃음으로 그것도 지속해서 장기간에 걸쳐서 나타났으며, 그에 대한 절정(絶頂)이 히틀러 치하의 나치독일(Drittes Reich, 제3제국)에서 유대인 대학살이라는 홀로코스트(holocaust, 유대인들은 이를 Shoah[全燒]라고 한다)로 연결되었다는 점이다(나치의 홀로코스트의 경우, 최호근, 2015: 145-148, "유대인 학살의 배경과 동기" 참조).

본고를 통해서 왜 이처럼 끔찍한 역사적 대학살이 일어날 정도로 다양한 가룟 유다가 존재했는가에 대해서 살펴보고자 한다. 그것도 성경의 가르침과는 전혀 다른 모습의 가룟 유다들이 존재했는가에 대해서 말이다. 이를 위해서 먼저 성경 안에서의 가룟 유다에 대해 살펴볼 것이다. 이는 다양한 가룟 유다가 성경의 사실[聖經 本文 內容]과 다름을 말하기 위해서다. 그리고 성경의 가르침과 전혀 다른 다양한 유다가 존재할 수 있는 이유를 타자화와 악마화, 그리고 탈역사화의 과정이라는 것을 통해 살펴볼 것이다. 이러한 본 연구자의 주장은 미천한 지식[理解]과 사고에 근거한 극히 개인적인 생각(想像力 發揮, doxa, δωξα, opinion)[4]이라는 점에 대해서도 밝혀드린다.

Ⅱ. 다양한 가룟 유다의 존재

1. 역사적 사실: 성경이 언급한 가룟 유다(Judas Iscariot in the Bible)

가룟 유다에 관한 역사적 사실에 대해서 성경은 무엇을 가르쳐 주고 있는가? 성경에서 만날 수 있는 가룟 유다는 복음서와 사도행전에서 말해주고 있는 유다다. 복음서를 대표해서 「마태복음」에 나온 유다의 기록과 의사 누가(Luke)에 의해서 기록된 「누가복음」과 「사도행전」에 나온 유다에 대한 기록을 옮겨보기로 하겠다.

---

4) "고대 그리스 철학자들은 '의견'(doxa, opinion)을 정확한 지식이 아니라고 무시했지만, 18세기 지식인들은 '의견'을 공공의 영역으로 확장해 '여론'(opinion publique)으로 만들었고, 그것을 이끌어 나가면서 불합리한 제도를 비판했다"(주명철, 2014: 235).

1. 새벽에 모든 대제사장과 백성의 장로들이 예수를 죽이려고 함께 의논하고 2. 결박하여 끌고 가서 총독 빌라도에게 넘겨 주니라 3. 그때 예수를 판 유다가 그의 정죄됨을 보고 스스로 뉘우쳐 그 은 삼십을 대제사장들과 장로들에게 도로 갖다 주며 4. 이르되 내가 무죄한 피를 팔고 죄를 범하였도다 하니 그들이 이르되 그것이 우리에게 무슨 상관이냐 네가 당하라 하거늘 5. 유다가 은을 성소에 던져 넣고 물러가서 스스로 목매어 죽은지라 6. 대제사장들이 그 은을 거두며 이르되 이것은 핏값이라 성전고에 넣어 둠이 옳지 않다 하고 7. 의논한 후 이것으로 토기장이의 밭을 사서 나그네의 묘지를 삼았으니 8. 그러므로 오늘날까지 그 밭을 피밭이라 일컫느니라 9. 이에 선지자 예레미야를 통하여 하신 말씀이 이루어졌나니 일렀으되 그들이 그 가격 매겨진 자 곧 이스라엘 자손 중에서 가격 매긴 자의 가격 곧 은 삼십을 가지고 10. 토기장이의 밭 값으로 주었으니 이는 주께서 내게 명하신 바와 같으니라 하였더라(마27:1-10).

1. 유월절이라 하는 무교절이 다가오매 2. 대제사장들과 서기관들이 예수를 무슨 방도로 죽일까 궁리하니 이는 그들이 백성을 두려워함이더라 3. 열둘 중의 하나인 가룟인이라 부르는 유다에게 사탄이 들어가니 4. 이에 유다가 대제사장들과 성전 경비대장들에게 가서 예수를 넘겨 줄 방도를 의논하매 5. 그들이 기뻐하여 돈을 주기로 언약하는지라 6. 유다가 허락하고 예수를 무리가 없을 때에 넘겨 줄 기회를 찾더라 … 13. 그들이 나가 그 하신 말씀대로 만나 유월절을 준비하니라 … 21. 그러나 보라 나를 파는 자의 손이 나와 함께 상 위에 있도다 22. 인자는 이미 작정된 대로 가거니와 그를 파는 그 사람에게는 화가 있으리로다 하시니 23. 그들이 서로 묻되 우리 중에서 이 일을 행할 자가 누구일까 하더라 … 47. 말씀하실 때에 한 무리가 오는데 열둘 중의 하나인 유다라 하는 자가 그들을 앞장서 와서 48. 예수께 입을 맞추려고 가까이 하는지라 예수께서 이르시되 유다야 네가 입맞춤으로 인자를 파느냐 하시니(눅22:1-48)

15. 모인 무리의 수가 약 백이십 명이나 되더라 그때 베드로가 그 형제들 가운데 일어서서 이르되 16. 형제들아 성령이 다윗의 입을 통하여 예수 잡는 자들의 길잡이가 된 유다를 가리켜 미리 말씀하신 성경이 응하였으니 마땅하도다 17. 이 사람은 본래 우리 수 가

운데 참여하여 이 직무의 한 부분을 맡았던 자라 18. (이 사람이 불의의 삯으로 밭을 사고 후에 몸이 곤두박질하여 배가 터져 창자가 다 흘러 나온지라 19. 이 일이 예루살렘에 사는 모든 사람에게 알리어져 그들의 말로는 그 밭을 아겔다마라 하니 이는 피밭이라는 뜻이라) 20. 시편에 기록하였으되 그의 거처를 황폐하게 하시며 거기 거하는 자가 없게 하소서 하였고 또 일렀으되 그의 직분을 타인이 취하게 하소서 하였도다(행1:15-20)

복음서의 기자들도 저자 자신들의 관점에서 가룟 유다를 묘사한다. 이러한 이유로 성경 비평가들은 통일성이 없다고 주장한다. 그 정도의 주장은 아니더라도 한국계 작가 토스카 리(Tosca Lee)처럼 다음과 같은 매우 합리적인 궁금증을 가질지도 모른다.

> "그[가룟 유다]의 죽음에 대한 기록 자체가 수수께끼다. 그는 전통적인 묘사대로 밧줄로 목을 매달아 죽었을까? 아니면 성경 시대에 줄곧 시행되던 처형법에 따라 십자가나 기둥에 '매달렸'을까? 그러면 그가 땅에 거꾸러져서 배가 터지고 창자가 쏟아져 나왔다는 사도행전의 기록은 어떻게 된 것일까? 두 기록은 서로 상반되는 것일까, 보완하는 기록일까? (Lee, 2014: 443-444, in Tosca Lee," "저자 후기". 440-446 참조).

하지만 본 연구자는 개인적으로 그러한 생각[疑心이나 궁금症]도 사실 들지 않는다는 점이다. 왜냐하면 매우 어리석고 맹목적(盲目的)인 것[信仰]처럼 보일지 모르겠지만 성경에 나타난 가룟 유다에 대한 성경 저자들의 다양한 진술은 저자 각자의 관점에서의 기술이며, 이는 리처드 A. 버릿지(Richard A. Burridge)가 자신의 저서를 통해서 예수님에 대한 네 복음서의 저자들의 각기 다른 진술에 대해 어떻게 봐야만 하는지에 대해 설명하고 있는데, 이와 비슷한 방법으로 가룟 유다에 대한 각기 다른 성경의 진술을 어떻게 이해해야만 하는지에 대한 실마리를 찾을 수 있기 때문이다(이는 버릿지의 저서를 읽기[接하기] 전부터 본 연구자가 개인적으로 지닌 관점이기도 하다). 버릿지(Burridge)는 자신의 책, 『복음서와 만나다: 예수를 그린 네 편의 초상화(Four Gospels One Jesus?: A Symbolic Reading)』에서 네 개의 복음서에 나타난 예수 그리스도를 다음과 같이 바라보아야[理解해야만] 한다고 적고 있다. 그는 먼저 피해야 할 것은 다음과 같이 지적한다. "한 그림 위에 다른 그림을 포개어 보거나 조화롭게 한다는 이유로 여러 그림을 하나로 만들거나 그림들의 최소공통부모를 찾아 환원하지는 않[아야 한다]"는 것이다(Burridge, 2017: 25). 버릿지는 계속해서 적극적으로 해야 할 것에 대해서는 다음과 같이 기술하고 있다. "… 다시 한번 말하지만 [예수님에 대한 네 개의 복음서의 진술] 네 개의 초상은 모두 한 사람을 가리키고 있다. 이 한 사람을 온전히 이해하는 좋은 길은 초상들이 걸린 복도를 거닐며 각 초상을 찬찬히 살피는 것이다"(Burridge, 2017: 26). 성경은 가룟 유다에 대해서 피터 스탠퍼드(Peter Stanford)가 언급하고 있듯이, '유다 3부작'(?)인 '은 30냥으로 예수를 팔았고, 예수에게 [배신의] 입맞춤을 했었고, 그리고 유다는 자살하였다'라는 것에 대해서 가르쳐 주고 있을 뿐이다(Stanford, 2016 참조).

2. 타자화: 「유다복음」의 존재, 구별하기와 경계 짓기

기억은 잘 안 나지만 분명 어느 책[資料]에선가 보았던 내용인 것만은 확실할 것이다. 그렇지 않고 내 스스로 이런 생각을 해냈다면 내 자신은 분명 생각보다 좀 더 거시기[d^·^b]한 존재일 것이다! "필기도구의 역사는 지우개의 역사와 거의 함께 간다." "기록의 역사는 위조의 역사와 거의 같은 속도로 동행한다." 아마 이런 정도의 내용이었던 것 같다. 기독교의 역사도 마찬가지였다. 성경이 우리에게 전해준 가룟 유다의 정보와 전혀 다른 유다에 관한 정보가 나타났던 것이다.[94] 물론 유다에 관한 정보뿐만 아니라 마리아에 대한 정보, 즉「마리아 복음」, 도마에 대한 정보, 즉「도마복음」과 같은 성경이 우리에게 가르쳐 준 것과는 질적(質的)으로 확연하게 다른 마리아와 도마에 관한 내용(內容)들이 세간에 돌아다니고 있었던 것이다. 단순히 입에서 입으로 전해지는 구전(口傳)을 넘어서서 기독교의 역사적 내용과 다른 이야기들이 심지어는 문서화(文書化)되어서 전파되게 된 것이다. 사해문서(死海文書, Dead Sea Scrolls, DSS, 1947년 참조)나 나그함마디 문서(Nag Hammadi 文庫, 1945년 참조)[5])에서나 볼 수 있는 영지주의 문서들이 나타나 주변에서 돌아다니게 된 것이다(특히 Ehrman, 2005, ch.2. 42-61은 나그함마디 문서와 사해사본에 대한 간략하게 소개하고 있으니 참조하기 바란다).

---

5) 사해문서(Dead Sea Scrolls); http://blog.daum.net/jhchoi21/174 참조)나 나그함마디 문서(Nag Hammadi library); http://ko.wikipedia.org/w/index.php?title=%EB 참조.

1) 영지주의의 출현

기독교 정통[正統·傳統]과는 전혀 다른 것[內容]을 전하는 영지주의가 출현하게 된 것이다. 영지주의의 뿌리를 두고 과거 학자들 간에 한창 논쟁이 있었던 것 같다. 이와 관련해 로드니 스타크 (Rodney Stark)가 전해주고 있는 내용을 [그림]으로 나타내 보면 다음과 같이 정리할 수 있을 것 같다는 생각이 든다.

그림: 유대교, 기독교 그리고 영지주의와의 관계

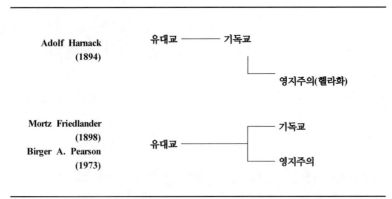

자료: Stark, 2016: 213 내용 그림으로 구성

아돌프 하르낙(Adolf Harnack)의 이론에 의하든 아니면, 프리드랜더와 피어슨의 주장에 의하든 간에 한 가지의 공통점은 영지주의는 정통 기독교와는 질적으로 전혀 다르다는 사실이다. 그것이 기독교에서 나왔든지 아니면 유대교에서 나왔든 지에 관계없이 말이다. 실질적으로 영지주의 종파의 사제라든가, 영지주의 전문가들조차도 영지주의가 정통 기독교와는 전혀 다른[質的으로 거리가 매우 먼,

異質的] 가르침이라는 것을 인정하고 있다(Pagels, 2006; Hoeffer, 2006; 세르즈 위탱[Serge Hutin], 1996 참조.; 참고로, Elaine Pagels 는 대학교수로 영지주의 전문가이고, S. A. Hoeffer는 실제로 영지주의 종파의 사제로 박사학위의 소유자라고 한다). 영지주의 문서로 대표되는 나그함마디 문서(Nag Hammadi Library)를 살펴보더라도 이들 영지주의 문서가 정통 기독교의 가르침과는 전혀 질적으로 무관(無關)하다는 사실을 발견할 수 있다(Pagels, 2006). 심지어 불교 학자인 에드워드 콘즈(Edward Conze)에 의하자면 영지주의는 불교 특히 대승불교(大乘佛敎, Mahayana Buddhism)와 공유하는 부분이 많다는 점에 대해서 다음과 같이 구체적으로 지적하고 있는 것도 볼 수 있다(Hoeller, 2006: 228-229 재인용).[95]

* 구원은 그노시스(즈나나)를 통해 얻어진다.
* 무지가 악의 진짜 뿌리이다.
* 영지주의자의 지식과 불교인의 지식은 평상의 방편에 의해서가 아니라 내적 계시의 결과로서 얻어진다.
* 어리석은 물질주의자(hyletic)의 상태로부터 깨달은(pneumatic, 영적인) 현자의 상태에까지 이르는 영적 성숙의 단계가 있다.
* 영지주의와 불교에서는 지혜의 여성적 원리(각각 소피아와 파라즈나 prajna)가 중요한 역할을 맡는다.
* 영지주의와 불교는 사실보다 신화를 선호한다.
* 도덕률 폐기론 경향(규율과 계명에 대한 경시)이 두 종교 체계 속에 내재해있다.
* 두 종교 체계는 값싼 대중성을 혐오한다. 이들의 가르침은 영적 엘리트를 목표로 한다.
* 영지주의와 불교는 모두 형이상학적인 이원론을 취한다(Hoeller, 2006: 228-229 재인용).

심지어 나그함마디 문서를 연구한 장 도레스 같은 학자는 영지주의 저작물들이 이집트 신학에서 영향을 받았다고 주장할 정도다. "나그함마디 문서를 연구한 장 도레스(Jean Doresse) 같은 학자는 영지주의 저작물들이 이집트의 신학에서 영향을 받았다는 사실을 인정하고 있다. 오랫동안 세인의 관심 밖에 있었던 이 복음서들에서 우리는 이집트의 개념들이 명확하게 표현되어 있음을 자주 발견할 수 있다. 그중에서도 『파스티스 소피아』가 가장 두드러지는데, 이것에 표현된 우주론은 이집트의 『사자의 서』와 어울리는 내용이다. 영지주의 복음서들은 심지어 같은 용어를 사용하기도 한다. 예를 들면 '지옥'에 대하여 이집트 단어인 Amente를 사용하고 있다"(Picknett & Prince, 2006: 491).[96]

2) 영지주의 문서인 「유다복음」

"말은 날아가나 글을 남는다"(verba volant, scripta manent).[97]

앞서 언급했듯이 기독교 정통이 말하는 가룟 유다하고 전혀 다른 인물에 대한 문서가 나타난 것이다. 그것도 구전이 아닌 문서화된 형태로 말이다. 그것이 바로 「유다복음」이라는 이름을 지닌 영지주의 문서다. 고대 이집트어인 콥트어로 쓰인 「유다복음」은 이레니우스(180년경에 언급)에 의하면 가인파(Cainites)[98] 영지주의자들의 작품이라고 한다(김동수, 2007: 111; 강성모, 2006: 42-43; Ehrmann, in Krosney, 2006: 2-3). 중세의 마녀사냥에 일조한 것 중의 하나가 인쇄술의 발달이었는데, 비록 인쇄물은 아니지만 문서화된 형태로 돌아다닌 「유다복음」에 관한 소문에 대해서 정통 기독교 공동체에 속하는 사람이든 그렇지 않는 세인이든 간에 얼마나 귀 쫑

긋[緊張]하게 하는 역할을 「유다복음」이 그 당시에 감당(堪當)하였는지는 충분히 짐작할 수 있는 부분이다. 물론 당시 사람들의 문맹률이 매우 높았다 하더라도 구전(口傳)에 의한 것과 눈으로 문서라는 형태로 직접 보는 것은 그 충격에 있어서 상당했을 것으로 짐작할 수 있을 것이다. 글자를 모르니까 눈에 더 집착할 수도 있다는 것이다. 문맹이어서 그 문서 속의 내용은 전혀 모를 수 있지만 "아이 문서가 그것이구나." 심지어 자신들의 주변에 사는 사람들에게 "내가 직접 두 눈으로 직접 봤다"라고 증언(證言)도 하였을 것이다. 들은 것이 아니라 직접 두 눈으로 똑바로 본 것이라고 말이다. 그 내용의 진위는 알지 못한 가운데 말이다. "진짜여야" 하면서 말이다. 이것이 더 무서운 결과를 가져올 수 있다.

그렇다면 「유다복음」은 어떤 면에서 정통 기독교와 차이가 있는 것일까? 김동수 교수의 "유다복음: 실체 해부"의 "3. 신학과 세계관"(김동수, 2007: 108)을 보면, 「유다복음」의 신학과 세계관에 대해서 간략하게 잘 정리해 주고 있다. 유다복음에 의하면 예수님은 구세주가 아니다. 유다복음의 예수님은 단지 비밀스러운 계시[靈知]를 가르치는 교사에 불과하다. 유다복음에 나온 제자들은 구약의 하나님은 자신이 믿는 신과는 다른 '너희 신'에 불과하다고 한다. 물론 다른 영지주의 문서에는 저급한 신으로 묘사되기도 한다. 열두 제자는 예수의 말씀을 깨닫지 못하는 자들로 비밀스러운 것을 깨달은 가룟 유다를 핍박하는 자들로 묘사되고 있다. 유다복음에는 플라톤 사상이 나타나는데 모든 사람은 그 사람의 별이 있고 그 별과 운명을 같이한다고 한다.(김동수, 2007: 108 참조; "유다복음서",

「위키백과」 참고). 김동수 교수가 정리해 놓은 「유다복음」에서 유다에 대해서 살펴보기면 다음과 같다.

> 1) 유다: 유다는 예수의 유일한 애제자요. 예수의 말을 깨닫는 유일한 제자요, 예수의 본질을 알고 있는 유일한 제자이며, 행동에 있어 모델 제자로 그려지고 있다. *특기 사항: (1) 유다에 의한 예수의 배반이 예수의 은밀한 지시에 의한 것임을 암시한다. "그러나 너는 그들 모두를 능가할 것이다. 왜냐하면 너는 나를 옷 입고 있는 그 사람을 제물로 바칠 것이기 때문이다" (2) 유다는 "13 번째"라고 불리는데 그것은 유다가 열두 제자를 능가하는 새로운 인물이라는 것이다(김동수, 2007: 108).

「유다복음」에서 가장 중요[論難의 對象]시 되는 대목은 다음과 같은 내용이라고 한다. 강성모의 책에서 참조하여 그 내용을 옮겨 보면 다음과 같다.

> 예수께서 세례 받은 자들과 유다의 배반에 대해 말씀하시다. …
> "유다가 예수께 말했다. '보십시오. 당신의 이름으로 세례받은 사람들은 무엇을 할 것입니까?' 예수께서 말씀하셨다. '진실로 내가 [네게] 말한다. 나의 이름으로 [상실된 내용] 이 세례는 [상실된 내용] 나에게, 진실로 [내가] 네게 말한다. 유다야, 싸클라스에게 제사를 드리는 [사람들은] [상실된 내용] 하나님 [상실된 내용] 악이 되는 모든 것.' '그러나 너는 그들 모두를 능가할 것이다. 왜냐하면 너는 나를 옷 입히고 있는 그 사람을 제물로 드릴 것이기 때문이다'"(강성모, 2006: 84, 강조는 본 연구자).

앞에 인용한 「유다복음」의 내용에 나오는 "왜냐하면 너는 나를 옷 입히고 있는 그 사람을 제물로 드릴 것이기 때문이다."에 대한 김기현 목사의 해석에서도 유다복음이 기독교와는 전혀 관계없는 철저히 영지주의 관점에서 기술된 것임을 알 수 있다. "유다복음서에 나타난 영지주의의 전형은, 주의 만찬을 조롱하는 대목과 함께 예수가 유다에게 자신을 배신하라고 부탁하는 장면이다. '**너는 나를 옷으로 삼아 입고 있는 그 사람을 희생 제사로 드릴 것이다.**'(**For you will sacrifice the man that clothes me**) 문자 그대로 해석하면 '옷을 입다'라는 말이지만, 그 본래의 속내는 육체를 감금하고 있다는 뜻이다. 그 의미를 좀 더 풀어보자면, 예수는 육체라는 감옥에 갇혀 있고, 유다의 배반으로 그 영혼이 자유를 얻는다는 것이다. 이것은 전형적인 영지주의이고 이교의 이원론이다."(김기현, 2008: 18. 강조는 본 연구자)

3) 구별하기: '境界' 짓기의 필요성 대두

이처럼 「유다복음」은 영지주의 문서로 정통 기독교와 전혀 관계가 없다는 것을 알 수 있다. 그 내용 면에서 성경의 가르침과는 전혀 다른 유다에 대해서 말하고 있다는 것을 인지할 수가 있다. 만약 이질적인 내용을 지닌 「유다복음」을 수용[許容]할 경우 기독교의 근본인 정경의 붕괴를 가져올 수 있다. 그러면 전혀 다른 기독교(other christianities)가 기독교인 것처럼 행세를 할 수 있는 길을 열어주게 되는 것이다. 그렇기 때문에 성경에 나오는 가룟 유다와 「유다복음」의 유다를 구별할 필요가 있었던 것이다. 그것이 바로 타자화인 것이다(긍정적 의미의 타자화; 肯定的 他者化). 정체성을 지키기 위해서 이징적인 것과 경계를 짓는 것이다.[99]

(1) 성경과 전혀 다른 가룟 유다

영지주의 문서인 「유다복음」에 나온 유다는 정통 기독교에서 말하는 '가룟 유다'하고는 너무나 다르다는 것을 알 수 있다. 「유다복음」에 나오는 가룟 유다는 배신자 유다가 아니다. 도리어 예수의 복음을 다른 제자들보다 더 잘 이해한 제자로 예수의 명(命)을 따라 예수의 지상에서의 사역을 완성하도록 도와준 신실한 제자라는 것이다. 예수를 둘러싸고 있는 육신의 옷을 없애서 영적 구원을 이루도록 도운 충직(忠直)한 제자라는 것이다.

이렇듯 유다에 대한 전혀 다른 묘사는 당시에도 많은 논쟁을 가져왔을 것이다. 비록 그 논쟁이 일부에 한정되었더라도 말이다. 비교적 최근에도 「유다복음」에 나오는 유다에 대한 평가가 연구자들에 따라 크게 엇갈렸는데, 그 당시에도 유다에 대한 상이한 평가와 논란들이 존재하였다는 것은 충분히 짐작할 수 있는 부분이다.

오늘날 경우에도 「유다복음」과 그 복음에서 나온 유다에 대한 긍정적 평가는 다음의 연구자들에게서 들을 수 있다. 마빈 마이어(Marvin Meyer)의 경우에는 "유다복음에 나오는 유다는 예수가 요청하지 않은 일은 하는 법이 없고, 예수의 말을 잘 들으며, 언제나 예수에게 충직하다. 가룟 유다는 예수가 사랑하는 제자이자 소중한 친구인 것이다."라고 평가하였다(Krosney, 2006: 345 재인용). 또『유다의 사라진 금서』의 저자 허버트 크로즈니(Herbert Krosney)도 다음과 같이 긍정적으로 평가하는 것을 볼 수 있다. "저자는 예수의 가장 충직한 종으로서 유다 이야기를, 유다의 입장에서 하기로 결심했음이 분명하다. 그는 이러한 결심을 제목에서 당당히 선언하고 있다. 이것이 바로 '유다복음', 즉 유다가 알리는 '좋은 소식'을 실은 글이었다."(김기현, 2008: 143 재인용). 그노시스파의 대표적인 학자인 일레인 페이겔스와 캐런 킹은 저서 『Reading Judas: The Gospel of Judas and the Shaping of Christianity. (2007)』에서 유다복음의 기록에 따르면 유다가 천국에 간 게 분명하다는 평가를 하고 있는 것을 볼 수 있다(Stanford, 2016: 397, 5장 11번 주).

반면에 「유다복음」과 「유다복음」 속의 가룟 유다에 대한 부정적 평가는 다음 연구자들에 의해서 들을 수 있다. 전통적 기독교인이 아닌 제임스 M. 로빈슨(James M. Robinson)조차도 역사적인 유다를 이해하는 데 「유다복음」이 전혀 가치가 없다는 주장했다고 한다 (Evans, 2011: 328). 그레이그 A. 에반스(Craig A. Evans)의 경우도 「유다복음」에 대해서 다음과 같은 부정적인 평가를 하는 것을 볼 수 있다. "… 신약 밖의 그리고 신약보다 후대의 문서들은 신약을 이해하는 데 중요한 정보를 제공하기도 한다. 베일에 가려 있는 이 제자를 이해하는 데 유다복음서가 일부 신학자나 역사가들에게 약간의 도움을 줄 수 있을지는 모르지만, 유다가 실제로 행했거나 예수가 실제로 그 제자에게 개인적인 가르침을 주었는지에 관해서는 어떤 정보도 얻을 수 없다"(Evans, 2011: 329). 김기현 목사는 한마디로 잘라 「유다복음」에 대해 다음과 같이 평가한다. **"이 문서는 '유다복음'이 아니라, '유다 변명'입니다"**(김기현, 2008: 147, 강조는 본 연구자).

이처럼 「유다복음」과 그 속에 표현되고 있는 다른 가룟 유다,

또 이들에 대한 논쟁적 평가[混亂]들로 인해서 당시 교회 공동체는 「유다복음」과 거기에 나온 유다는 성경[正經]이 가르쳐주는 가룟 유다와 전혀 다르다고 필연적으로 선 긋기를 할 수 밖에 없었던 것이다.

(2) 본질에서 전혀 다른 이질적 문서의 등장

「유다복음」에 나오는 유다와 정통 기독교의 가룟 유다의 구별 짓기가 필요했던 것이다. 일종의 경계 짓기를 통한 '[긍정적 의미의] 타자화의 과정'을 가진 것이다. 이는 그 당시 교회로는 매우 중요[必要]한 부분이었을 것이다. 왜냐하면 전혀 다른 내용의 텍스트의 존재는 정경의 진정성을 의심받게 하기에 충분하였기 때문이다. 이는 기독교와 교회의 권위를 본질에서 허무는 도구로도 충분히 사용될 수 있기 때문이다. '경계 짓기[區別짓기]'는 협의적으로 외관적인 의미로는 "「유다복음」의 유다≠정통 기독교[正經]의 유다"를 의미하지만 광의적으로나 더 본질적으로는 "「유다복음」≠정통 기독교의 가르침 아님[非正經, 非正統 基督敎] ⇨ 故로 '거리 두기[境界‧區分 짓기] 필요'"함이라는 메시지를 담고 있기 때문이다. 나그함마디 사본이 나왔을 때에 영지주의 전문가인 일레인 페이절스(Elaine Pagels)의 다음과 같은 진술 속에서도 이러한 분위기를 충분히 읽을 수 있다.

> "내셔널 북 어워드 수상자인 일레인 페이걸스는 저서 『영지주의 복음서』에서 나그함마디 사본에 대한 그 충격을 다음과 같이 표현했다. '그리스도교가 시작되었을 때부터 첨예하게 논쟁거리가 돼 온 의문들! 부활을 어떻게 이해해야 할 것인가? 일반 성직자나 주

교직에 여성을 허용할 것인가? 그리스도는 누구였고, 또 그와 신자들은 어떤 관계였는가? 그리스도교와 세계의 다른 종교들 사이엔 어떤 유사점이 있는가? 오래된 그 모든 의문들이 다시 고개를 들고 있다.'"(Korsney, 2006: 152).

2006년 6월 당시 「유다복음」을 부활절을 맞는 성 금요일에 텍스트를 공개했을 때에도 앨리스터 E. 맥그라스(Alister E. McGrath)는 호들갑을 떠는 대중 매체들의 그러한 행태(行·態) 속에 들어있는 진의(眞意)가 무엇인지 깨달았다. 그들의 저의(底意)는 바로 정경의 진정성을 무너뜨려야만 교회의 권위를 무너뜨릴 수 있다는 생각이었다. 그래서 맥그라스는 그들의 숨은 의도가 무엇인지를 다음과 같이 지적하였던 것이다.

교회의 권위를 타파하려면 권위의 바탕이 되는 텍스트의 진정성을 무너뜨려야 하기 때문이다. 2006년 『유다복음』을 둘러싸고 대중매체가 호들갑을 떤 것은 이런 흐름을 반영한다. 대중매체는 앞다퉈 "바로 여기에 전통적인 기독교 복음서들에 대한 대안이 있는데, 초대교회가 교회의 권위를 위협한다는 이유로 이를 억압했다."라고 보도했다.[100]···대표적인 영국 신문은 『유다복음』을 "이천년에 걸친 기독교의 가르침"에 위협을 제기한 "온 시대를 통틀어 최대의 고고학적 발견"이라 선언했을 정도이다.[101](McGrath, 2011: 21, 강조는 본 연구자).

지금까지의 내용을 간략하게 요약해 보기로 하자. 「유다복음」은 영지주의 문서로 기독교와 본질적으로 다른 가르침을 주고 있다[非正經性]. 「유다복음」에 나오는 유다는 정통적 기독교의 가르침에 의한 가룟 유다와 전혀 달랐다. 그리고 「유다복음」의 가르침 또한 기독교의 가르침과 본질에서 전혀 달랐다. 그래서 교회 공동체는 「

유다복음」과 그 속에 표현된 유다는 정통 기독교의 가르침과 전혀 다른 가르침이라는 점에 대해 선포[暴露]할 수밖에 없었고, 이는 타자화(他者化), 구별[分別]하기, 경계(境界) 짓기의 형태로 이루어지게 되었다. 악의와는 관계없이 구별의 필요성에 의한 긍정적인 의미의 타자화(他者化)의 과정이 이루어지고 있었던 것이다[肯定的 他者化 過程]

3. 악마화: 잘못된 성경해석−해석의 독점, 환원주의적 이해, 정치적 이해관계로 인한 부정적 의미의 타자화의 진행

타자화하기는 자신의 정체성을 드러내고 자신의 본질을 보호하는 측면에서 잘못되었다고는 할 수 없다. 여기서 타자화는 단순히 '구별하기, 분별[구분]하기, 경계 짓기'의 개념으로 정체성 드러내기만을 의미하기 때문이다. 조성택 교수도 정체성은 그 자체로 배타적인 성격을 지닌다고 지적하였다. 다음은 이에 대한 조성택 교수의 기술을 인용해 보기로 하겠다.

> 우리는 모두 각자의 정체성, 예를 들면 종교적 정체성, 문화적 정체성, 정치적 정체성을 버릴 수 없습니다. 이들은 배타적일 수밖에 없습니다. (…) 그런 맥락에서 신앙은 배타적일 수밖에 없으며 따라서 신앙의 배타성을 인정해야 됩니다. 그것은 우리 인식의 방식이기도 하고 한계이기도 합니다(조성택, in 김근수 · 김진호 · 조성택 · 박병기 · 성해일 · 정경일, 2016: 67).

1) 긍정적 타자화를 넘어 부정적 타자화인 악마화의 과정(devilization of others. 이것이 사회적으로 큰 문제다)

문제는 자신의 정체성을 위해 단순히 '구별하기'나 '경계 짓기'로 끝났으면 좋았을 텐데 긍정적 타자화를 넘어서 이제는 부정적 타자화의 과정인 악마화 하기에 이르게 된다(Burke, 2005: 204; 김회권, 2019: 90 참조)[102] 이것은 성경의 가르침과는 전혀 다르지만, 현실 속에서 이러한 잘못된 경험들이 일부에서 나타나게 되었다는 점이다. 물론 100퍼센트 꼭 그런 것은 아니지만 그리고 이러한 악마화의 과정은 성경의 가르침과도 절대적으로 상반되는 것임에도 불구하고 문제는 기독교 역사 속에서 기독교 스스로가 어떤 사회문제가 발생할 때에 그 문제를 잠재우기 위해서 바로 악마화의 과정을 시도하는 사례[境遇]가 여럿 있었다는 점이다(배철현, 2015: 143-164. "7장. 너는 입맞춤으로 나를 넘겨주려고 하느냐?"; Stanford, 2016 참조).

악마화의 과정을 통해 교회 공동체는 당시 직면(直面)하였던 사회문제를 돌파[하려고] 했다는 것이다. 가룟 유다를 통한 유대인에 대한 악마화의 사례도 바로 이런 악마화 과정의 하나라는 지적이다.[103] 그렇다면 가룟 유다가 어떻게 악마화가 될 수 있었을까? 성경 본문에 의할 경우 가룟 유다 개인에 대한 최악의 평가의 경우에는 '가룟 유다=신을 배신한 자' 정도로 이해되어야 할 것인데 어떻게 '유다=유대인 전체 대표'라는 도식으로 악마화가 되었을까? 「사도신경」에서는 예수 그리스도가 '본디오 빌라도[Pontius Pilatus]에게 고난을 받았다'[104]·[105]는 고백으로 끝나지 가룟 유다에 대한 언급은 전혀 나오지 않고 있지 않은가? 그런데도 왜 가룟 유다가 악마화가 된 것일까? 개인적인 경험과 사회적 현상으로 짐작할 수 있는 것은 당시 영지주의 도전이 정통 교회와 기독교의 관점에서 봤을 때에 그리 간단하게 해결될 수 있는 문제가 아니었던 것 같다는 생각이 든다[深刻한 문제=영지주의 문제]. 그렇기 때문에 영지주의의 강한 도전에 대한 위기의식은 '강한 극단적 반작용'으로 나타나게 되면서 가룟 유다에 대한 악마화가 진행되지 않았는가 하는 생각을 개인적으로 조심스럽게 해 본다. 그 결과 "탐욕스러운 유다(Judas of greed)=유대인(Jew)"으로 이해되었고, "예수님을 살해한 유다(Judas Murderer)=유대인(Jew)", "배신자 유다"(Judas betrayer)라는 도식으로 이어지게 되지 않았는가 하는 것이 개인적인 생각이다. 이는 오늘날 인터넷의 논란(키보드 워리어[컴퓨터 자판전사]라고 불리는 이들에게서 행해지는)에서도 흔히 볼 수 있는 부분이기도 하다. 어떤 사람이 맘에 안 들면 당장 들고나온 것 중의 하나가 "그의 고향이 어딘가?" 서울 사람이다거나 자신들이 생각할 때 흠 잡을 때 없는 곳[地方]이 그의 고향이라면 그다음에 묻는 것도 지역에 관한 질문이다. 그렇다면 "그의 부모는 어디 출신인가?"다. 이처럼 어떤 사람의 평가가 쉽게 지역(地域)이나 다른 그 무엇인가로 쉽게 번지는 것을 볼 수 있다. 아마 유다에 대한 악마화도 그러한 유사한 과정을 통해서 확산되었을 것이다. 당시 초기 교회가 영지주의는 물론 유대교와의 대립 관계[競爭 關係][106]에 있었고 또 초기 교부들과 같은 이들이 유대인들이 아니라는 점에서 유대인에 대한 교부들의 적의(敵意)에 관해서 어느 정도 충분히 생각할 수 있는 부분이다(역설적이게도 초기 기독교 당시 회당에서의 기독교인들은 소수에 불과했으며 회당의 다수의 유대인에 의해서 구별 짓기가 시도되었다는 점이다. 이는 당시 유대인의 회당 「기도문」에서도 확인할 수 있다107).

오늘날 인터넷 인신 공격적 상호비방(人身攻擊的相互誹謗)에서 또 생각할 수 있는 것은 상호비방은 극단적인 (性的)언어표현을 통해 이루어진다는 것이다. 영지주의에 대한 반발, 「유다복음」에 대한 강한 저항은 가룟 유다에게도 그가 '유대인'이라는 것과 더불어 성과 관련된 비난으로 발전하게 되었을 것이다. 성(性)과 관련해서 가룟 유다에 대한 비난은 파피아스 주교로부터 시작되었다고 스탠퍼드(Peter Stanford)가 적고 있는 것을 볼 수 있다. "[히엘라폴리스(오늘날 터키)의 주교였던] 파피아스는 또한 처음으로 유다를 성적 결핍자로 기록했다. 그리고 성적 결핍은 이후 특히 기독교가 성 아우구스티누스(354-430)의 영향력 밑으로 들어가면서부터 배신자 유다의 중요한 특징이 된다. 성 아우구스티누스는 기독교가 역사적으로 성과 관련된 모든 것을 부정적으로 여기는 데 가장 큰 영향을 끼친 인물이다. 유다를 성적 결핍자로 단정하면, 성 자체를 죄악시할 수 있었다. '그(유다)의 생식기는 너무나 비대해졌고, 다른 누구의 것보다 더 추악하게 변했다'"(Stanford, 2016: 151). 심지어는 가룟 유다를 근친상간을 저지른 사람으로까지 묘사되기도 한다. 그것도 아버지를 죽이고 자신의 어머니와 …? "1260년경 이탈리아 제노바의 대주교 야고부스 데 보라지네(Jacobus de Voragine)가 저술한 『황금 전설』에는 유다가 아버지를 죽이고 자신의 어머니와 결혼했다고 묘사되어 있다. 중세 화가들은 그를 백합과 같은 백인 예수와 비교되는 전형적인 유대인의 모습으로 묘사했다(배철현,

2015: 162; 참고로, 예수 그리스도도 팔레스타인 근처의 유대 사람이기 때문에 오늘날 유럽 사람들과 같은 백인이 아니라는 점에 대해서 인지할 필요가 있다).

잠시 약간 옆길로 빠져서 앞서 짧게 언급했듯이 유다의 악마화 과정과 비슷한 경우를 앞서 언급한 이슬람의 선지자 무함마드와 프랑스 구체제 당시 마리-앙투아네트의 사례를 통해 살펴보자 '극단적인 성적 묘사'가 악마화 과정의 중심에 있음을 발견할 수 있기 때문이다. 십자군 전쟁 당시 이슬람교의 예언자 무함마드(Muhammad)에 대한 표현과 이해에서, 또는 프랑스 왕정(ancient regime)에서 프랑스 혁명으로 넘어가는 과도기 시점에서 마리-앙투아네트(Joséphe Jeanne Marie-Antoinette)에 대한 표현과 이해에서도 찾아볼 수 있다. 먼저 이종경 교수의 "중세 유럽의 이슬람 인식"에 나온 당시 무함마드(이종경 교수가 마호메트라는 명칭을 사용하고 있어서 그대로 인용하도록 하겠다)의 대한 과장과 왜곡, 더 나아가 날조로 이루어진 묘사로 넘쳐나고 있는 것을 볼 수 있다.

> 그들은 돈 많은 과부와 결혼한 것과 그의 급한 성격, 그리고 일부다처제 허용 등의 사실을 과장하고 왜곡하고 심지어 날조된 새로운 사실을 더하여 완전히 새로운 인물을 창조하였다. 마호메트는 흔히 술주정뱅이에 간질병 환자로 그려졌으며, 심지어 로마에서 교황으로 선출되지 않자 화가 나서 아라비아로 건너간 타락한 추기경으로 등장하기도 했다[Kritzck, 1964: 18] 마호메트는 미천한 신분으로 무일푼이었으나 돈 많은 과부를 속이고 결혼하여 기반을 닦은 뒤에 마술과 간계를 써서 권력을 장악하고, 계시를 받은 것처럼 위장하여 세력을 유지하며, 한편에서는 반대자를 폭력으로 억압하고 다른 편에서는 사람들의 환심을 사기 위해 방탕과 혼음

을 허용함으로써 대제국을 건설하였다고 매도되기도 했다[Daniel, 1960: 79-108 참조](이종경, 2002: 81).[108]

이종경 교수는 노장이라는 지방의 기베르(Guibert of Nogent)라는 사람의 예를 들어서 당시 사람들은 자신들의 왜곡과 과장, 그리고 날조에 대해서 별로 가책을 받지 않았다고 지적하는 것도 볼 수 있다. "그들은 마호메트에 대한 이러한 오류와 왜곡, 과장, 그리고 날조에 대하여 별로 가책을 받았던 것 같지 않다. 마호메트에 관한 어떤 문서자료도 참고하지 않고, 오로지 일반인으로부터 들은 이야기에 근거하여 전기를 썼음을 밝힐 정도로 학자적인 양심을 지녔던 노장의 기베르(Guibert of Nogent, 1053-1124)조차 다음과 같이 말하며 그러한 행위를 변호하였다. '내가 하는 말의 진위와 관계없이 말로 표현할 수 없을 정도의 악행을 행한 사람에 대해서는 나쁘게 말해도 문제 될 것이 없다.'"[109](이종경, 2002: 81).

프랑스의 경우 구체제에서 공화정으로 넘어가는 과도기에 있어서 자코뱅당과 더불어 마리-앙투아네트[110]의 반대 진영에 있는 이들이 마리-앙투아네트를 소설이나, 시, 또는 팸플릿(pamphlet)을 통해 묘사하는 부분에서도 이러한 극단적이며 지나친 과장과 왜곡을 만날 수 있다. 물론 당시 국왕이었던 루이 16세에 대한 묘사도 극단적인 것은 마찬가지였지만, 여자인 마리-앙투아네트의 경우는 더 심했다. "국가=가족, 왕=아버지, 왕비=어머니"라는 가부장제적 프레임을 무너뜨리기[부러뜨리기] 위해서(Hunt, 1999: 77 참조) 사용한 자료들[시나 소설, 또는 팸플릿]에서 극단적인 표현들을 만날 수 있다. 앞의 이슬람의 예언자 무함마드에 대한 것과 비교해보면 마리-앙투아네트에 대한 묘사는 상대적으로 '포르노그래피'에 가까운 노골적인 성적인 묘사들이 그 중심을 차지하고 있었다는 지적이다. 다음은 린 헌트(Lynn Hunt) 교수가 자신의 책, 『프랑스 혁명의 가족 로망스(The Family Romance of the French Revolution)』에서 기술하고 있는 부분이다. 당시 마리-앙투아네트의 혐의로 지적된 근친상간(近親相姦, 루이 16세의 아들)과 악명 높은 다이아몬드 목걸이 사건(1785년)으로 인해 지속적으로 성적 육체적 일탈 행위를 부각하는 형태로 나타나고 있는 것을 볼 수 있다. 재판에서 근친상간에 대한 공격이 아들과의 관계에 머물렀지만, 당시 팸플릿에서는 근친상간의 범위가 크게 확대되어 표현되어지고 있다는 것이다. 그러한 못된 짓[性的 逸脫行爲]을 친정아버지한테서 배워서 아들에게로 남동생에게로 그리고 그 밖의 남자들에게로 계속해서 확장되는 것으로 표현하고 있는 것을 확인할 수 있다.

> 재판에서 그런 공격은 왕비의 아들과의 관계에 머물렀지만, 팸플릿에서 그것은 국왕의 남동생, 국왕의 조부인 루이 15세, "가장 더러운 쾌락인 근친상간의 열정"을 가르쳐준 왕비의 친아버지와의 근친상간을 포함했다. 그런 '근친상간의 열정'으로부터 '프랑스 사람들에게 대한 증오, 아내와 어머니로서의 의무에 대한 혐오 등 요컨대 인간성을 잔인한 짐승의 수준으로 떨어뜨리는 모든 것'이 뒤따른다는 것이었다.
> …
> Ci-git l'impudique Manon,
> Qui, dans le ventre de sa mere,
> Savait si bien placer son c...,
> Qu'elle f... avec son pere"[111](Hunt, 1999: 160).

마리-앙투아네트를 성적으로 음탕(淫蕩)하게 보이게 하는 자료들의 양[숫자]이 크게 증가했을 뿐만 아니라, 음탕한 그녀와 성관계를 가졌다는 사람들의 숫자도 크게 확대되고 있었다. 더 나아가 그녀의 음탕의 정도도 더욱더 심해지고 있는 것으로 묘사되고 있다. 성행위의 형태가 심지어 레즈비언이나 오늘날의 쓰리섬(Threesome, 3인1조)으로까지 설정되어 있었다고 한다. 그녀와 직간접적으로 관련된 모든 인물들이 그녀의 성적 관계[接觸]의 대상으로 호도되었던 것이다. "『마리-앙투아네트의 생애에 대한 역사적 논문(Essais historiques sur la vie de Marie-Antoinette)』의 1789년 판본은 분량이 늘어난 불어판으로 146페이지에 달할 만큼 길었다. 이것은 왕비에 대한 개인적 적대감을 점점 더 큰 소리로 외치고 있는데, 그것은 곧 혁명기 포르노그래피 팸플릿의 특징이 되었다. 그 당시까지 출판되었던 모든 반 마리-앙투아네트 폭로문 가운데 가장 자세(字細)했던 이 작품에서는 왕비가 일인칭으로 그녀 자신의 견해를 제시하려고 한다. '나의 죽음은 내가 가장 위대한 야만성을 갖고 억압했던 국민 전체가 바라는 일이었다.' 여기에서 마리-앙투아네트는 자신을 '야만적인 여왕, 간음하는 부인, 도덕이 없고 범죄와 방탕으로 오염된 여자'라고 묘사하며, 이전 팸플릿에서 자신을 겨냥하여 쏟아진 모든 비난을 상세하게 묘사한다."(Hunt, 1999: 149). "장편의 『프랑스 국왕 루이 16세의 부인, 오스트리아의 마리-앙투아네트의 삶: 처녀성 상실부터 1791년 5월 1일까지(Vie de Marie-Antoinette d'Autriche, femme de Louis XVI, roi des Francais Depuis la perte de son pucelage jusqu'au premier Mai 1791)』와 두 권으로 된 속편『프랑스의 전 왕비 마리-앙투아네트의 은밀하고 방탕하고 추잡한 삶(Vie privee, libretine, et scandaleuse de Marie-

Antoinette d'Aitriche, cidevant Reine des Francois)』에는 흥미로운 사례를 보여주는 판화가 첨부되어 있다. 그 그림들은 상상할 수 있는 거의 모든 사람들과 애욕적인 포옹을 하는 마리-앙투아네트의 모습을 보여준다. 그들은 그녀의 첫 번째 연인으로 추정되는 독일의 장교, 노령의 루이 15세, 발기불능의 루이 16세, 아르투아 백작, 다양한 여성들, 두 여자와 한 남자의 다양한 3인 1조, 다이아몬드 목걸이 사건의 로앙 추기경, 라파예트, 바르나브(Barnave) 그리고 그 외의 사람들을 포함한다"(Hunt, 1999: 151).

2) 악마화의 과정을 가속화 하게 만든 환경

다시 가룟 유다에 관한 이야기로 돌아와서, 그렇다면 신을 배신한 가룟 유다를, 신을 배신한 유대인으로, 또 근친상간을 비롯해 모든 잘못을 행한 유다와 유대인으로 만든 당시 사회 환경은 무엇일까? 이는 중세 유럽에서 마녀사냥이 확대되는 환경과 매우 비슷하게 전개되고 있음을 보여주고 있다. 왜냐하면 중세 때 유대인 또한 마녀로 몰려 마녀사냥에 있어서 중요 대상 중의 하나이기도 했기 때문이다. 본 연구자는 지속해서 잘못된 성경해석의 생산과 환원주의적 이해[極端的 一般化], 정치적 이해관계, 물질에 대한 욕망 등 [經濟的 利害得失]이 가룟 유다와 유대인들에 대해서 악마화의 과정을 과속화 하도록 이끈 사회적 환경으로 지목하려고 한다.

(1) 잘못된 성경해석의 생산과 환원주의적 이해[極端的 一般化]

유대인에 대해서 잘못된[否定的] 인식을 줄 수 있는 성경해석이 지속해서 생산되었다는 점이다. 그리고 그것을 듣는 자들도 그러한 해

석과 이해들이 잘못된 것임에 대해서 분별하지 못하고 매우 환원주의
적 입장에서 무분별하게 이해[受容]했다는 점이다. 당시에는 교황
을 비롯해서 성직자들의 영향력이 상대적으로 강했다. 그리고 이들
은 성경해석에 있어서 독점권을 행사했었다. 독점권을 지닌 이들은
자신의 사적인 이해관계 등으로 인해서 유대인과 관련된 잘못된 성
경해석을 생산하였던 것이다. 그리고 잘못 해석되어진 것을 듣는
이들은 상대적으로 성경에 대해서 무지했고 그렇기 때문에 권위에
눌리고, 아는 것이 짧음으로 인해서 잘못된 해석에 대한 분별할 수
있는 능력이 부족했기에 잘못된 가르침을 그대로 받아들였던 것이
다. 물론 일부 사람들에게서 잘못된 가르침에 대한 저항을 볼 수
있기는 하지만 대부분은 권위의 짓누름과 개인적인 무지로 인해서
위에서 가르쳐준 그대로 수용하였던 것이다. 이는 중세 때 성화(聖
畵, icon)가 그려지고, 성유물(聖遺物)에 대한 관심이 증대하고, 더
나아가 성당과 같은 건물[聖堂 內外의 壁畵]들이 많이 건축된 것과
도 일부 관계가 있다고 한다. 왜냐하면 이러한 것들이 당시에 유행
(流行)한 이유에는 당시 일반 백성들의 문해력(文解力, literacy)이
매우 낮았고 글자를 모르는 이들에게 문자를 통한 교육이 어려웠기
때문에 차선책으로 선택한 것이 바로 이러한 '보이는 것'을 통해서
신앙을 교육하려고 했기 때문이다.[112]

얼마만큼 잘못된 성경해석이 있었을까? 정확히 말하자면 해석이
라기보다는 성경해석을 빙자한 자신들의 강압적(强壓的)인 의견 제
시에 불과한 잘못된 주장들이 난무(亂舞)하였던 것이다. 다음의 기
술에서 간접적으로 이러한 사례들이 과거에 광범위하게 존재하였음

을 확인할 수 있다. 교부나 교황, 루터의 해석에서도 유대인들에게 대해서 부정적인 인식을 할 수 있도록 하는 내용들이 설교나 교훈 등을 통해서 생산되었던 것이다.

> 초기 그리스도교의 교부이자 그리스도교의 가장 영적인 설교자로 '황금의 입'이라는 별명을 가진 요한 크리소스톰(John Chrysostom)[113]은 "제가 여러분들에게 유대인들의 노략질, 그들의 시기심, 그들이 장사를 할 때 훔치고 사기 치는 것에 대해 설교하고자 합니다."라고 외친다(배철현, 2015: 162.).

> 젤라시우스는 1세는 이렇게 설교했다. "성경에서는 일부를 지칭하는 명칭이 실제로는 전체를 의미하는 경우가 많았다. 유다가 악마로, 악마의 하수인으로 불릴 때, 유다라는 명칭은 그가 속한 전체 인종을 의미한다."(Synan, 1965: Stanford, 2016: 162 재인용.)

> [마르틴] 루터는 교황청에 소속된 주교들만큼이나 유다와 유대인을 똑같은 부류로 내몰았다. 실제로 『시편 주석』에서는 유대인을 '유다의 민족'이라 불렀다. 이처럼 루터의 반유대주의 성향은 비교할 수 없을 만큼 강했다. 루터는 1543년에 작성한 논문 <유대인과 그들의 거짓말에 대하여(On Jews and Their Lies)>에서 유대인을 "천하고, 음탕한 민족"이며, "독기 품은 뱀"과 같은 이들이라고 규정했다. 그러면서 모든 유대교 신전을 불태워버리고, 기독교 국가에서 유대인을 추방하자고 제안했다(Lehmann and Pelikan eds., 1958; Stanford, 2016: 287.).

굳이 당시의 잘못된 주장[誤謬있는 聖經 解釋]들을 보려면 멀리 갈 필요 없이 기독교나 가톨릭을 비하하거나 적대시하는 책들을 찾아 읽으면 될 것이다. 그러한 자료를 보면 이와 관련되어 있는 많은 사례들이 나올 것이라고 얼마든지 짐작할 수 있기 때문이다. (부끄럽지만)개인적으로 읽은 최근 저서를 소개하자면 피터 스탠퍼드(Peter Stanford)의 책, 『예정된 악인, 유다: 누가 그를 배반자로 만들었는가(Judas)』를 읽어보면 될 것이다. 참고로 잘못된 해석은 일반인들에 의해서도 이루어지는 경우도 존재했다는 점을 기억했으면 한다. 대표적인 것이 영국 작가인 스튜어트 체임벌린의 경우다. "영국 작가이며 독일 작곡가 바그너[Richard Wagner]의 딸과 결혼한 휴스턴 스튜어트 체임벌린(Houston Stewart Chamberlain)은 1899년에 출간한 『19세기의 기초들』에서 예수는 유대인이 아니라고 주장한다[Chamberlain, 2003: 213-220][114] 고대 사회의 갈릴리에는 이주해 온 사람들이 거주했는데 예수는 유대인이 아니라 바로 이 이민자의 자손이라는 것이다."(배철현, 2015: 263).[115] 유대인과 예수님을 인종적 측면에서 단절[分離]을 가함으로써, 예수와 관계가 없는 유대인을 만들었고, 이는 유대인을 악마화를 하는 데에 가속화의 한 요인[環境]으로 작용할 수 있도록 하는 여지를 만들어 놓은 것이다.

참고로 심지어 유대인의 악마화에 대한 책임을 예수 그리스도에게까지 돌리려고 하는 경우도 존재하기까지 했다는 점이다. "한편 프랭크 로프스키는 6세기 성경의 외전을 언급한다. 그 외전에서 예수는 유대인 아이들을 염소로 바꿔놓은 뒤에 이 불행한 아이들의 어머니에게 선언한다. '이스라엘의 자식들은 사람들 사이에서 흑인들보다 나을 게 없도다.'"(Lovsky, 1970: 351; Delacampagne, 2013: 173 재인용).

(2) 정치 등의 이해관계[政治的 利害得失]
악마화를 가속화 하게 만든 두 번째 이유는 정치적 이해관계를 들 수 있을 것 같다. 정치적 이해관계와 관련해서 여기서는 두 가지 사례를 살펴보고자 한다. 하나는 1349년에 독일에서 있었던 페스트 (Pest, 黑死病, black death)와 관련된 사례이고, 다른 하나는 그로부터 시간이 얼마 지나지 않은 가운데 스페인에서 발생한 사례다.

전 유럽에 흑사병이 창궐했었다. 독일도 마찬가지였다. 당시에는 흑사병에 대한 원인을 잘 몰랐다. 당시 페스트(흑사병)의 원인을 밝히라는 1348년 필립 6세의 명령에 대해서 그 유명한 파리대학교의 의학 교수진이 작성한 보고서를 보면 그들이 흑사병의 원인에 대해서 얼마나 무지했는지 알 수 있다. 왜냐하면 흑사병의 원인을 행성에서 찾고 있기 때문이다. "… 분명, 이 세 행성의 결합은 대단한 전염병을 의미했다."(Ziegler, 2003: 55). 더 심각한 것은 필립 지글러의 책에 실린 그림에 대한 설명의 글에 나오는 다음의 내용이다. "원시적인 도시위생도 병을 확산하는 데 일조했다. **그러나 변소의 악취가 페스트의 확실한 치료책이라고 믿는 이들도 있었다**"(Ziegler, 2003: 97, "그림 설명의 글"에서, 페스트에 효과가 있다고 변소에 쭈그리고 앉아 있는 사람을 그림에서 볼 수 있다. 강조는 본 연구자) 아노 칼렌(Arno Karlen)도 다음과 같이 기록하고 있다. "흑사병의 원인을 몰랐으므로 사람들은 그저 치료법을 추측만 할 따름이었다. 그들은 하제, 사혈, 훈증, 림프 선종의 소작(燒灼), 오줌 목욕 따위를 시도해 보았다"(Karlen, 2001: 138). 당시에 많이 배운 지식인들의 상황이 이러했는데 일반인들은 하물며 어떠했겠는가?

당시 페스트로 인한 이러한 공포의 상황에서, 독일에서 페스트에 대한 종교적인 치유책으로 나온 것 중의 하나가 바로 채찍질 고행

단(Flagellants)의 순례였다고 한다. 그런데 이 운동이 사람들[大衆]의 인기를 끌면서 기존 교회[旣得權 勢力]와 충돌하게 된 것이다. 종교적 행위가 종교적으로 끝난 것이 아니라 이들의 단체 행동에는 정치적 성격이 포함되어 있었고, 일부에서는 극단적인 정치적 행동으로 나타났기 때문이다. 심지어 이들은 당시 이단으로 주목받던 세력까지 흡수해서 가톨릭교회의 권위에 대해 저항했던 것이다. 이러한 사태에서 독일의 종교계와 정치 지도층이 생각한 것이 김진호 선생이 지적하였던 '악마화된 타자[타자의 악마화]'였던 것이다. 당시 기득권층은 위기의 국면을 '타자의 악마화'를 통해서 돌파하려고 했던 것이다.116 그 악마화의 후보117로 당시 독일에서는 유대인 공동체가 지목되었던 것이다. 유대인들에게 뇌물을 받은 나병 환자들이 우물에 독을 풀었으며 그러한 것을 돈을 주고 행하도록 한 유대인들은 그라나다 왕에게서 돈을 받고 나병 환자에게 그러한 행위를 하도록 했다는 혐의를 받았던 것이다(Ziegler, 2003: 124). 이처럼 '페스트의 원인=유대인의 사악한 행동[意圖]'의 프레임이 작동하면서 반유대주의적 정서를 조장하게 되었던 것이다. 그 결과는 유대인에 대한 파괴와 살인이었던 것이다.

이제 스페인의 경우로 가보자. 스페인 왕의 계승 문제와 맞물려서 사건이 발생하였다. 1350년 카스티야에서 스페인의 국왕 알폰소 11세(Alfonso XI)가 죽고 그의 아들 페드로(Pedro)가 열다섯 살의 나이로 즉위했었다. 그런데 시간이 얼마 지나지도 않았는데 카스티야에서는 신임 왕 페드로와 그의 이복동생인 엔리케 데 트라스타마라(Enrique de Trastamara) 사이에 내전이 벌어지게 된 것이다. 내전 당시에 유대인들은 친유대정책을 편 페드로의 편에 썼었다. 그러나 내전의 결과는 페드로의 이복동생인 엔리케의 승리로 끝나게 된 것이다(김원중, 2002). 유대인에 대해서 반유대정책을 펼쳐서 다수 도시민들의 지지를 확보하였던 엔리케는 내전의 승리 후에도 반유대정책을 지지자들의 입맛에 맞게 그대로 유지해 나갔던 것이다. "엔리케의 전략적인 반유대주의의 정책은 단순히 일회적 사건으로 끝난 것이 아니었다. 1350년대의 흑사병과 가뭄, 내전을 둘러싼 정치적 불안과 중앙권력과 도시 권력 간의 갈등과 소요사태, 포르투갈과의 전쟁에서의 패전(1385) 등은 사회를 안정으로 정착시킬 강력한 중앙통제 권력의 부재와 함께 지역적으로 누적되었던 사회적 불만은 그 희생양을 찾는 과정에서 반유대주의로 변질되기에 충분했다. 1390년 당시 유럽에서 가장 강력한 유대교인 집단 정착촌이 있었던 세비야(Sevilla)를 비롯하여, 톨레도(Toledo), 카탈루냐(Cataluna) 지역에서는 신분 의회의 비호에 의해 반유대주의 공격과 학살이 자행되었다."(박종옥, 2006: 90). 그러한 역사적 과정을 통해서 스페인에서 유대인의 학살로 나타나게 된 것이다.

(3) 물질에 대한 지배세력의 욕망[經濟的 利害得失]

세 번째로 지적할 수 있는 것은 당시 유대인이 가지고 있는 금전[物質]에 대한 지배세력의 욕망 또한 유대인에 대한 악마화의 과정을 가속화(加速化)시키는 데에 일조했음을 알 수 있다. 유대인들은 상대적으로 부유했다.[118] 항상 그들의 부유함[金錢]은 지배계층의 탐욕의 눈에 들어와 있었다. 당시 지배계층이 돈 많은 유대인들에게 즐겨 사용한 시나리오는 이런 것이다. 유대인들에게 돈을 빌리고 돈을 갚을 능력이 되지 않으면 이들을 악마화해서 죽이거나 추방하는 것이다. 시나리오처럼 진행되면 물론 유대인의 남은 재산도 모두 그들의 차지가 되는 것이다. 장-미셸 살망(Jean-Michel Sallmann)의 마녀재판 이야기는 유대인에 대한 악마화의 최종 목표가 바로 유대인들이 가지고 있던 머니(money)였음을 잘 보여주고 있다.

> "유대인 역시 동일한 죄목[마녀]으로 심판받곤 했는데, 번번이 추방당하거나 사유재산 몰수를 선고받았던 그들은 왕실금고를 넉넉하게 만드는 데 일조했다. 사바스(Sabbath, 본디 유대교 안식일로서 금요일 일몰부터 토요일 일몰까지를 가리키나 중세 유럽에서 마법의 집회를 의미-역주)라는 용어-또는 프랑스어 문헌에 빈번하게 등장하는 동의어, 시나고그(Synagogue)-가 반유대주의적 종교재판에서 비롯되었음은 의심의 여지가 없다. 프랑스 국왕은 유대교에 반(反)하는 이 전형적인 방식을 통치기술로 사용함으로써 그 효율성과 극단적인 부패성을 잘 보여준다. 이 기술을 동원하여 필리프 르벨과 기욤 드 노가레는, 악마와 교통한다는 죄목을 뒤집어씌워 유대교 주요 지도자를 제거할 수 있었다. 그들은 화형장에서 재가 되었고 조직은 와해되었으며, 거대한 부(富)는 몰수되어 거의 빈털터리가 되어가던 왕실의 금고를 채우는 데 쓰였다"(Sallmann, 1995: 25; 앙리 2세의 정부였던 디안 드 푸아티에 Diane de Poitiens 사례에 대해서는 양태자, 2012: 59 참조).[119]

유대인을 악마화 하는 것에 대한 이유로는 금전적인 이유 외에도 또 다른 이유가 존재할 것이다. 이 나라에서 론스타(Lone Star) 먹·튀 논란이 한참 있었을 때에 개인적으로 아는 분의 지인의 즉각적인 반응은 이랬었다. "론스타, 그것 유대인의 기업 아니냐"라고. 왜냐하면 론스타가 유대인을 상징하는 것이라고 말하면서 말이다. 그는 이야기 도중에 "론스타[약탈적 금융자본 세력]=유대인?"이라는 생각을 간접적으로 내비쳤기 때문이다.

4. 탈역사화: 홀로코스트에 대한 번지(番地) 잘못 찾은 반성과 해석독점 시대의 붕괴, 그리고 오픈 텍스트가 되어버린 유다 이야기

부정적으로 타자가 되어버린 가룟 유다는 그 위험수위를 넘어서 이제는 악마화가 되어버렸다. '가룟 유다=악마', '가룟 유다=유대인=악마' 어디에선가 패러디한 것처럼 느껴지는 다음의 문장은 악마화의 과정을 가장 잘 보여주는 것 같다. "예수라고 쓰고 기독교라고 읽는다면, 유다라고 쓰고 유대인이라고 읽는 것이다."(Stanford, 2016: 120). 가룟 유다만 악마화되는 것으로 끝나지 않고 그가 속했던 유대인[民族]도 악마화가 되어버린 것이다. 홍어를 좋아하는 전라도 사람만 홍어가 된 것이 아니라, 모든 전라도 사람들이 '홍어'가 되어버린 것처럼 말이다. 아니 이제는 전라도에서 출생 신고한 사람은 모두 '홍어'가 되어버리고 만 것이다. 그의 삶의 대부분이 전라도가 아님에도 불구하고 전라도가 호적상의 출생지[住民登錄上 住民番號]라는 것만으로도 전라도 홍어가 되고 만 것처럼 말이다. 유대인들은 역사 속에서 희생양이 되었다. 단지 유대인이라는 이유만으로 그 정점에 있는 것이 바로 아돌프 히틀러 집권기인 독일의 나치 치하에서 저질러진 그 악명 높은 홀로코스트인 것이다. "1933년 히틀러가 권력을 움켜쥐자, 독일 교실에서는 이런 구호들이 들리기 시작했다. '유대인 유다가 독일인 예수를 배신해서 유대인에게 팔아넘겼다'"(Mills, 2014.; Stanford, 2016: 322 재인용). 그 결과 많은 유대인들이 죄 없이 단지 유대인이라는 이유만으로 죽음의 수용소에서 한 줌의 재[灰, ash]로 변해버렸다.

(1) 과거 홀로코스트에 대한 반성, 잘못 찾은 번지수

제2차 세계대전이 끝나고 극악한 홀로코스트에 대한 반성이 일기 시작했다. 홀로코스트에 대한 원인 중의 하나를 가롯 유다에 대한 악마화에서 찾았던 것 같다. 만약 가롯 유다에 대한 악마화를 통해서 홀로코스트가 발생하였다면 홀로코스트에 대한 반성은 가롯 유다를 악마화가 되기 전의 원래 위치에 가져다 놓아야만 한다. 그렇다면 무엇보다도 성경[正經]이 말해주고 있는 가롯 유다에게로 다시 돌아가야만 하는 것이다. 그러나 정경보다는 그들은 「유다복음」의 유다에 눈을 돌린 것이다[番地數 誤謬]. 성경의 유다가 아닌, 「유다복음」의 유다로 잘못 회귀한 것이다.[120] 이는 정통 기독교의 관점에서 봤을 때 가롯 유다에 대한 탈역사화 과정의 진행인 것이다. 홀로코스트에 대한 반성이 유다에 대한 탈역사화를 도모한 것이다. 이는 에이프닐 드코닉(April De Conick) 교수의 다음과 같은 언급에서도 찾아볼 수 있다.

"나는 우리 사회가 유다복음 번역자들의 결과물을 큰 비판 없이 받아들인 이유가 유다를 영웅으로 묘사함으로써 제2차 세계대전의 비극에 대한 집단적 상처를 치유해주었기 때문이라고 생각한다"(DeConick, 2009; Stanford, 2016: 375 재인용).

(2) 해석독점 붕괴와 더불어 오픈 텍스트가 되어버린 가롯 유다 이야기

기독교의 위선이라고 해야 할까, 아니면 기독교의 과오라고 할까? 역사 속에서 기독교라는 '이름'으로 행해졌던 오류들을 세인들이 잘 알게 되었다. 테러, 전쟁, 차별에서 기독교라는 이름으로 행해진 어두운 역사 기록들이 존재하였기 때문이다. 이는 기독교에 대한 거부와 부정적 정서를 세인들에게 그대로 전달했다. 지금은 또한 과거처럼 교황이 중심이 되어서 권력을 장악하는 세상이 끝났다. 교회 안에서도 과거처럼 해석에 있어서 독점적으로 행사했던 시대가 끝났다. 말 그대로 포스트모던 사회가 되어버렸고, 권력의 독점도, 해석의 독점도 거의 종말을 고하였던 것이다. 이제는 다양한 해석이 존재하게 된 것이다. 가룟 유다에 대한 성경 이야기는 탈역사화와 더불어, 하나의 오픈 텍스트가 되어버린 것이다. 그 누구나 열려있는 텍스트에 접근할 수 있게 되었으며, 자신의 관점에서 자신이 가지고 있는 이데올로기[世界觀]에 맞게 가룟 유다를 읽을(Re-reading) 수 있는 시대가 되어버린 것이다. 앞서 언급했던 것처럼 정통 기독교의 관점에서 볼 때 이는 가룟 유다에 대한 탈역사화의 과정인 것이다. 단지 과거와 약간의 차이가 있다면 이제는 노골적(露骨的)으로 내[대]놓고 다수의 사람들이 유다에 관해서 탈역사화의 작업을 한다는 점이다. 그리고 이러한 탈역사화된 가룟 유다에 대한 이야기가 아무런 제재(制裁)도 받지 않는 상태에서 대량으로 생산되고 있다는 점이다. 스탠퍼드(Peter Stanford)의 말처럼 다양한 유형의 가룟 유다가 등장하였고, 앞으로 등장하고 또 등장하게 될 것이다. 간혹 가룟 유다의 이름을 숨기고 때로는 다른 이름으로도 등장하게 될 것이다.

> 그렇게 2,000년 역사 동안 수많은 유다가 등장했다. 돈주머니를 움켜쥔 금융가 유다도 있었고, 예수에게 격정적으로 입을 맞추는 동성애자 유다도 있었으며, 공처가 유다도, 섹스중독자 유다도 있었다. 타락한 주교 유다, 예수 수난극에 등장하는 어릿광대 유다, 변화를 거부하는 수구주의자 유다, 지상낙원을 추구하는 혁명가

유다도 있었다. 이렇듯 과거에도 수많은 유다가 있었고, 현재에도
또 다른 유다가 끊임없이 등장하고 있다(Stanford, 2016: 373).

신학의 영역에서도 정경이 말해준 가룟 유다의 역사성을 부인하
고「유다복음」과 그 속에 있는 유다의 역사성과 정통성을 주장하는
연구자들을 볼 수 있다. 비록 그렇게까지는 극단적인 주장을 하지
는 않더라도 「유다복음」의 존재를 통해 자신들의 이데올로기[價値
와 世界觀]를 전하려고 하는 이들이 있을 정도인데, 표현이 상대적
으로 자유로운 영역인 문학계와 예술계에서는 얼마나 심각하게 가
룟 유다에 대한 탈역사화가 진행될지는 불 보듯 뻔하다. 과거 댄
브라운(Dan Brown)의『다빈치 코드(Da Vinci Code)』류의 작품은
어쩌면 이러한 충격적인 작업의 시작에 불과한지도 모른다.

Ⅲ. 나가기

1. 요약하기

다양한 가룟 유다가 존재하는 이유는 무엇일까? 이에 대해 본 연
구자는 개인적으로 상상의 날개를 펴보았다. 성경이 가르쳐준 다른
가룟 유다가 존재했다는 것, 그 때문에 초기 기독교는 그것과의 구
별하기가 필요했다는 점이다. 자기 자신들의 정체성-敎會 共同體와
正經의 正確 無誤性-을 지키기 위해서 '타자화'한 것이다[肯定的 他
者化·區別化]. 그런데 상대방의 세력[影響力]이 생각처럼 만만하지

않았다는 점이다. 그러한 위기 상황을 넘기 위해서는 타자화를 넘어서 악마화의 과정으로 전개된 것이다[否定的 他者化·惡魔化]. 물론 여기에는 잘못된 성경해석과 적용 그리고 정치적이며 인간적인 이해관계가 크게 작용한 결과였다(極端的 惡魔化는 하나님께서는 전혀 원하지 않으신다는 점에 대해서 심각하게 반성할 필요가 있다). 유대인에 대한 이 악마화의 정점에는 바로 씻을 수 없는 홀로코스트(Holocaust)가 있었다. 가룟 유다에 대한 악마화로 인해 홀로코스트가 발생했다면 가룟 유다를 악마화의 이전(以前)으로 되돌아가도록 해야만 했다**[가룟 유다의 非惡魔化]**. 다시 정경의 가르침으로 회귀가 무엇보다도 필요했던 것이다(BACK to the BIBLE). 그러나 그들은 번지수를 잘못 찾아 「유다복음」의 유다로 잘못 돌아[들어]갔다. 이는 정통 기독교 관점에서 볼 때 탈역사화의 길에 들어선 것이다. 포스트모던 시대에는 절대적인 권위[眞理]는 존재하지 않는다고 한다. 심지어 '저자의 죽음'(The Death of the Author, Roland Barthes)과 더불어 해석의 독점은 붕괴되었다. 성경의 가룟 유다 이야기는 이제는 오픈 텍스트가 되고 만 것이다. 가룟 유다는 문학과 예술계 심지어 신학의 연구자들에 의해서 더욱더 탈역사화가 되어가고 있다. 그래서 성경의 가르침과는 거리가 먼 다양한 형태의 유다가 우리 주변에 존재하게 된 것이다. 성경의 유다 가룟과 전혀 다른 다양한 가룟 유다들이 지금도 만들어지고 있는 것이다.

공동체의 정체성을 유지[固守]하기 위해서는 타자화(일종의 '구별하기'와 '경계 짓기', '거리 두기' 정도의 긍정적 의미의 타자화)

가 필요하다. 그러나 정체성을 지키기 위한 타자화를 극단화하면서 타자를 악마화 하려고 하는 유혹으로부터는 벗어나야만 할 것이다. 악마화의 과정은 타자화의 부정적 의미의 극단적인 환원주의에 불과하기 때문이다[惡魔化와 같은 極端的 還元主義에서의 脫出 必要]. 부정적 타자화의 과정인 악마화는 억압과 분쟁을 야기하기 때문이다. 이는 교회 공동체의 가르침과는 거리가 먼 행태이기 때문이다.

2. 『유다복음』, ALL 바르게 인식하기

예수님의 돌아가심에 대해서는 로버트 H. 스타인(Robert H. Stein)이 잘 정리해 놓은 다음의 진술을 참고했으면 한다(Stein, 2001: 278-280, "제17장, 재판: 무죄한 자를 정죄함". 263-281 참조). 스타인의 지적처럼 유다의 배신은 역사적 사실이지만 유대인과는 전혀 관계가 없는 일이기 때문이다.

> 예수님의 재판과 죽음에 대한 정당한 이해는 반유대주의의 여지를 남기지 않는다. 우리는 예수님이 유대인이었음을 기억해야 한다. 제자들, 예수님의 모친 그리고 예수님을 사랑한 모든 사람이 유대인이었다.…궁극적으로 예수님의 죽음에 책임 있는 사람들은 그리스도가 자기 생명을 내어 준 신자다. 십자가의 때에, 유대 지도자들과 로마 병정들이 없었다 하더라도 예수님은 죽으셔야 했다. 그분이 시작하시는 새 언약은 그분의 피로 세워져야 했다. 그러므로 이 새 언약 안에서의 교제를 향유하는 사람들이 희생양을 찾는다면 결국 자기 모습을 들여다보고 있는 셈이다. 예수님 시대의 정치 지도자들을 그분 죽음의 일차적인 책임자로 비난하는 것도, 그분을 십자가로 보낸 것이 바로 그분을 따르는 우리였다는 성경의 가르침을 무시하는 것이다. 그분이 돌아가신 원인은 우리의 죄였다. 예수님의 죽음은 신적인 필수 조건이었다(막8:31,

9:31, 10:33-34, 45) 기독교 신앙에는 반유대주의가 들어설 여지가 없다. 바울은 로마서 9: 3에서 더욱 성경적인 태도를 그리고 있다. "나의 형제 곧 골육의 친척을 위하여 나 자신이 저주를 받아 그리스도에게서 끊어질지라도 원하는 바로다"(Stein, 2001: 279-280).

참고로 미로슬라프 볼프(Miroslav Volf)가 자신의 책, 『기억의 종말(The End of Memory)』에서 설명하고 있는 다음의 내용도 참조해 보았으면 한다. "그리스도 수난의 기억을 오용하는 경우는 흔히 다음과 같이 지독한 단순화된 삼단 논법에 의지한다. 전제 1. '유대인들이 예수님을 죽였다' 전제 2. '예수님을 죽인 자들은 죽임을 당하거나 적어도 처벌을 받아야 한다'. 결론. '우리는 유대인들을 학대하고 죽이는 것은 정당한 일이다' 여기서 전제 1이 제멋대로 빠뜨린 것이 있다. 예수님을 십자가에 못 박는 일에 로마인(이방인)들이 맡았던 역할, 예수님의 십자가 처형을 요구한 이들은 전체 유대인 중 일부였다는 사실, 그리고 일부 유대인들의 잘못을 전체 유대인들에게 넘길 수 없다는 원칙이다. 사람들이 망각한 의미심장한 사실은 또 있다. 인류 전체 즉 모든 죄인이 예수님을 '죽였다'라는 사실이다. 전제 2의 경우, 기독교가 그리스도의 수난에 대해 이해한 핵심 내용과 정면으로 배치된다. 하나님은 이 땅에 오셔서 원수들(우리가 모두 그분의 원수다)을 벌하거나 죽이지 않으셨다. 하나님은 그들, 곧 유대인과 이방인 모두를 대신해 자신을 희생제물로 내어주셨다. 따라서 유대인에 대한 학대와 살해를 정당화하는 삼단 논법은 전적으로 잘못되었고, 그에 따른 행동 역시 완전히 틀렸다."(Volf, 2016: 133-134).[121]

「유다복음」에 대해서 알아보자.

신약성서 정경은 "받아들일 수 있는 다양성의 한계를 정해주고 있다[It marks out the limits of acceptable diversity]"(Dunn, 1977: 378; 김득중, 2016: 194 재인용)

"쉽게 말해서 우리가 알고 있는 대로 가룟 유다는 과연 은 삼십 냥이 탐이 나서 자신의 스승인 예수를 배반했던 가장 비열한 제자였는가? 아니면, 『유다복음』이 말해주고 있는 것처럼, 유다는 예수를 배반한 제자가 아니라 오히려 예수의 복음이 지닌 비밀을 다른 어느 제자보다 더 깊이 이해하였으며, 그러한 이해를 바탕으로 예수의 명에 순종함으로써 예수의 사역이 완성될 수 있도록 도와준 가장 충실한 제자였는가? 우리는 위와 같은 질문에 답할 수 있어야 한다. 왜냐하면 그것은 기독교 신앙의 본질에 대한 질문이며, 성서의 권위에 관계되는 질문이기 때문이다."(강성모, 2006: 8).

복과 월러스(Darrell L. Bock & Daniel B. Wallace)는 자신들의 책, 『예수 폐위(Dethroning Jesus)』에서 「유다복음」에 대해 다음의 사실에 대해서 말해주고 있다. 길지만 인용해 본다. "이 필사본[유다복음 필사본]을 검증해 보면, 3세기 말이나 4세기 초 필사본임이 드러난다. 아울러 이 필사본의 원본은 2세기에 나왔을 가능성이 높다. 이레나이우스가 180년에 이 유다복음을 분명하게 인용했기 때문이다.[Against Heresies, 1.31] 더 정확히 말하면, 유다복음은 창조를 상세히 묘사하여 제시하는데, 이는 2세기의 발전된 영지주의를 되비쳐 준다. 이 연대는 유다복음의 기원이 너무 늦기 때문에 이 복음서를 유다가 썼을 리가 없다는 것을 분명하게 일러 준다. 유다복음 필사본은 33장, 66쪽으로 이루어져 있다. 유다복음은 사히드 콥트어(이집트 상형문자의 한 방언 형태이며, 문자들은 대부분 헬라어 문자들과 비슷하다)로 기록되어 있다. 이 필사본은 원문의 85-90%가 손상되지 않고 살아남았다. 덕분에 이 복음서는 2세기 영지주의 기독교의 한 흐름이었을 가능성이 높은 것을 우리에게 직접 보여준다. 그러나 어만[Bart E. Ehrman]은 유다복음서를 둘러싼 논쟁과 관련된 역사의 두 가지 중요한 핵심을 빼 버렸다. 첫째, 이 텍스트는 1세기가 아니라 2세기에 기독교의 또 다른 표현이 벌인 논쟁과 그 존재를 증언한다. 이것은 곧 여기서 제시한 유다복음이 초창기 기독교에 뿌리를 둔 것이 아니라는 의미다. 이 복음서 안에서 그런 뿌리를 증언하는 증거가 전혀 없다. … 둘째, 어만 자신이 초창기 기독교와 관련하여 내놓은 관찰 결과도 여기서 제시한 기독교의 또 다른 표현이 기독교의 뿌리를 똑같이 주장한다는 모든 주장을 근본부터 허물어 버린다. … 따라서 유다복음이 전통 기독교의 대안을 제시한다는 주장은 반쪽짜리 진리다. 하지만 이 주장에는 나머지 반쪽인 핵심이 쏙 빠져 있다. 톰 라이트[N. T. Wright]는 이를 이렇게 비유한다. 유다복음을 연구하는 것은 참모들과 전술을 토의하는 나폴레옹을 다룬 문서를 발견하는 것과 같지만, 이 연구에서는 결국 나폴레옹이 그가 살아 있을 때는 존재하지도 않았던 핵잠수함과 B52 폭격기를 언급하는 내용만 발견할 뿐이다.[Wright, 2006: 63] 우리가 유다복음을 살펴본 결과와 기독교가 유대교에 뿌리를 두고 있다는 이해에 비춰 볼 때, 유다복음은 뒤늦게 나온 또 다른 표현이요 전통에서 벗어난 이상한 것이다. 이런 점에서 볼 때 영지주의 복음서는 기독교 텍스트가 아닐뿐더러 유대교에 반대하는 텍스트에 지나지 않는다."(Bock and Wallace, 2012: 127-155).

정경이 말하는 가룟 유다에 대해 인지능력의 부족으로 왜곡된 형태로 각자가 인지하고 있는지도 모른다. 그래서 로버트 H. 스타인

(Robert H. Stein)처럼 정직한 자세가 필요하다고 할 것이다. "성경 자료에 명확한 설명이 없는 이상, 우리는 유다가 예수님을 배반한 이유를 잘 모른다고 시인해야 한다.[122] 유다의 동기를 '심리적으로 분석하려는' 모든 시도는 추측에 불과하다. 성경 저자들은 유다가 그 일을 하게 된 인간적인 요소들을 설명하는 데는 별로 관심이 없다. 그들의 주요 관심사는 처음부터 이 일이 신성한 계획에 포함되어 있었다는 것이다."(Stein, 2001: 257). 존 스토트(John R. W. Stott) 목사님이 지적하신 것처럼 가룟 유다는 자신의 행위에 대해서는 책임을 져야만 한다는 것이다. "유다는 이미 이전에 어느 때엔가 음모를 세운 것이 분명하므로, 자신의 행동에 책임을 져야 한다. 그의 배신이 성경에 예언되었다고 해서 그를 자유로운 행위자가 아니라고 말할 수는 없다. 이는 예수님의 죽음이 구약에 예언되어 있다고 해서 그 죽음이 자발적이지 않다고 말할 수 없는 것과 마찬가지다."(Stott, 2007: 101; 김기현, 2008: 106 재인용). 물론 홀로코스트와 같은 비극을 야기하게끔 '예수 배신자=가룟 유다=유대인'이라는 극단적 환원주의적 인식은 반드시 피해야 하겠지만 말이다.

3. 진리 흔들기는 누구에게 이익인가?(CUI BONO?)

「유다복음」의 배후에 무엇이 있느냐 하는 것이다. 「유다복음」은 단순히 가룟 유다는 배신자가 아니라는 메시지를 전하는 것일까? 단순히 가룟 유다가 배신자가 아니라는 것만을 유다복음에 내포하고 있었다면 당시 그리스도인들은 그렇게 격한 반응[惡魔化]을 보이지 않았을 것이다. 그러나 영지주의 문서인 유다복음에는 예수 그리스도[基督敎]의 역사성을 부인하는 내용이 포함되어 있기 때문에 문제가 생각보다 심각했던 것이다. 유다복음은 예수님의 역사적 죽음을 부인하고 있다는 점이다. 이는 「유다복음」이 영지주의 문서이기 때문에 전적으로 가능한 해석이다. 부활절을 맞아서 유다복음이 공개된 것에는 '구속사적 예수 그리스도의 부활을 왜곡하려고 하는 의도'도 포함되어 있다는 것이다(김동수, 2007: 113). 또한 유다복음의 돌풍에는 김동수 교수가 지적한 대로 상업적 목적이 깊이 배어 있다는 점이다(김동수, 2007: 112-113). 그러므로 어느 현상을 받아들일 때 겉모습보다는 그 깊이 있는 내면의 실체를 바라보아야 할 것이다. 그와 더불어 Cui Bono?(누구에게 이익인가?)에 대한 비판적 인식 또한 반드시 필요하다고 하겠다.

내용을 마치면서

　지금까지 개인적으로 기독교 흑역사에 대한 『참 거시기한 변명』을 나름 했다. 듣기 싫었을지도 모르겠지만 이러한 변명을 하게 된 것은 개인적으로 접한 자료 내에서 기독교 흑역사로 불리는 것들에 대해 나름의 잠정적인 평가(暫定的 平價)를 하게 된 것이다. 잠정적 평가라는 것은 새로운 증자[證明資料]에 대해서 열려있음을 의미한다. 새로운 자료는 새로운 해석을 가져와야 하므로 해석과 평가는 항상(恒常) 열려있어야 한다는 것이다. 비록 그것이 나 자신이 속한 공동체에 손해[否定的 結果]를 가져다준다고 하더라도 말이다. 이런 생각이 더욱 들게 된 이유는 최근[2020.08.06.]에 읽은, 윌리엄 J. 번스타인(William J. Bernstein)의 책, 『무역의 세계사: 인류 첫 거래부터 무역 전쟁까지, 찬란한 거래의 역사(A Splendid Exchange: How Trade Shaped the World)』를 읽으면서 접하게 된 언어학자 겸 의료 선교사였던 카를 프리드리히 아우구스트 귀츨라프(Karl Friedrich August Gützlaff)에 대한 전혀 다른 내용 때문이기도 하다. 개인적으로 알고 있는 귀츨라프 선교사에 관한 정보하고는 전혀 다르지 않던가? 오늘날의 기준으로 보면 그를 누가 선교사라고 하겠는가? 공동체 안에 있는 나 자신이 볼 때[疑心]에도 마음이 매우 불편한데, 신무신론자들이나 기독교안티의 눈에는 어떻게 보이겠는가? 귀츨라프 선교사에 대한 다음의 주장이 사실이라면, 그의 한국 방문지역에 대한 논쟁, 즉 고대도 방문설(오현기의 목사의 견해)이든 원산도 방문설(신호철 장로의 견해)이든 그의 방문지에 대한 논쟁6)이 그 어떤 의미[價値]를 가지겠는가? 또 하나의 기독교 흑역사, 아니 또 다른『참 거시기한 변명』을 또 준비해야만 하지 않겠는가 하는 걱정이 들었기 때문이다.

> 광동 무역 체제를 와해시킨 일등 공신은 자딘 매디슨의 탁월한 일꾼이자 언어학자 겸 의료 선교사였던 카를 프리드리히 아우구스트 귀츨라프(Karl Friedrich August Gützlaff)였다. 그는 중국 당국에 몸소 저항하는 의미로 소형 밀수 선박을 타고 멀리 만주까지 오가면서 말와[malwa, 아편]를 현지 상인에게 판매했다[Greenberg, 1969: 36-41; 136-138] 귀츨라프는 친영 성향의 포메라니아 루터교도였으며 중국 주요 지방의 방언을 구사했다. 그는 세 명의 영국 여성과 결혼했으며, 이교도인 중국인을 상거래로 구원할 수 있다고 믿었다. [Blake, 1999: 46] 역사적 명성에 어울리지 않게 그는 아편을 기독교 구원의 수단으로 여겼다(Bernstein, 2019: 448-449. [ ] 본 연구자 첨가)7)

새로운 자료와 해석과 연구에 대해서 더욱 열려있어야 하고 이러한 자료들에 대해서 지속해서 분별하는 삶이 요구된다는 점이다.『[2020.08.14.] 새로 접한 책, 자크 R. 파월(Jacques R. Pauwels)의 자본은 전쟁을 원한다(Big Business and Hitler)』에서 저자인 파월은 히틀러의 탄생 즉 그가 정권을 잡게 된 원인으로 기업가들[기득권층]을 뽑고 있다는 점이다. 이러한 사실을 감추기 위해 기업가들은 자신들[자본가]에 대해서 긍정적으로 다루고 있는 연구나

---

6) 필그림스, "귀츨라프_선교사의 한국방문, 고대도인가? 원산도인가?" 카페 (2019.11.09). 참조.

7) Bernstein, William J. (2008). A Splendid Exchange: How Trade Shaped the World. 박홍경 (2019).『무역의 세계사: 인류 첫 거래부터 무역_전쟁까지, 찬란한 거래의 역사』. 서울: 라이팅하우스.; Greenberg, Michael (1969). British Trade and the Opening of China. Cambridge: Cambridge University Press; Blake, Robert (1999). Jardine Matheson. London: Weidenfeld & Nicholson.

작품들에 대해서 또는 자신들과 전혀 관계없거나[無關한], 자본주의를 부정적으로 그리지 않는 나치와 홀로코스트 연구와 저서 등에 대해서 긍정적으로 평가[援助]해주고 있다는 지적이었다. 「쉰들러 리스트(Schindler's List」나 「발키리(Valkyrie)」에 대해서 호의적인 이유가 이들 작품들에서 자본가[企業家]들이 긍정적으로 표현되고 있기 때문이라고 한다. 심지어 교수의 임용에까지 간섭하여 나치나 홀로코스트에 대해서 기업들과는 전혀 무관하다는 이론을 전파하도록 했다는 내용도 있었다. "일부 권위 있는 학자들에 따르면 심지어 박사학위 논문으로도 인정받지 못했을 정도로 어설픈 골드하건[Daniel Goldhagen]의 책[『히틀러의 자발적 학살자들(Hitler's Willing Executioners)』]이 성공을 거둔 이유일 것이다. 그리고 하버드 대학에서 골드하건을 역사학 교수로 임용해 나치즘에 대한 그의 오류 투성의 견해를 전파하도록 한 이유이기도 할 것이다."(Pauwels, 2019: 367. "후기: 역사는 '허풍'인가?". 355-368 참조)8)라고 지적한 점이 사실이라면 이러한 현실의 전개과정에 무서움을 느낄 정도였다. 새로운 자료들이 지속적으로 나오고 있다. 새로운 자료와 연구[解釋]에 대해서 우리의 사고를 더욱 열어 놓았으면 하는 생각이 든다. 물론 거기에 영적 분별력은 빠지지 말아야 하는 것은 물론[시쳇말로 당근, 아니 말밥]이다.

---

8) Pauwels, Jacques R. (2017). Big Business and Hitler. 박영록 (2019). 『자본은 전쟁을 원한다』. 파주: 오월의 봄.

미주

1 알리 라탄시(Ali Rattansi)의 '인종주의'와 관련한 환원주의적 도식에 대한 이의를 참조하라. "1960년대부터 1980년대까지 미국과 영국의 인종주의 반대 진영에서는 '편견+권력=인종주의'라 는 공식이 널리 퍼졌다. 그러나 내가 1992년 『인종, 문화 그리고 차이(Race, Culture and Difference. 1992)』에서 지적한 것처럼 이 공식은 한 줌의 분석만으로 인종주의를 단순화시켜놓 고 떠들어댔던 것에 불과하다. … '편견+권력=인종주의' 공식으로 되돌아가 보면 또 하나의 문 제가 남는다. 소수민족, 인종들에 대해 주로 반감을 표출하는 이들은 상대적으로 권력이 없는 백인 노동자들과 빈곤층이다. 그 이유는 무엇일까? 가난한 사람들은 계급적인 상황 때문에 타자 에게 적대감을 갖는 것일 뿐이니까 그들은 인종주의자로 분류하면 안 되는 걸까? 이 문제도 따 져볼 필요가 있다"(Rattansi, 2011: 218-219); 유대인이면서 무신론자라고 밝힌 스티븐 핑커 (Steven Pinker)의 다음 진술을 참조하라. "… 그러니 무신론자 크리스토퍼 히친스의 베스트셀러 에 붙은 부제, '종교는 어떻게 모든 것을 망치는가'는 지나친 말이다. 종교는 폭력의 역사에서 단일한 역할을 수행하지 않았다. 다른 어떤 것의 역사에서도 종교는 단일한 세력이 아니었다. 우리가 종교라고 통칭하는 다종다양한 운동들은 그보다 최근에 등장한 세속적 제도들과 구별된 다는 점 외에도 서로 공통점이 별로 없다. 그리고 종교적 믿음과 관습은 인류 역사의 내생적 요 인들이다. 자신들은 그것을 신의 섭리라고 주장하지만, 사실 그것은 인간사의 지적, 사회적 흐 름에 대한 반응이었다"(Pinker, 2017: 1150); "많은 역사학자가 '히틀러가 없었다면 홀로코스트 도 없었다.'라는 생각에 동의한다."(Pinker, 2017: 589; Himmelfarn, 1984: 37-43; Mueller, 1989: 65 참조). Himmelfarn, M. (1984). "No Hitler, no Holocaust." Commentary. March. 37-43. Mueller, J. (1989) Retreat from Doomsday: The Obsolescence of Major War. New York: Basic Books. 이 경우에도 극단적 환원주의는 피해야 한다.

2 서양 중세기독교사에서 마녀사냥은 서구문화의 바탕에 깔린 미소지니와 정치적 권력 관계에 왜 곡된 성경해석이 덧입혀져 발생한 죄악이다(김선옥, 2019: 24).

3 한국교원대 역사교육과 조한욱 교수는 『말레우스 말레피카룸: 마녀를 심판하는 망치』의 추천사 에서 다음과 같이 적고 있다. "기억에조차 떠올리고 싶지 않은 일이지만 그것[마녀사냥]을 다시 되새겨야 하는 이유는 오늘날에 이르기까지 도처에서 그것이 다른 모습으로 나타나고 있으며, 그 현상의 본질을 파악해야지만 반복을 피할 수 있다고 믿기 때문이다."(조한욱, in Sprenger and Kramer, 2016: 4).

4 게르만의 용병대장 오도아케르(Odoacer)에 의해 로마 제국이 멸망한 476년에서부터 오스만제국 에 의해서 비잔틴제국이 멸망한 1453년까지를 지칭한다.

5 아르놀트 하우저(Arnold Hauser)는 다음을 지적한다. "중세를 하나의 통일적인 역사시대로 보는 사고방식은 일종의 허구에 지나지 않는다. 실제의 중세 역사는 각기 완전히 독자적인 성격을 띤 세 시기의 문화로 갈라진다. 즉 자연경제에 바탕을 둔 봉건제도 시기인 초기, 궁정기사 시대인 중세 전성기, 도시 시민계급의 문화가 중심이 된 말기가 그것이다. 어쨌든 이 세 시기 사이에 놓 인 단층은 중세 전체를 그 앞뒤의 시대와 갈라놓는 단층보다는 크다. 그뿐만 아니라 이 세 시기 의 경계선을 긋는 여러 가지 변동즉 공로에 따라 귀족이 될 수 있는 기사계급의 탄생이라든가 봉건적 자연경제에서 도시적 화폐경제로의 전환, 서정적 감수성의 탄생과 고딕 자연주의의 발 달, 시민계급의 해방과 근세 자본주의의 맹아은 근대적 생활감정의 발생이라는 측면에서 볼 때 르네상스가 가져온 정신적 업적을 오히려 능가할 만큼 중요하다"(Hauser, 2016: 217).

6 "실상 2천년 기독교 역사란 백인 예수를 내세워 유색인을 학대하고, 남성 예수를 이유로 여성을 억압(마녀재판)했으며, 교리적 절대성을 내세워 이웃종교를 악마시한 과정이었다. 이런 이유로 하버드 대학교의 기독교 윤리학자 톰 드라이버(T. Driver)는 전통적 기독론의 해체 없이 기독교 윤리의 정립 역시 불가능함을 천명한 바 있다."(Driver, 1983; 이정배, 2015: 348).

7 "'진짜 황제는 교황이다'라는 말은 12세기에 나온 말로 라틴어로는 'Ipse est verus imperator'이다.

이것은 이른바『파리 대법전』(Summa Parisiensis)에 나오는 말이다. 그렇다고 1160년에서 1170년 경에 파리에서 쓰인 이 책에만 이런 표현이 있는 것이 아니다. 예를 들면 라인 법학파에 의해 쓰인『쾰른 대법전』(Summa Coloiensis)은 '교황은 황제보다 위에' 있고, '진짜 황제'라고 표현하고 있다. 이『쾰른 대법전』의 저자는 황제에 적대적인 사람이 아니었다. 그는 라이날트 폰 다셀 (Rainald von Dassel, 1167년 사망) 방식으로 그렇게 쓴 것이다. 라이날트는 황제의 독자성과 유일성, 신으로부터 직접 유래함 등을 거의 종교적인 어조로 표현했던 사람이다."(Fuhrmann, 2002: 199).

8 이선경은 다음과 같이 적고 있다. "비인도적이고 야만적인 고문은 교황 이노센트 4세(Innocent IV, 1195-1254) 때인 1252년부터 현행교회 법전이 발효된 1917년까지 약 700년 동안 교회의 합법적 수단이었다[Gaer and Siegel, 1964: 31]. 더 심각한 문제는 고문을 얼마든지 오랫동안 끌 수 있었다는 것이다. 재판관이 고문을 반복하는 행위는 금지되었지만, 교황 이노센트 4세가 자백을 받아 내야 할 기한을 무제한으로 연장해 주었기 때문이다. 또한 고문 도중에 피고가 사망하더라도 악마가 목을 부러뜨려서 그렇게 되었다고 말하면 아무 문제가 없었다. [Goulton, 1959; 154-155]"(이선경. 2018: 216). Gaer, Joseph & Ben Siegel (1964). The Puritan Heritage: America's Roots un the Bible. New York: New American Library.; Coulton, G. G. (1959). Inquisition and Liberty. Boston: Beacon Hill. 참조.

9 "15세기에는 두 수사가『마녀의 망치』라는 책으로 마녀들의 정체를 폭로했다. 역사학자 앤서니 그래프턴의 표현을 빌리면, '몬티 파이선(1970년대 전후로 활동했던 영국의 유명 코미디 그룹-역주)과『나의 투쟁』을 기묘하게 섞은 듯한' 책이다."(Pinker, 2017: 255 재인용; Grafton, 2008 참조). Grafton, A. "Say anything" New Republic. (November 5. 2008).

10 1476년이 왜 중요한지에 대해서 박종욱 교수는 다음을 지적을 한다. "최초의 중세 종교재판소는 1220년 시칠리아에서 설치되었으며, 스페인에서는 1242년 타라고나 공의회(종교회의)의 결과로 설치되었다. 그러므로 근대 종교재판소의 설치를 위한 교황의 허락이 공표된 1478년까지를 중세 종교재판소의 역사라 할 수 있다. 스페인 역사에 있어서 1478년은 매우 상징적인 의미를 지니고 있다. 왜냐하면 종교재판소의 의미가 중세에서 근대로 나뉘는 경계가 되는 해이기 때문이다. 1478년을 전후로 스페인 종교재판소는 중세 종교재판소와 근대 종교재판소로 달리 불리는데, 이는 각각 종교재판소의 성격이 근본적으로 구분된다."(박종욱, 2006: 11).

11 설혜심 교수의 지적이다. "하지만 중세의 학문체계에서 고대의 지적 결과물들이 온전히 독립적인 학문으로 위치를 확보할 수는 없었다. 기독교가 중세 유럽의 이데올로기적 헤게모니를 장악하면서 모든 학문은 신학 속으로 편재되어야 했다."(설혜심, 2003: 105, "신학 속으로 들어간 관상학", 105-108 참조). 마녀[마녀사냥]도 이런 과정을 거치지 않았는가 하는 생각이 개인적으로 든다.

12 그래서 이단 심문과 연구에 생애를 바친 H. C. 리도 "악마와의 결탁의 관념은 누구보다도 아우구스티누스에게서 유래한다"(『마료자료』. 1939년)라고 단언했다는 점이다(森島, 1997: 69).

13 "18세기 말엽에 접어들면서 고문은 이제 구시대가 낳은 야만성의 잔재라는 지탄을 받게 되었다. 그러한 야만성이 왜 그토록 오랫동안 존속할 수 있었을까? 푸코의 대답은 명쾌하다. 일반 시민들은 이승에서의 처벌이 가혹하면 가혹할수록 사후의 징벌은 그만큼 면제된다고 믿었다는 것이다. 다시 말해서 사람들은 고문 속에서 용서에 대한 희망의 빛을 어렴풋이나마 느낄 수 있다는 논리였다"(Portmann, 2008: 128-129).

14 당시 프랑스 스트라스부르의 유명 연설가인 요한 가일러(Johann Geiler von Kaysersberg, 1445-1510)의 대답을 참조하라(양태자, 2015 40).

15 "또 현대의 어느 논자는 구약성서의 그 성구가 마녀재판을 정당화하는 근거가 될 수 없는 점을 다른 관점에서 주장하는데, '헤브라이인은 마녀를 오히려 공인하고 있었기 때문에 이 모세의 명령은 특별한 사정에 의한 예외적인 것이라는 것은 분명하다'라고 말하고 있다"(퍼거슨,『요술의 철학』. 1924)"(森島, 1997: 21-22).

16 1692년 매사추세츠 주의 세일럼에서 이루어진 마녀사냥에 대해서 로잘린 섄저(Rosalyn

Schanzer)는 다음과 같이 적고 있다. "질병, 미신, 피해망상, 히스테리, 과거의 원한, 두려움, 종교적 광기, 탐욕, 심지어 지루함까지도. 아마 이 모든 요소가 서로 상승작용을 일으키다가 1692년에 이르러 걷잡을 수 없는 지경까지 치달았고, 그것이 세일럼 빌리지라는 작은 마을에서 폭발해 참혹하고도 처참한 결과를 낳은 것은 아닐까?"(Schanzer, 2013: 130); "주목할 것은 러셀(Jeffrey B. Russell)이 '마녀사냥의 광기'가 '중세의 산물'이 아니라, '르네상스와 종교개혁의 산물'이라고 주장한 점이다. … 비단 러셀만이 아니라 적지 않은 학자들은 마녀사냥과 마녀재판의 광기에 지식인의 책임이 크다는 점을 지적한다. 그럴 수밖에 없는 것이 상식적으로 생각해도, 마녀가 누구인지, 그들을 왜 그리고 어떻게 고발하고 처벌할지 결정하는 것은 피지배계층인 민중들이 아니라, 지배계층에 속하는 지식인, 성직자, 권력자들이기 때문이다. 이를 통해서도 폭력, 특히 역사상 주목할 만한 심각하고 거대한 폭력은 언제나 아래로부터가 아니라, 위로부터 출발한다는 점이 확인된다"(최성철, 2019: 168-169).

17 모리시마(森島)가 마녀사냥과 관련해서 들려주는 윌리엄 하비에 대한 이야기다. "혈액순환의 발견으로 근대생리학의 기초를 구축한 윌리엄 하비는 이 국왕 및 다음 왕 찰스 1세의 시의였다. 하비는 찰스 1세의 곁에서 4명의 마녀에게서 마녀마크를 찾기 위해 신체검사를 행하였다. 마크는 발견되지 않는다고 그는 보고했다. 그러나 이것은 마녀마크에 대한 미신의, 적어도 소극적인 긍정이 되지 않을 것인가. 정밀한 해부학적 연구에 의해 근대생리학을 개척한 이 뛰어난 의사가 나체인 마녀의 전신에 탐침을 찌르고 있는 모습을 상상하면 희극이라기보다 비극이다. 그러나 근대는 그 안에서 태어나고 있었다"(森島, 1997: 175).

18 Kieckhefer, Richard (2014). Magic in the Middle Ages. 2nd ed. Cambridge University Press. 15-89 참조.

19 "프랑스의 악랄한 마녀재판관이었던 장 보댕(Jean Bodin, 1530-1596)은 끈매기 마술을 추천한 바 있다. 끈매기 마술이란 어떤 대상을 성적 불구자로 만들기 위한 것으로 남자를 상징하는 가느다란 끈에 매듭을 만드는 것을 말한다."(설혜심, 2003: 116); "만약 못생긴 여자가 젊다면 다른 데서 추함의 이유를 찾아냈다. 가령 16세기 법학자인 쟝 보댕(Jean Bondin)은 그것을 악마와의 거래 때문이라고 주장했다."(Sagaet, 2018: 84).; 참고로 김웅종 교수는 장 보댕을 관용주의자로 소개하고 있다는 점이다 (김웅종, 2015: 156: "6. 장 보댕과 관용". 156-179)

20 장-미셸 살망(Jean-Michel Sallmann)은 장 보댕이 마법사로 의심받기도 했었다는 사실을 적고 있다. "장 보댕은 툴루즈에서 12년 동안 로마법을 강의했으며, 그 자신이 마법사로 의심받기도 했다."(Sallman, 1995: 39, "그림 설명의 글"에서). 살망의 글을 읽으면서 장 보댕이 마녀사냥에 열심이었던 것에는 이러한 보댕 자신의 과거 경험이 작용하지 않았는가 하는 생각도 잠시나마 개인적으로 해보게 된다. 과거 경험에 대한 강한 반작용 말이다. "나는 마법사가 아니야, 나를 의심하지 마라"는 메시지 말이다.

21 "이단과 마술에 대한 공포가 한층 커지자 유럽에서는 게르만의 법이라기보다는 로마법의 특징이었던 고문이 관행화되기 시작한다."(Russell, 2004: 21); "유럽의 법은 고소인이 피고인의 죄를 입증하도록 권한다. 다시 말해 피고인은 죄가 입증되기까지 무죄인 것이다. 이는 이미 수백 년 동안 적용되었지만, 세 가지 예외가 있었다. 그것은 여자와 그들의 성관계에 관한 것이었다. 마녀 혐의를 받은 피고인은 자신이 마녀가 아니라는 것을 입증해야 했다. 강간당한 여성은 자신이 성행위를 부추기지 않았음을 입증해야 했고, 유아살해로 고소된 여자는 아이가 출생 시 이미 죽었다는 것을 입증해야 했다."(Utrio, 2000: 310-311).

22 "당시 종교재판의 원칙 중의 하나는 '유죄추정' 즉 '무죄가 인정되기 전까지는 유죄로 추정한다'라는 것이었다. 종교재판의 특성상 무죄를 입증할 가능성은 당연히 제로에 가깝다. 따라서 누군가가 어떤 대상을 지목하면 이단이 의심된다고 주장하는 순간 상대는 죽음을 면할 길이 없었다. 어이없게도, 정작 고발을 한 목격자의 이름은 비밀에 부쳐졌지만 말이다. [Lean, 1961: 214]"(이선경, 2018: 216). Lea, Henry Charles (1961). The Inquisition of the Middle Ages. New York: Macmillan. 참조.

23 자백과 관련한 이택광 교수의 지적이다. "마녀사냥이 한창 벌어졌을 때 자신이 마녀라고 스스로 고백하는 경우도 많았다는 것은 흥미롭다. 마녀였지만 회개하고 죽으면 천국행이 보장되었

기 때문에 이런 일들이 벌어질 수 있었다. 실리적인 차원을 떠나서 회개라는 행위가 주는 심리적 카타르시스는 대단했을 것이다. 중세의 몰락하는 모습을 목도하던 그 세계는 멜랑콜리로 가득했고, 염세주의가 득세했다. 이런 분위기에서 삶의 숭고를 추구하고자 하는 요구는 격양되기 마련이다."(이택광, 2013: 54).

24 "마녀재판은 재판관이나 성직자가 부를 쌓는 수단이기도 했다. 부자였던 유대인이 자주 표적이 된 것은 우연이 아니다. 재판관들은 마녀가 생전에 남들에게 준 돈이나 금도 같이 몰수하는 한편, 경매에 나온 마녀의 부동산을 입찰자들과 짜고 가장 낮은 가격으로 샀다. 혐의자에게 빚이 있는 자를 증언대로 불러 거짓 증언을 하는 대신 그 빚을 탕감해주는 짓도 했다. 그래서 **마녀재판은 '사람들의 피에서 돈을 만드는 연금술'**이라는 조롱을 받았다."(정찬일, 2015: 130-131, 강조는 본연구자)

25 세일럼 마녀사냥에도 의사가 큰 역할을 하는 것을 볼 수 있다. "윌리엄 그릭스라는 늙은 의사가 나타났다. 2년 전부터 세일럼 빌리지에서 살기 시작한 사람이었다. 그는 베티와 애비게일을 진찰한 후 '악마의 손아귀에 떨어졌음'[North, 2002: 19]이 거의 확실하다고 선언했다. 이는 들을 수 있는 이야기 중 단연 최악이었다. 두 소녀가 악마에게 홀렸다는 말 아닌가!"(Schanzer, 2013: 25); "마녀사냥의 많은 동기 중 하나가 대학교육을 받은 남성 의사들이 여성 의사들을 제거하는 데 있었다. 결국 남자 의사들은 의약품, 산과용 겸자, 마취, 정규적인 의료훈련 등의 출현에 힘입어 오랫동안 여성들이 수행해오던 분만 보조의 역할을 강탈하는 데 성공했고, 스스로 최고 조산원이 되었다."(Miles, 2020: 420).

26 유대인의 고리대업과 관련해서 필립 지글러(Philip Ziegler)는 H. 콘(H Cohn)의 말을 인용하면서 다음과 같이 적고 있다. "'돈을 빌려주던 유대인들이 불안정성과 박해에 대한 조처로 무자비하게 행동했던 것은 당연했다'라고 콘(N. Cohn)은 말한다. [Cohn, 1957: 124] 중세의 유대인들이 피해자로부터 가혹할 정도의 이자를 갈취했다는 점은 비판받을 만하지만, 그 사업이 대단히 위험하고 지방 영주의 보호가 확실하지 않았으며, 채무자가 제대로 빚을 갚으려는 의사가 없을 경우 자기 돈을 돌려받을 만한 제재가 전혀 없었다는 점도 기억되어야만 한다. 유대인들은 자신의 안전을 스스로 보장하기 위해 당국에 더 많은 뇌물을 제공해야 했고, 뇌물 비용을 충당하느라 더 높은 이자율을 부과하고 고객들을 심하게 다루어야만 했다. 증오감은 더욱 커졌고 드디어 14세기 중엽에는 샤일록이 탄생했다. 유대인들은 유럽 사회에서 증오의 대상이었기 때문에, 어떠한 계기가 있더라고 재난을 야기할 만했다"(Ziegler, 2003: 125-126).

27 "이미 15세기에 부다의 도시법(Stadtrecht of Buda)은 마녀술을 이단의 한 형태로 규정했으며, 1421년에는 마법사는 유대인의 모자를 써야 한다고 규정했다."(Levack, 2003: 294).

28 "다시 말해 마녀사냥은 지배적 질서에 균열이 일어나는 시기에 기존 질서를 방어하고, 이탈자를 단속하기 위해 사용된 수단이었다."(이미혜, 2018: 145).

29 "키드 토머스[Keith Thomas, 1971: 581-582]는 17세기 말까지 영국에서 구빈법이 완전히 정비되어 가난한 이웃을 도와주지 않음으로써 갖는 죄의식이 완전히 제거되었다고 주장했다. 이러한 상황에서 영국인은 가난한 사람을 마녀로 고소하여 죄책감을 덜 필요가 거의 없었다"(Levack, 2003: 333).

30 프리더릭 F. 카트라이트와 미이클 비디스(Frederick F. Cartwright and Michael Biddiss)는 다음과 같이 적고 있다. "보스턴의 조합교회 목사이자 1713년에 영국학술원의 특별회원이 되었던 코튼 매더는 이 사건에서 묘한 역할을 했다. 그는 가끔 마녀사냥을 선동한 사람으로 거론되며, 분명 마법을 확고히 믿었고 1700년 이전에 마법을 주제로 해서 몇 편의 글을 쓰기까지 했다. 한데 또 한편으로는 그는 재판관들이 부당한 방법을 쓰고 있으며 몇몇 피고에게 불공평한 형을 언도했다고 경고했다. 진실이야 어찌되었든 간에 매더 같은 진지한 과학자가 마녀의 존재를 믿었다는 사실이 여간 흥미롭지 않다"(Cartwright and Biddiss, 2004: 362-363).

31 [프랑스 마녀재판의 경우] 당시까지만 해도 중·하위 계층만 수사했지만 1460년에 반란이 일어났을 때는 지역 고위층 인사까지 고발당했다. 이들도 혹독한 처벌을 받았지만 사형까지는 아니었다. 이 사건은 선량공 필리프(1396-1467)가 소송에 연루될 정도로 떠들썩했지만, 덕분에 집단 히스테리에 제동을 걸 수 있었다"(Eco ed., 2018: 233).

32 "더욱 불편한 것은 도덕적 가치가 전도된 이러한 인종주의가 바로 계몽주의에서 기원한다는 것이다. ⋯ 계몽사상은 이성과 과학의 이름으로 '유(類)적 인간', 즉 인류를 탐구했으나, 다른 한편으로 똑같은 이성과 과학의 이름으로 고대로부터 지속된 타자에 대한 편견·차별·경멸·혐오를 합리화했다."(나인호, 2019: 26).

33 천부인권을 주장하고 노예제도에 반대한 토머스 제퍼슨의 경우 자신의 집에 많은 노예를 거느리고 있었다는 사실 또한 기억해야 할 것이다(최승은·김정명, 2008: 22). 이 내용은 노예제도와 관련된 단골메뉴여서 거의 잘 알고 계실 거다.

34 강철구 교수는 고대·중세의 인종주의; 식민주의와 인종주의: 16세기에서 19세기 전반까지; 사회적 다원주의와 인종주의, 반유대주의: 19세기 중반에서 1945년까지; 신우익의 등장과 신인종주의: 1945년에서 2000년까지 등으로 나누어서 간략하게 설명하고 있다(강철구, 2002: 11-45). 인종주의를 한 눈에 보는 데 매우 유익하다. 물론 같은 책의 다른 논문도 매우 유익하기는 마찬가지다.

35 폴 벤느(Paul Veyne)는 다음의 의문을 제기한다. "스파르타쿠스보다 한 세대 전, 즉 시칠리아 노예들의 대규모 반란 때 이들을 벌써 앤나를 수도도 삼고 자신들 가운데서 한 사람을 왕으로 뽑았으며 심지어 주화를 만들기까지 했다. 전에 노예였던 사람들이 세운 이 왕국에서 노예제도를 금지했을 것이라고 믿기는 어렵다. 왜 그렇게 해야만 한단 말인가?"(Veyne, 2003: 125).

36 주경철 교수의 견해다. "여기서 우리는 조금 세밀하게 구분할 필요가 있습니다. 이 나라가 '노예소유 사회'인 것은 맞지만, '노예제 사회'는 아닙니다. 노예제 사회라고 할 때 일반적으로 노예들이 생산의 가장 중요한 주체가 되어야 합니다. 즉 노예들이 거의 모든 일을 하고 주인이 그 결과물을 착취하는 체제여야 합니다. 그러나 이 나라에서 사회생활과 경제생활의 주체는 시민이고, 노예는 아디까지나 보조적인 역할을 할 뿐입니다. 다만 천한 일을 맡아서 하고 있지요. 그러므로 이 나라에서는 노예가 계급은 아닙니다."(주경철, 2015: 132-133).

37 트뢸치(Ernst Troeltsch)은 다음과 같이 쓰고 있다. "그리하여 기독교도들은 노예들에게 영향을 끼치는 법률에 어떠한 변경도 가하지 않았다. 속세에 대한 기독교도들의 태도를 보여주는 가장 전형적인 예증이 된다. 그들은 속세를 비난하였지만, 그와 타협하였으며, 또 사회제도에 어떠한 변화를 시도하려고 꿈꾸거나 꿈꿀 수가 없었다"(Finley, 1998: 18, 1장 11번 각주).

38 "세일럼의 마녀재판관의 한 사람이었던 사무엘 시월(Samuel Sewall)은 노예제의 부당함을 고발하는 데 앞장선 인물이다. 그는 자신의 오판으로 무고한 사람들이 죽게 된 것을 참회하면서 1700년 『요셉을 팔아넘기기』(The Selling of Joseph)라는 책을 출판하여 피부색에 관계없이 모든 사람은 신의 사랑 앞에서 평등하고, 누구나 자유와 생명을 향유할 권리를 타고난다고 역설하였다."(신문수, 2009: 136).

39 "인도를 가는 뱃길을 찾아 나선 콜럼버스가 우연히 대륙을 발견하는 바람에 얼떨결에 아메리카를 식민화할 기회를 갖게 된 스페인과 뒤늦게 식민 사업에 뛰어든 유럽 열강은 원주민들을 대량학살하고 노예화하면서 그것을 정당화할 구실을 찾게 된다. 그것은 바로 원주민을 야만인으로 낙인찍는 것이었다. 즉 아메리카 원주민은 야만인이기 때문에 이에 대한 착취와 지배는 정당화하는 것인데, 이러한 야만인 담론에 결정적인 역할을 한 것이 식인풍습이었다. 스페인과 포르투갈의 왕실은 교회의 요청에 따라 원주민 노예화 금지령을 내리지만 식인종에 대해서는 예외를 두어 노예화를 허용했다. 그러자 식인종 문화는 더욱 확산하였다. 금을 찾아 아메리카에 도착한 초기 정복자들은 금의 획득이 생각보다 쉽지 않자 노예무역을 통해 수익을 얻으려 했다. 그래서 아무도 식인 현장을 직접 본 사람은 없었지만 소문에 근거해 초기 정복자들이 유포한 식인 전설은 유럽 전역에 빠르게 전파되었다. 실제로 아메리카에서 식인풍습이 있었는지, 있었다면 어떤 규모와 의미로 행해졌는지는 현재까지는 논란거리가 되고 있지만, 근대에 이르기까지 서양인들은 아메리카의 식인풍습을 기정사실로 하고 과장함으로써 자신들의 목적에 맞게 정치적으로 이용했다."(임호준, 2017: 11-12). "콜럼버스가 새롭게 만난 부족을 식인종으로 단정 지은 이유에 대해, 금, 은을 발견하지 못한 콜럼버스가 어느 시점부터 노예무역을 생각했고 이를 위해 원주민을 야만인화하는 시각을 보였을 것이라고 추정하고 있다[Sued-Badillo, 1992: 87-88]. 실제로 콜럼버스는 1494년 1월 30일 안토니우스 데 토레스(Antono de Torres)가

귀국하는 편에 식인종으로 규정된 26명의 원주민을 보내며 경제적 이득에 대해 설명하면서 노예무역을 허용할 것을 건의하고 있다. 결국 이사벨 여왕은 1503년 식인종에 한해 노예제를 허용한다고 선포한다."(임호준, 2017: 246, 1장 31번 주석).

40 당시에 '단것을 좋아하는 이'(sweet tooth)로 대변되는 단어가 있을 정도로 단맛 중독이 심했다고 한다. "엘리자베스 1세는 설탕이 함유된 음식을 유난히 좋아한 탓에 이가 모두 검게 썩어버린 것으로 알려져 있다"(최주리, 2014: 27).

41 아놀드 H. L. 헤렌(Arnold H. L. Heeren)은 "노예제는 죄악이긴 하지만 그리스인들이 이룩한 지고의 문화적 성취(그리고 유산)에 대해 지불한 대가치고는 너무 크지는 않다"라고 했다고 한다(Finley, 1998: 17).

42 앨런 지브(Alon Ziv)는 다음과 같이 적고 있다. "링컨이 노예를 풀어주었지만, 여전히 흑인들에게는 동등한 권리가 인정되지 않았다. 남북전쟁 이후의 '흑인규제법'과 1880년에 시작함 짐 크로(Jim Crow, 흑인에 대한 경멸적인 호칭)법들은 흑인들을 효율적으로 차별하고 분리할 수 있게 했다. 남부에서도 흑인들이 백인과 분리되었고 기본권마저 거부당했다. 이것은 흑인들로서는 도저히 변화시킬 수 없는 처지였다. 그들이 투표를 하기 위해서는 통과가 거의 불가능한 관문을 반드시 거쳐야 했기 때문이었다. 선거권을 얻기 위한 시험에서 흑인들에게 독립선언서와 헌법을 암송하도록 요구했다. 백인들에게는 면제 혜택이 주어졌다."(Ziv, 2006: 34); "흑인을 해방했다고 하는 링컨 대통령은 남북전쟁 당시 흑인이 군대에 자원하는 것을 처음에는 받아들이지 않았다. 그러나 나중에 백인으로 구성된 북군들의 사상자가 많아지면서 흑인들을 받아들이지 않을 수 없었다."(윤가현, 2001: 253).

43 사실 종교는 인종분리정책을 만드는 원인이기도 했지만, 상대적으로 종교는 인종분리정책을 무너뜨리는 원인이기도 했다. 마이클 호튼(Michael Horton)은 남아프리카공화국의 인종분리정책을 붕괴시키는 종교의 역할에 대해서 다음과 같이 적고 있는 것을 볼 수 있다.

> 성경해석은 남아프리카공화국에서 apartheid(인종 분리) 정책을 만들었을 뿐만 아니라, 인종분리정책을 붕괴시키는 역할을 하였다. 즉 잘못된 성경해석은 인종분리정책을 가져왔지만, 올바른 성경해석은 인종분리정책의 붕괴를 가져왔던 것이다. 남아프리카공화국에서 시행했던 인종 분리주의 정책이 비교적 신속하게 철회된 것은 인종분리정책을 펴는 정부에 내려진 제재(制裁)가 아니라 1980년대 말 화란 개혁교회(The Dutch Reformed Church)가 '인종 분리주의 정책은 이단이다.'라고 선언한 것을 축으로 마련했다고 한다(Horton, 2009: 275-276).

"종교광신주의라는 현상에만 초점을 맞추다 보면 종교가 평화에 이바지하는 경우도 놀라우리만치 많다는 사실을 망각하게 된다. 케이프타운(Cape Town)의 전 대주교 데스몬드 투투(Desmond Tutu)는 어느 인터뷰에서, 남아프리카의 아파르트헤이트(Apartheid, 남아프리카의 유색인종 차별 정책-역주) 레짐에 맞서 투쟁할 수 있었던 건 오로지 신에 대한 믿음 덕분이었다고 했다. '무신론자들에게 불의에 대항해 싸울 능력이 없다고 말하는 게 아닙니다. 그들도 할 수 있다고 확신합니다.' 투투는 단언했다. 그러나 '투쟁의 암흑기'에서 그에게 힘을 준 것은 분명 '우리에게는 굶주리고 가난한 자의 편에 서는 신이 계시며, 최후에는 신께서 승리를 거두리라'라는 굳은 믿음이었다"(Schnabel, 2013: 101).

44 에릭 번스(Eric Burns)는 다른 접근을 하고 있는데 이를 참고하라. "면화는 특별한 기술이 필요 없는 노동자들에 의존했으며, 일꾼의 수는 많을수록 좋았다. 수작업을 통해서 씨앗과 섬유를 분리해야 했기 때문인데, 나중에 엘리 휘트니(Eli Whitney)가 톱니 달린 날이 고속으로 회전하며 그 힘든 일을 대신하는 조면기(繰綿機)를 발명했지만, 그래도 상황은 마찬가지였다. 여전히 누군가가 면화를 심어야 했고, 누군가가 면화를 수확해야 했고, 누군가가 면화를 조면기에 집어넣어서 돌려야 했으며, 또 누군가가 면섬유를 꺼내서 발송 준비를 해야 했기 때문이다."(Burns, 2015: 178); 신문수 교수도 조면 발명으로 인해 재배면적 증가와 면화의 수요 증가로 플랜테이션 경제는 더욱 활기를 띠게 되었고 노예 재산 가치의 상징으로 노예 밀무역이 남북전쟁까지 지속하였다고 평가한다(신문수, 2009: 147-148); 위트니(Eli Whitney)가 만든 조면기(Cotton Engine, 줄어서는 코튼 진 Cotton Gin)에 대해서 이민정은 조면기의 발명이 목화농장의 규모를 키우는 역

할을 했다고 한다. "… 지주의 입장에서는 천국의 문이 열린 것과 마찬가지였습니다. 노예들이 노동력을 목화 따는 데에만 집중 투입할 수 있으니, 목화농장의 규모를 얼마든지 더 키울 수 있습니다. 규모가 커진 만큼 이익도 솟구칩니다."(이민정, 2018: 289).

45 다음의 예를 참조하라. 신자유주의와 근본주의의 결합과 관련해서 제리 팔웰(Jerry Falwell)은 "자유기업시스템(Free enterprise system)은 성서의 잠언에 아주 분명히 그려져 있다."라고 주장하기도 했다. 근본주의 운동의 이데올로기화가 시작되었다고 할 수 있다(Lichtman, 2008: 347; 정태식, 2015: 84 재인용).

46 맥스 I. 디몬트(Max I. Dimont)는 다음과 같이 적고 있다. "'독일의 반유대주의가 반기독교주의로 진화했다는 사실은 매우 중요한 현상으로 보아야 한다' 이것은 러시아 정교의 가톨릭 신학자 니콜라이 베르댜예프의 말이다[Nikolai Berdyaev. 1954: 2] 독일 나치당의 반기독교주의는 대중 역사가들과 언론인들이 완전히 간과했던 것이다. 1919년 당이 창립된 이후 나치 이데올로기는 줄곧 반기독교적 정책들을 발표해 왔지만, 세계의 언론들은 머리기사로 반유대주의 슬로건만 강조했다. 그러나 **나치당은 유대인을 숙청하고 싶어 했던 것만큼이나 기독교도를 말살하기 원했다. 나치가 보기에 기독교는 위험한 것이었다.** 왜냐하면 전도 활동을 통해 아리안의 순혈을 약하게 만들었기 때문이다. 그들은 '아리아인의 기독교'가 사도 바울에게 배신당했다고 생각했다. 그들에 따르면, 기독교회들은 가짜이며 사기꾼들이었다. 그중 가톨릭교회가 가장 위험한데, 그 이유는 가톨릭교회가 유대적이며 동시에 국제적이기 때문이라고 주장한다. 나치는 국가사회주의가 독일인의 참되고 유일한 복음이며, 아울러 유일한 신앙과 구원이고, 히틀러는 유일한 구원자라고 설파했다"(Dimont, 2019: 572-573. 강조는 본 연구자). Berdyaev, Nikolai (1954). Christianity and Anti-Semitism. New York: Philosophical Library. 참조.

47 제임스 캐럴은 다음과 같이 적고 있다. "실제로 홀로코스트는 과연 무엇일까? 히틀러로부터 출발해 보자. 유대인을 몰살시키겠다는 그의 계획은 순전한 광기이자 어떤 범주로도 분류할 수 없는 악(惡)이었다. 그러나 단지 그것이 전부는 아니었다. 상당히 오랫동안 기독교인들 특정 부류의 상상력 속에서 유대인들의 운명은 천년왕국 시대를 열어줄 열쇠로 자리매김해 왔음을 우리는 이미 살펴보았다. 여기서도 전제는 개종을 시켜서라도 유대인을 제거해야 한다는 것이었다. 그리고 종말이 다가왔는데도 유대인들이 여전히 개종을 거부한다면, 예수가 직접 가스실이나 화장터가 아닌 영원한 불바다로 그들을 데리고 가리라는 것이었다. 히틀러는 기독교인은 아니었으나, 그러한 환상이 마치 그림처럼 상세히 묘사되어 있는 「요한묵시록」의 내용에 근거한 천년왕국설을 믿었다. 그리스도의 '천년 지배'[계20:4]는 히틀러에게 세속적 동기를 부여했으며, 그가 스스로를 천년제국의 창시자로 상정한 이유는 바로 여기에 있었다. 어느 쪽이 됐든 유대인들의 소멸은 천년왕국의 전제조건이었다"(Carroll, 2014: 430); 티모시 스나이더(Timothy Snyder)의 참고할 만한 지적이다. "우리가 홀로코스트를 나치 이데올로기와 결부한 것은 옳았지만, 살인자들 다수가 나치가 아니었고, 심지어 독일인도 아니었다는 사실을 우리는 잊는다. 홀로코스트에서 살해된 유대인은 거의 전부 독일 밖에 살았는데도, 우리는 먼저 독일 유대인을 생각한다. 살해된 유대인은 대강 강제수용소를 본 일도 없지만, 우리는 강제수용소를 떠올린다. 살인은 국가 제도가 파괴된 곳에서만 가능했는데도, 우리는 국가의 허물을 묻는다. 우리는 과학에 책임을 돌리고, 따라서 히틀러가 지닌 세계관의 중요한 요소를 인정한다. 우리는 나치가 이용한 단순화에 빠져 국민을 비난한다"(Snyder, 2018: 12-13).

48 "히틀러는 훗날 나치즘의 토대가 되는 『나의 투쟁』이라는 책을 쓰게 되는데, 그 책에서 그는 빈 시절에 반유대주의자가 되었다고 말했다. 당시 길거리에서 만난 유대인들이 더럽고, 추잡하고, 게을러서 그들과 상종할 수 없다고 생각했다는 것이다. 하지만 이러한 그의 회고담도 사실 완전히 믿기 어려운 것이다. 왜냐하면 『나의 투쟁』이라는 책 자체가 나치 당원에게 이념을 주입하기 위해 쓰인 것이지, 히틀러가 과거를 온전히 기억하기 위한 것이 아니었기 때문이다. 따라서 그 책에는 왜곡되거나 짜 맞춘 내용도 많아 서술된 내용이 고스란히 진실일 것이라고 믿기 어렵다"(송충기, 2014: 52).

49 다음과 같은 입장을 보이는 수정주의자들도 있음을 참조하라. "게르마르 루돌프 같은 수정주의자들은 나치 독일이 유대인을 박해했다는 사실을 부정하지 않습니다. 나치 독일이 유대인을 독일 밖으로 대거 추방했다는 사실도 부정하지 않습니다. 많은 유대인이 강제수용소에 끌려갔고

거기에서 고생하다가 죽었다는 사실을 부정하는 것이 아닙니다. 루돌프가 과학자로서 동의하지 못하는 것은 나치 독일이 600만 명의 유대인을 아우슈비츠 같은 강제수용소에서 독가스로 죽었다는 홀로코스트 신화입니다. … 나치 독일에 600만 명의 유대인이 강제수용소에서 희생되었다는 홀로코스트 정통주의자들의 견해에도 수정주의자들은 동의하지 않습니다. 600만 명은 2차 대전이 시작되기 전부터 시온주의 지도자 사이에서 자주 입에 오르던 말이었습니다. 일례로 윌슨 대통령과도 가까웠던 미국의 랍비 스티븐 와이즈는 1900년 집회에서 '시온주의를 추구해야 할 600만의 살아있고 피 흘리고 고통 받는 논거가 있다'라고 말했습니다. 유대교의 예언서에도 이스라엘 사람 600만이 희생된 뒤에야 고향으로 돌아갈 수 있다는 말이 나온다고 합니다"(이희재, 2017: 489-490, 493).

50 "1960년대 중반부터 후반까지 아도르노는 급진적인 학생들이 벌인 시위의 표적이 되었다. 사뮈엘 베케트에게 보낸 편지에서 아도르노는 이렇게 썼다. '갑자기 반동분자로 몰려 공격을 받고 있으니 적어도 놀랍기는 합니다.' 상황은 악화일로로 치달았다. 학생들은 떼 지어 몰려가 아도르노를 위협하고 계속 쫓아다니며 괴롭혔다. 하루는 여학생들이 우르르 강단에 올라가 아도르노의 강의를 저지하면서 그에게 굴욕감을 안겨주려고 상의와 브래지어를 벗어던져 가슴을 드러내 보였다"(Sherratt, 2014: 371).

51 "교수였으나 반유태인이라는 이유로 추방당한 하이데거의 친구 엘리자벳 브로흐만도 하이데거를 반유대주의자라고 비난한 적이 없었으며 1972년 그녀가 죽을 때까지 하이데거와 계속해서 서신을 교환했다"(Nolte, 1992: 145; 박찬국, 2001: 279); 참고로 라파엘 젤리히만(Rafael Seligmann)의 책에는 이런 내용도 있었다. "히틀러는 브라운슈바이크에서 나치당의 목사에 의해 독일인으로 귀화했다"(Seligmann, 2008: 151).

52 김진 교수는 하이데거의 반유대주의는 일종의 '문화적 반유대주의'로 다른 나치 추종자들과는 구별되어야 한다고 본다(김진, 2010: 33-58).

53 히틀러의 경제 정책이 어쩌나 성공적이었는지 저명한 독일 언론인이자 역사가인 요하임 페스트(Joachim Fest, 1926-2006)는 "히틀러가 만약 1938년 말에 암살되었거나 사고로 사망했다면 그를 독일 역사를 완성한 가장 위대한 정치가로 칭하는 데 주저할 사람이 거의 없었을 것이다"라고 논평했을 정도다(이선경, 2018: 454 재인용; Fest, 1974: 9). Fest, Joachim (1974). Hitler: A Biography. New York: Harcourt. 참조.

54 "1941년 4월에 독일의 러시아 진격이 분명해졌을 때 일본은 러시아와 불가침 협정을 맺고 그것을 엄수했다. 그리고 독일의 모스크바 공격을 저지한 것을 바로 러시아-일본 군사국경선인 만주에 주둔하고 있던 시베리아 군대였다."(Haffner, 2014: 193); "알베르트 슈페어(Albert Speer)는 '히틀러가 군비(軍備)에 대한 결정을 내릴 때는 그리 현대적이지 못했다'라고 기술했다. 또한 '히틀러는 병사를 겁쟁이로 만들고 근접전이 불가능하다는 이유로 기관총 사용을 반대했다'라고도 말했다. 히틀러는 제트 전투기도 반대했는데, 그 엄청난 속도가 공중전에서는 오히려 방해가 될 뿐이라는 게 이유였다. 뿐만 아니라 원자 폭탄도 '유대인 사이비 과학의 선물'이라 비난하며 개발을 반대했다"(Cornwell, 2008: 37); "아랍 세계에서는 이스라엘에 대한 강렬한 적의가 소용돌이치고 있으며, 그 반유대주의에는 나치적 인종론 이데올로기가 큰 영향을 주고 있다고 합니다. 19세기의 대표적인 반유대주의 문서 『시온 현자들의 의정서』(Protocols of the Wise men of Zion)가 널리 신봉되고, 히틀러의 『나의 투쟁』도 끊임없이 비싸게 팔리고 있다는 것입니다"(Miyata, 2013: 249-250); 아슈카르(Gilbert Achcar)는 그의 책 『아랍과 홀로코스트』(Arabs and the Holocaust)에서 "그는 나치들의 '유대인'에 대한 범죄적 망상에 사로잡혀 있었다. 그것은 인간성에 반하는 가장 큰 범죄들을 낳고 있었다"라고 말했다. 이슈카르는 덧붙이기를 "무프티가 나치의 반셈적주의를 신봉했다는 것은 부인할 수 없다. 나치의 반유족주의는 범이슬람 세계의 광적인 반유대주의와 쉽게 어울릴 수 있었다"라고 덧붙였다(Montefiore, 2012: 752-753, 각주). Achcar, Gilbert (2010). The Arabs and the Holocaust: The Arab-Israel War of Narratives. London. 참조; 히틀러와 사우디아라비아 국왕 압둘라지즈 1세의 사절들 사이에 인상적인 교류가 있었다. 히틀러는 1939년 사절들에게 이렇게 말했다. "우리는 세 가지 이유로 훈훈한 공감대를 가지고 아랍인들을 보고 있습니다. 첫째 우리는 아랍 땅에서 어떠한 영토적 갈망도 추구하지 않습니다. 둘째 우리는 같은 적과 맞서고 있습니다. 셋째, 우리는 모든 유대인

들에 맞서 싸우고 있습니다. 나는 쉬지 않고 노력해서 그들을 하나도 남김없이 독일 땅에서 몰아낼 것입니다"(Frankopan, 2017: 607-608).

55 "어원학적으로 볼 때, 'anti-semitism'('반유대주의'라고 옮기지만 문자 그대로 '반셈족주의')이란 말은 알맞은 말이 아니다. 왜냐하면 그것은 지시하는 대상을 잘못(전체적으로 너무 넓게) 규정하고 있고, 그것이 수행하려고 하는 실천의 대상을 놓치고 있기 때문이다(역사상 가장 맹렬하게 반유대주의를 실천했던 나치는 갈수록, 특히 전쟁 중에 이 용어를 멀리했다. 왜냐하면 개념의 의미론적 명확성이 정치적으로 위험한 쟁점이 되었고, 이 용어가 외견상으로는 가장 충실한 독일의 동맹국들도 겨냥하고 있었기 때문이다"(Bauman, 2013: 77).

56 게오르그 포이어스타인 등(George Feurstein et al)은 "나치의 인종주의는 철학자 프리드리히 니체(Friedrich Nietzsche)의 초인(Übermaensch) 사상과 오컬트 교리에서 잘못 태어난 사생아다." 라고 지적한다(Feurstein et al., 2000: 96).

57 제바스티안 하프너(Sebastian Haffner)의 본명은 라이문트 프레첼(Raimund Pretzel)이다. 제바스티안 하프너는 필명으로 요한 제바스티안 바흐의 이름과 모차르트 교향곡 35번의 곡명 <하프너>를 조합한 것이다. 훗날 하프너는 이 교향곡의 쾨헬 번호 'KV 385'를 자동차 번호로 쓰기도 했다(Haffner, 2014: 책의 '앞표지' 뒷면의 글에서).

58 중세시대의 유대인들도 거의 같은 생각을 했던 것 같다. "유대인들은 이러한 법적·사회적·경제적 지위의 하락을 어떻게 참아냈을까? 유대인 박해에 관해서는 수많은 기록들이 전해지지만 이에 관한 기록은 별로 전승되지 않았다. 랍비의 기록들도 일상생활의 여러 세세한 부분에 대해 언급하고 있지만 이에 관해서는 분명한 입장을 밝히지 않았다. 그러나 확실한 것은, 유대인들의 특별 법령에도 불구하고 스스로를 토착민으로 여기고 있었다는 사실이다. 그들은 독일어를 사용했으며 주변 세계의 관습을 받아들였다"(Elbogen and Sterling, 2007: 59); "오히려 그 반대로, 만약 1933년 이전에 독일어와 독일 문화에 가장 적극적으로 동화한 민족에게 노벨상을 수여한다면, 그 상은 당연히 유대인의 차지가 될 것이다. 제1차 세계대전 동안 유대인들은 전쟁터에서 자신들의 애국심을 입증하고 독일 국민의 일원(Deutschtum)으로서 인정받고자 숱한 노력을 경주했다. 히틀러가 권력을 잡기 전에 유대인은 안정된 법치 국가에서 매우 안락한 삶을 누리고 있다고 생각했다"(Wistrich, 2011: 26).

59 역사는 아이러니하다. "동방의 의인"에 선한 일본인 치우네 스기하라[杉原千畝, Sugihara Chiune, 1900-1986]가 그것도 6,000명이나 되는 유대인을 구한 사람으로 기록되어 있기 때문이다(최호근, 2006: 237).

60 이본 셰라트(Yvonne Sherratt)는 자신의 책, 『히틀러의 철학자들(Hitler's Philosophers)』에서 "제1부. 히틀러의 사람들"에서 '히틀러의 슈퍼맨'으로 마르틴 하이데거를 다룬다. "제2부. 히틀러의 적"에서 '유대인 여성' 한나 아렌트(Hannah Arendt)를 다룬다(Sherratt, 2014). 문제는 역사가 알고 있다시피 하이데거(Martin Heidegger)는 나치 당원이었다. 아렌트는 나치 당원이었던 하이데거의 제자이자 동시에 정부(情婦)였다. 단순하게 아렌트가 나치 당원 하이데거의 '정부'라는 사실만을 극단적으로 강조하게 되면 셰라트와 같은 구분이 어렵게 될 것이다. 아무런 지식을 가지고 있지 않을 경우에는 잘못하면 '아렌트, 하이데거 情婦=하이데거=나치 부역'의 도식으로도 나갈 수 있다는 것이다. 유대인인 아렌트의 삶은 전혀 그렇지 않음에도 말이다.

61 "기독교 이전의 반유대주의가 간헐적이었고 장소에 제한되어 있었으며, 비공식적이었고 (이집트적인 형태와 그 갈래를 제외한다면) 이념적인 근거가 없었다면, 최소한 콘스탄티누스의 시대 이래 기독교적 반유대주의는 지속적이었고 일반적이었으며, 공식적으로 부추겨졌고 원칙적이었으며, 이념적 체계로부터 지원을 받았다. 그것은 역사적 사건이나 조건에 근거한 것이 아니라, 심지어는 유대인이 전혀 없는 곳에서도 존재한다"(N. R. M. de Range)(Küng, 2015: 232 재인용).

62 "아우슈비츠는 확실히 나치 독일의 '중대한 범죄'이지만, 히틀러 내지 그 일당에게만 책임을 전가할 수 없습니다. 반유대주의의 긴 역사적 배경과 편견의 축적을 무시할 수 없기 때문입니다. 거기에는 고대와 중세 이래의 기독교적 죄책이 가로놓여 있습니다."(Miyata, 2013: 247).

63 "'유대인들은 왜 박해를 받아야 할까?'라는 의문에 대한 다방면의 연구가 진행되었다. 유대인이었던 프로이트는 다음과 같은 결론을 얻었다. 유대인은 유일신 신앙을 신봉한 첫 민족이고, 그것이 이집트를 비롯한 다신교 사회와 숱한 갈등을 일으키는 역사적 첫 단추라는 것이다. 고대 사회의 다신교 신앙과 여기에서 갈라져 나온 유일신 신앙(유대교) 사이의 갈등과 문명 충돌이 오랫동안 존재해오면서 반유대주의가 생겨났다는 것이다. 유일신 신앙인 기독교가 번창했던 서구 중세에는 그것이 은폐되었다가 근대 이후에 또 달라졌다. 즉 히틀러가 등장하여 반유대주의가 다시 표면화된 것이다"(안진태, 2010: 281-282).

64 "반유대주의와 홀로코스트 사이만큼 인과관계가 투명한 것은 거의 없어 보인다. 유럽의 유대인들이 살해당한 것은 그러한 짓을 한 독일인들과 그들의 현지 협조자들이 유대인을 증오했기 때문이다"(Bauman, 2013: 73).

65 "토마스 만(Thomas Mann)은 국가사회주의 사상의 기원을 바그너에게서 찾기도 했다. … 토마스 만은 훗날 제2차 세계대전의 전운이 감도는 1940년에 쓴 <바그너를 변호하며>라는 에세이가 실린 『상식(Common Sense)』지의 발행인에게 보내는 편지에서 바그너 음악이 자아내는 열광, 장엄한 감정 등의 위험성을 경고했다. '저는 바그너의 수상쩍은 문학에서만 국가 사회주의적 요소를 발견하는 것은 아닙니다. 저는 그의 음악에서도, 그리고 고상한 의미에서 사용하고 있지만 그의 수상쩍은 예술작품에서도 마찬가지로 국가 사회주의적 요소를 발견합니다. 비록 제가 그것을 그토록 사랑했음에도 불구하고 이 관련 세계에서 흘러나오는 어떤 닳아빠진 음향이 우연히 귓가에 울려올 때면, 오늘날까지도 저는 전율에 몸을 떨며 그 음향에 귀를 기울일 정도입니다'"(안진태, 2010: 415).

66 지그문트 바우만(Zygmunt Bauman)의 다음의 견해도 참조하라. "문명, 현대성, 현대 문명에 관한 이론인 사회화에 대해 홀로코스트가 가진 의미를 축소, 오판 또는 무시하는 데는 두 가지 방식이 있다. 하나는 홀로코스트를 유대인에게 벌어진 일, 유대인의 역사에서 일어난 사건으로 해석하는 것이다. 그렇게 하면 홀로코스트는 유대인에게 고유한 것, 심적 부담을 주지 않는 특색 없는 것, 그리고 사회학적으로 중요하지 않은 것이 된다. 이런 방식의 가장 통상적인 예는 홀로코스트를 유럽 기독교의 반유대주의-그 자체가 인종적 또는 종교적 편견과 공격 행위의 수많은 사례 가운데 어느 것과도 비교할 수 없는 독특한 현상-가 정점(頂點)에 도달한 것으로 제시하는 것이다. 각종 집단적 적대의 사례들 가운데 반유대주의는 유례없는 체계성, 이데올로기적 강도, 민족과 영토를 초월한 확산, 지역적 원천 및 지류(支流)와 보편적 원천 및 지류의 독특한 혼합으로 인해 특히 눈에 띈다. 홀로코스트가 일종의 다른 수단에 의한 반유대주의의 연장으로 정의되는 한 홀로코스트는 '원소가 하나인 집합', 일회적 삽화인 것처럼 보인다. 이렇게 획일적 삽화로 파악하는 것은 아마도 그것이 일어난 사회에 관한 병리학에 약간의 빛을 비출지는 몰라도 그러한 사회의 정상 상태를 이해하는 데는 거의 아무런 보탬이 되지 않는다. 하물며 그것은 현대성의 역사적 경향과 문명화 과정과 사회학적 구성 주제들에 대한 정통적인 이해 방식에 대해 어떤 의미 있는 수정도 요구하지 않는다"(Bauman, 2013: 27-28).

67 라울 힐베르크(Raul Hilberg)는 다음과 같이 적고 있다. "기원후 4세기 이래 개종, 추방, 학살이라는 세 가지 종류의 반유대인 정책이 있었다. 그렇듯 개종의 대안은 추방이었고, 추방의 대안은 학살이었다. … 나치의 학살은 무(無)에서 나온 것이 아니다. 학살은 오히려 순환적 경향의 정점이었다. 이는 반유대인 정책의 세 주역이 추구했던 목표에서 잘 드러난다. 기독교 전도자는, 너는 유대인으로서는 우리와 함께 살 권리가 없다고 말했다. 그 후 세속 통치자는, 너는 우리와 함께 살 권리가 없다고 선포했다. 마지막으로는 독일의 나치는, 너는 살 권리가 없다고 명령했다."(Hilberg, 2008: 43, 강조 본연구자).

68 마르틴 루터의 반유대주의적 문서는 다음을 참조하라. Martin Luther, "Von den Juden und ihren Lügen" (1943). Werke Kritische Gesamtausgabe. Bd. 53. (Weimarer 1900). 412-552. Martin Luther, "Vom Sehern Hamphoras und vom Geschlecht Christi"(1953). Werke Kritische Gesamtausgabe. Bd. 53. (Weimarer 1900). 573-618; Martin Luther, "Von den letzten Worten Davids" Werke Kritische Gesamtausgabe. Bd. 54. (Weimarer 1900). 28-100.; "마르틴 루터는 더욱 분명하게 반유대주의를 선언합니다. 그가 말년에 쓴 소책자들은 반유대주의의 신학적 정당성을 부여했고, 심지어 나치들의 근거가 되었습니다."(Hays, 2002: 659; 김기현, 2008: 118).

69 참고로 유대인 박해의 원인이 재산인 것에는 유대인들이 박해자들에게 학습시킨 결과일 수 있다는 점이다. 라울 힐베르크는 유대인의 핍박에 대한 역사적 반응을 "저항-완화-회피-마비-순응"(Hilberg, 2008: 59 그림 참조)의 구조를 갖는다고 지적하면서 다음과 같이 기술하는 것을 볼 수 있다. "유대인 공동체가 보인 전형적인 첫 번째 반응은 청원, 뇌물, 보석금, 예방적 순응, 완화, 구조, 위로, 재건 등으로 사태를 완화하기 위한 유화적 태도였다. 간단히 말해서 유대인들은 우선 위험을 피하려 했고, 결국 타격이 닥쳐오면 그 후유증을 완화하려 했다."라는 것이다 (Hilberg, 2008: 61).
"1941년 9월 이후 슬로바키아 정부는 자진해서 유대인 재산을 몰수하고, 1942년 3월부터 이들을 강제 추방했다. 슬로바키아 가톨릭 주교들은 이 정부에 최소한 암묵적인 지지를 보냈는데, 이들의 관심사는 오로지 유대인이 가톨릭으로 개종할 때 그들 재산을 새로 개종한 종교를 위해 사용하도록 확약을 받는 데에만 있었던 것 같다."(Wistrich, 2011: 216-217).

70 Könighoven, Jakob von (1689). Die älteste Teutsche sowohl Allgemeine als insbesonderheit Elassische und Strassburgische Chroniche. Staßburg. 293.

71 하프너는 자신의 다른 저서, 『비스마르크에서 히틀러까지: 독일 제국의 몰락』에서는 다음과 같이 적고 있다. "주민들 사이에는 유대인을 대하는 세 가지 태도가 있었다. 첫째로는 유대인의 해방과 동등권을 완전히 인정하는 입장으로, 1811년에 하르덴베르크의 표어가 이것을 보여준다. '동등한 권리, 동등한 의무' 둘째 방향은, 세례 받고 기독교로 개종한 유대인과 개종하지 않은 유대인, 또한 옛날에 이주한 유대인과 새로 들어온 유대인을 구분하는 태도였다. 한편은 받아들이고 다른 편에는 제약을 가하는 것이다. 마지막으로 공공연히 선포한 반유대주의가 있었다. 이것은 모든 유대인, 또는 적어도 기독교로 개종하지 않은 유대인과 새로 이민 온 유대인을 일종의 열등한 권리를 지닌 시민으로 만들려는 입장이었다. 이 방향의 극단적인 대표자들은, 모든 유대인들을 외국인법 아래 두자는 데까지 나아가기도 했다. 하지만 유대인을 근절하려는 방향이 광범위한 주민 사이에 나타난 적은 없었고, 공공연한 반유대주의자들 사이에서도 그런 생각은 없었다. 히틀러에게서 일찍감치 나타나서 마지막에 끔찍한 방식으로 실현된 유대인 근절 사상은, 히틀러 이전 독일 사람들에게는 완전히 낯선 것이었다"(Haffner, 2016: 252).

72 "예컨대, 가톨릭이 강력했던 스페인에서는 15세기에 이 인종차별주의를 이용하여, 심지어 공직과 경제적으로 유력한 자리에서 가톨릭으로 개종한 유대인마저도 축출하였다"(Wistrich, 2011: 14).

73 "예전의 반유대주의는 기독교 전통에 입각해 '유대적인 것을 거부하는 입장'(Anti-Judaism)에 가까웠으나, 이제는 '과학적 외양을 띤 반유대주의'(Anti-Semitism)로 탈바꿈하였다."(최호근, 2006: 56); "고대 세계에서 그러하듯이 신약성경에도 인종적 반유대주의(antisemitism)는 전혀 존재하지 않는다. 우리가 이미 들었듯이 그것은 19세기의 작품이다. 그렇지만 나중에 끔찍한 결과를 초래한 반유대주의(anti-Judaism)가 이미 신약성서에 존재한다는 사실을 결코 부정해서는 안 된다. 물론 결정적인 질문은 신약성서에 나오는 반유대주의를 어떻게 평가해야 하는가다"(Küng, 2015: 516); 라울 힐베르크(Raul Hilberg)의 책에 나온 "도표1: 교회와 나치의 반유대인 조치"(Hilberg, 2008: 46-47)에서는 교회법과 나치법령을 비교한 것에서 매우 유사한 정책의 반복임을 볼 수 있다. "도표1-2: 나치 이전의 유대인 정책과 나치의 유대인 정책"(Hilberg, 2008: 49)에서도 비슷한 것을 보이는 것은 마찬가지다.

74 하이엄 멕코비(Hyam Maccoby)의 "나치는 '기독교적 천년왕국설의 요체인 악의 궁극적인 정복'이란 개념을 인종적 관점에서 표출했다. 유대인을 표적으로 삼았던 이유는 무엇보다 기독교 계명이 수세기에 걸쳐 유대인을 악마에 헌신하는 악의 무리로 낙인찍어 놓았기 때문이다"(Maccoby, 1982: 175; Wistrich, 2011: 359 재인용)라는 지적도 잘못된 성경해석과 적용으로 인한 결과인 것이다.

75 "바이마르 공화국 헌법이 민주, 공화제를 채택했음에도 불구하고, 거기에 규정된 의회책임제정부의 기능에는 근본적인 약점이 있었다. 첫째로 비례대표제 원칙은 무수한 군소정당을 난립하게 하여, 그 결과 연립내각의 형성으로서의 정부 기능이 원활히 수행되기 어려웠다. 둘째로 헌법은 대통령에게 긴급령을 내릴 수 있는 권한을 규정했는데, 정당의 난립으로 의회가 정상화되

지 않을 경우, 정부가 이러한 대통령 긴급령 발동권을 남용할 가능성이 배제되지 않았다. 민중의 인기를 얻은 독재자의 출현이 가능한 길이 열린 셈이었다."(안진태, 2010: 344-345; 차하순, 1980: 639 이하 참조).

76 "근대의 사회주의 운동에 가담했던 사람 중에서 유대인이 상대적으로 많았다는 역사적 사실은 유대교적 메시아니즘과 사회주의의 결합 배후에 공통적 지향이 있었다는 점을 드러내고 있다. 즉, 억압되고 권리를 빼앗긴 사람들을 이 지상에서 구원한다는 동기이다. 인류의 더욱더 좋은 미래를 목표로 하는 비슷한 형태의 전위적인 운동과 유대인이 연결되어 있던 것에도 마찬가지의 친화 관계가 확인된다. 자주 지적되어왔듯이 무신론을 표방하는 마르크스주의 역시 지상에서 우애와 정의와 세계평화를 수립하자는 호소 가운데 그러한 메시아니즘의 희망을 드러내고 있다."(Miyata, 2013: 26); 종교사가이자 유대계 독일인인 한스-요아킴 쉐옵스(Hans-Jocahim Schoeps)는 1933년에 이렇게 썼다. "국가사회주의는 독일에서 볼셰비즘을 물리쳤다는 점에서 세계적인 의미가 있다"(Jacoby, 2012: 195).

77 "이 사람의 삶의 길, 사건들의 과정이 이 책에서 밝혀질 것이다. 그와 나란히 사고(思考)의 실험은 회의에 빠져들 뿐이다. 히틀러가 1938년 암살의 제물로 쓰려졌더라면 극소수의 사람들만이 그가 독일 사람들의 가장 위대한 정치가들 한 명이었다. 혹은 독일 역사의 완성자였다고 부르기를 망설일 것이다. 공격적인 연설들과 『나의 투쟁』, 반유대주의, 세계지배의 계획 등은 어쩌면 초기의 공상으로 여겨져 잊혔을 것이고, 어쩌다가 비판자들이 국민의 의식 속으로 불러들이는 게 고작이었을 것이다. 물론 폭력에 의한 종말만이 그에게 그러한 명성을 안겨줄 수 있었을 것이다. 그는 본질에서 파괴를 위한 사람이었고, 자기 자신마저도 그 점에서 예외일 수 없었기 때문이다. 그러나 명성은 언제나 그의 곁에 있었다. 우리는 그를 '위대하다'라고 말할 수 있을까?"(Fest, 1998: 47).

78 "본서에서 저자[Deltlev Peukert]는 작은 사람들의 일상을 관찰하면서, 당대 독일인들이 나치즘에 보낸 지지와 기대가 무엇이고, 그 기대는 얼마나 충족되었으며, 그 충족의 정도에 따라 어떻게 저항이 나타나고, 그 저항은 어떤 면모들을 띠었으며, 나치즘은 그에 어떻게 반응했으며, 그 반응은 어떤 과정을 거쳐서 최종적으로 인종주의적 학살로 귀결되었는가를 묻는다. 이 물음의 고리에서 가장 주요한 매듭은 역시 사람들이 나치즘에 기대한 것이 무엇이었는가 하는 것이다. 이 문제가 풀려야 나머지도 풀릴 수 있기 때문이다. 포이케르트가 발견한 답변은 바로 '정상성'(Normalität)에 대한 작은 사람들의 희구였다. 정상성이란 무엇일까? 작은 사람들에게 정상성은 일자리와 질서였다. 나치즘은 그 정상성이 위기에 봉착했을 때 그것을 회복시켜주겠노라고 약속함으로써 집권한 운동이다"(김학이, in Peukert, 2003: 403-404, 김학이, "역자해설: 나치즘과 근대화", 389-416 참조).

79 "독일 대통령 힌덴베르크 장군이 사망하고 며칠 뒤인 1934년 8월, 히틀러는 대통령직과 총리직을 통합하겠다는 야심을 발표했다. 이제 히틀러는 그 누구도 대적할 수 없는 무소불위의 권력을 휘두르는 독재자의 위치에 오르게 된 것이다"(Cornwell, 2008: 224).

80 판퓨스탱글은 히틀러에 대해 "천재라는 술을 만들어내는 사람이라기보다는 천재라는 술을 섞는 바텐더에 가까웠다. 그는 자신에게 제공된 독일전통의 모든 요소를 자신만의 비법을 통해 한데 섞어서 사람들이 마시고 싶어 하는 칵테일을 만들었다"라고 평가한다(Hanfstaengl, 2005: 290; Sherratt, 2014: 57 재인용)

81 오독과 왜곡으로 유명한 것은 "국가 사회주의자의 바이블"로 일컬어지는 『게르마니아』일 것이다(Krebs, 2012: 267-307); 크렙스(Christopher B. Krebs)가 쓴 『가장 위험한 책: 로마 제국에서부터 나치 독일까지 「게르마니아」 오독의 역사(A Most Dangerous Book: Tacitus's Germania from the Roman Empire to the Third Reich)』의 한국어 번역본 뒤표지에 있는 내용이다.

라틴어 고전 게르마니아
어떻게 나치의 바이블이 되었나
서기 98년 로마 제국 『게르마니아』의 탄생
유실 수백 년 뒤 오독과 조작의 역사
20세기 나치 독일 비극적 결말
『게르마니아』는 독일 혈통의 순수성과 우수성을 증언하고 나치 이데올로기를 지
지하는 수단으로 변질되었다. 아돌프 히틀러는 이 책을 이용해 인종주의 이론을
내세웠고, 홀로코스트의 주모자인 하인리히 히믈러는 순수한 독일을 부활시키겠
다고 맹세하고 그 사본을 입수하기 위해 비밀공작을 벌였다. 1,800여 년 전 타키
투스가 『게르마니아』를 썼을 때에는 전혀 예상하지 못한 결과였다.(Krebs, 2012:
이 책의 뒤표지에 있는 글에서)

82 "[수정의 밤] 주민들은 그것을 인정하려 하지 않았다. 그들은 비웃음으로 그 일에 거리를 두고,
어디서도 거기 동참하지 않았으며 역겹다는 표명들도 있었다. 동시에 사람들은 가능한 범위에
서 이런 수치스러운 행위들을 대수롭지 않게 넘기려고 했다. 이는 그냥 '수정의 밤'일 뿐이다.
의심할 바 없이 고약하지만, 절반쯤은 웃기는 방종이니 사람들은 스스로 여기에 대해 책임감을
느끼지 않았다. 또한 정체 나치당에도 책임을 넘기려 하지 않았고, 하물며 총통에게는 전혀 책
임을 물으려 하지 않았다. '총통이 알기만 한다면야(그런 일이 일어날 리 없지)!' 하는 반응이었
다. 어쨌든 히틀러의 관점에서 보면 이 테스트 결과는 부정적으로 나왔고, 그는 하루 밤낮이 지
난 뒤에 이 기획을 중단시켰다. 독일 민족의 대중, 히틀러에게 충실한 대중이 실질적인 유대인 박
해에는 동참하려 하지 않는다는 것을 보여준 것이다. 히틀러가 '최종 해결'을 결정했을 때, 바
로 이 점에서 중요한 결론을 끌어냈던 것인데, 그 사실은 자주 간과되곤 한다. 최종 해결은 도
이칠란트에서 일어나지 않았다. 유대인 근절 수용소는 폴란드 동부에 있었다. 다른 나라들과
도이칠란트에서 이루어진 일은, 고작 유대인의 수송뿐이었다. 유대인이 이주하는 것일 뿐이라
는 설명을 내놓고 벌어진 일이었다. 본격적인 대량학살, 기계적 수단을 동원하여 수백만의 유
대인을 학살한 일은 히틀러 제국의 거대한 일들이나 거대한 범죄들과는 반대로 한 번도 공개적
으로 알려진 적이 없었으니, 선동된 적은 더욱 없었다. 탁월한 선전 기계가 이일에는 가동되지
않았다."(Haffner, 2016: 261); 제2차 세계대전이 끝난 후 철도청 고위 간부와 인터뷰한 내용을
참고하기 바란다(Hughes and mann, 2011: 369-373 참조).

83 당시 독일인들은 왜 전쟁과 그에 책임 있는 히틀러 도당들에 대한 그들의 혐오감을 보다 강력
하게 표현하지 못하는가? 이에 대해 포이케르트(Detlev Peukert)는 자신의 책에 다음과 같이 적
고 있다. "전쟁의 와중이던 1942년 11월에 작성된 공산당의 저항 전단도 독일인들에게 저항 의
지가 부족한 원인을 사회적 관계와 인지 방식과 행위형식의 파편화에서 찾았다. '우리 인민은
왜 전쟁과 그에 책임 있는 히틀러 도당들에 대한 그들의 혐오감을 보다 강력하게 표현하지 못
하는가? 오늘날의 인민 다수가 거부하고 적대시하는 히틀러는 왜 여전히 인민의 이름을 오용하
면서 인민의 이름으로 비열한 범죄를 저지를 수 있는 것일까? 간단하다. 인민이 인민으로 정립
되지 못하고 있고, 내부적으로 연대하여 적에 대항하지 않기 때문이다. 히틀러는 우리 인민을
개인들 더미로 변화시켜 서로 싸우고 서로 공포를 가지며, 모두가 특별한 제복을 입고 팔뚝에
계급장을 달고 설치도록 만들었다. 그러나 세련되고 선동적인 선전과 강제와 테러에 의해 타락
한 것은 외면만이 아니다. 인민의 이성도 그 때문에 손상되었다. 우리 인민은 셀 수 없이 많은
카스트 계급과 혈족들로 분열되었고, 히틀러 정권은 한 인민 동지를 다른 인민 동지와 한 인민
계층을 다른 인민 계층과 대립하도록 조종했다'"(Peukert, 2003: 375-376).

84 나치즘과 하이데거의 관계에 대해선 Bambach, Charles (2003). Heidegger's Roots: Nietzsche,
National Socialism, and the Greeks. Ithaca. NY: Cornell University Press. 참조.

85 전쟁이 끝난 1947년 5월 3일, 미국은 연합국을 대표해 IG 파르벤 경영진 24명을 기소했다. 오
토 암브로스도 그들 가운데 한 사람이었다. 전쟁수행, 횡령, 약탈이 혐의 내용에 포함되었지만,
그들이 저지른 핵심 범죄는 '노예노동과 대량학살'이었다. 노예노동과 대량학살 혐의에 대한 정
확한 문구는 다음과 같다. "법과 인간적인 고려라고는 전혀 없이 I·G 파르벤은 장시간의 과도

한 노동을 그들에게 강요했고, 건강과 신체 조건을 철저히 무시함으로써 노예 노동자를 혹사했다. 생과 사를 갈라놓는 유일한 기준은 오직 수감자들의 생산성뿐이었다."(Cornwell, 2008: 463).

86 Burger, Heintz Otto (1941). "Die deutsche Sendung im Brkenntnis der Dichter" Gerhard Fricke, Franz Koch und Klemens Lugowski (Hrg). Von deutscher Art in Sprche und Dichtung. Berlin. 305.

87 역사가인 존 F. 몰리(John F. Morley) 신부는 대주교 세자르 오르세니고(Cesare Orsenigo)와 바티칸 사이에 오간 광범위한 외교 서신들을 토대로 다음과 같은 결론을 내렸다. "알았든 몰랐든 간에, 오르세니고는 유대인들에게 벌어진 일에 냉담했다. 그리고 [바티칸] 국무원에 있는 그의 정상들은 정보를 충분히 받았음에도 유대인들에게 아무런 관심도 밝히지 않았다"(Morley, 1980: 128; Wills, 2005: 30. 2번 각주). Morley, John F. (1980). Vatican Diplomacy and the Jews During the Holocaust, 1939-1943. KTAV Publishing House. 참조.

88 "1942년 7월 13일 [루이지] 말리오네(Maglione)의 수석 보좌관인 도미니크 타르디니(D. Tardini)의 언급은 핵심을 찌른 것이다. '슬로바키아 대통령이 사제(un sacredote)라는 점은 아주 불행한 일이다. 교황청이 히틀러를 제지할 수 없다는 사실은 누구나 다 안다. 그러나 우리가 사제 하나 통제할 수 없다고 한다면 그 누가 이것을 이해할 것인가?'["Ma che non possa tener a freno un sacredote, chi lo puocapite?"]"(Wistrich, 2011: 218 재인용).

89 나치에 의해 파면된 가톨릭 교인으로 쾰른의 시장이었고 나중에는 서독의 첫 번째 총리가 된 콘라트 아데나워(Konrad Adenauer)가 본에 거주하던 목사 베른하르트 쿠스토디스(Bernhart Custois) 박사에게 보낸 1946년 2월 23일자 편지의 끝부분에 나온 내용이라고 한다. 읽어보자. "… 만약 모든 주교가 어느 특정한 날에 강단에서 함께 공개적으로 반대 입장을 취했더라면 많은 것을 예방할 수 있었을 것이라고 나는 확신합니다. 그런 일은 일어나지 않았고, 그에 대해 아무런 변명도 하지 않았습니다. 만약 주교들이 이로 인해 감옥이나 강제수용소에 들어갔다면, 그것은 손해가 아니라 정반대였을 것입니다. 그러나 이 모든 것은 일어나지 않았고, 그들은 침묵이 최선이라고 생각합니다"(Küng, 2015: 359 재인용).

90 심리학자인 줄리아 쇼(Julia Shaw)의 지적이다. "나치 독일의 복잡성에 대해 얘기할 때 그런 잔혹 행위가 일어나는 데 필요했던 서로 다른 행동을 잘 풀어서 이해해야 한다. 홀로코스트가 일어날 수 있게 했던 사람들 중 대다수는 방관자들이었다. 이들은 이데올로기도 믿지 않고 나치 당에 참여하지도 않았지만 그 잔혹 행위를 목격하고 그에 대해 알고 있으면서도 개입하지 않은 사람들이다. 이런 방관자들은 비단 독일뿐만 아니라 전 세계에 있었다"(Shaw, 2020: 273).

91 대학시절 정치학 교양과목 첫 시간에 교수님이 조교를 시켜 출석을 거의 30분에 걸쳐 불렀는데, 당시 충대에 온 타지 학생들이 매우 다양했다. 지금도 의구심이 드는 것은 출석체크를 하면서 왜 지역과 출신 고등학교를 물으셨는지 모르겠다.

92 허황후[허황옥]에 관계된 일들은 지금도 계속되고 있다. 김경은, "'허황후' 소재 한국-인도 공동 우표[우정이야기]" <주간경향> (2019.0807).

93 다음도 참조하기 바란다. 가롯 유다에 대한 해석은 살로메(Salome, 헤로디아의 딸 daughter of Herodias로 Flavius Josephe가 그 이름을 살로메로 부여했다고 한다[Dottin-Orsini, 2005: 17 참조] 마14:6 참조)에 대한 해석의 전개와 매우 유사하다. 세례 요한의 수난인 헤로디아의 연회가 필수불가결함이 분명하다. 성경의 말씀을 이루기 위해, 예수를 예언한 사람이 사라진 이후 예수의 정립을 위해서 불가피하다는 말이다. 요한은 '그분은 더욱 커지셔야 하고 나는 작아져야 한다'라고 주장했다(요3:30) 그래서 살로메는, 유다처럼, 역설적으로 예언의 실현에 불가피한 고리가 되었고, 요한은 그녀를 통해 그리스도 시대 최초의 순교자가 되었다. 그것은 일어나야만 했다. 이로써 헤로디아의 딸은 기독교의 신비스러운 구조 속에 자신의 이름을 올리게 된다. 그녀는 예언된 죽음을 이루기 위한 도구이다(Dottin-Orsini, 2005: 16).

94 러셀 자코비(Russell Jacoby)의 다음의 진술을 참고하라. "복제는 자아(self)를 위협한다. 참된 자아거나 자아의 판본인 까닭이다. 사본(copy)은 원본에 도전한다. 둘은 하나가 사기라는 점을 암

시한다. 사본은 반영하며 판단에 관여한다. … 쌍둥이나 복제분신은 무엇을 의미할까? 복제 (duplication)와 이중(duplicity) 사이에 존재하는 언어 관계가 함축하는 것은 사기다. '복제는 이 중은 물론이요, 불안까지 함축한다.'라고 영국의 사회인류학자 크롤리(A. E. Crawly)는 설명한 다. 사본은 원본의 진품성을 의심에 붙인다."(Jacoy, 2012: 207, 209; Crawly, 1911: 858 참조.) Crawly, A. E. (1911). "Double" Encyclopedia of Religion and Ethics. ed. James Hastings. vol. IV. Edinburgh: T & T Clark.

95 오강남 교수가 들려준 이야기를 참고하면 도마복음이 얼마나 선불교에 가까운지 알 수 있다. "한 가지 예로 미국인 리처드 베이커(Richard Baker)의 경우를 들 수 있다. 그는 젊은 시절 보 스턴에서 일본 교토(京都)로 건너가 선사 스즈키 순류(玲木俊降) 밑에서 선수행을 하고 선사(禪師)가 되어 샌프란시스코 선원(禪院)의 주지가 되었는데, 하루는 『도마복음』을 전문으로 하는 프린스턴 대학교 일레인 페이젤스 교수와 이야기하게 되었다. 대화를 나누던 그는 어느 순간 '제가 『도마복음』을 미리 알았더라면 구태여 불자가 되어야 할 필요가 없었을 것입니다.'라는 고백을 했다. 『도마복음』의 가르침이 선불교의 그것과 너무나 닮았다는 이야기이기도 하겠지 만, 그리스도교 전통에서 이런 가르침이 있었다고 하는 것을 한두 세대 전에만 해도 알 길이 없었다는 뜻이기도 하다"(오강남, 2009: 136 재인용).

96 다음은 불교학자 심재관과 과학철학자 최종덕 교수간의 담화 내용이다.

> **심재관:** 『막달라 마리아의 위대한 의문』이라는 외경 중에는 정말 충격적인 내용도 들어있어요, 예수님이 마리아를 산에 끌고 올라가서 옆에 세워 놓고 자신의 옆구리에 서 여자를 한 명 만들어내요. 그리고 마리아가 보는 앞에서 섹스를 하는 내용이 있어 요. 옆구리에서 만들어 낸 여자와 함께요. 그러면서 예수님이 자신의 몸에서 나온 정 액을 마리아에게 주면서, "이것을 받아먹어라, 이렇게 해야 삶을 얻을 수 있다"라고 해요. 마리아가 기겁해 실신하니까 예수님이 일으키며 말하죠. "너희들은 나를 믿지 못하느냐 신앙심이 얕기 짝이 없구나" 뭐, 이런 대화의 내용을 담고 있어요. 이건 성 경에서 예수님이 말한 것처럼, "너희가 이 세상일도 믿지 못하는데, 어찌 내가 천국 의 일을 너희에게 이야기하겠느냐"라고 질타한 것과 같은 의미를 갖는다고 봐야지요.
> **최종덕:** 그 이야기를 들으니까, 지난번 심 선생님이 얘기했던 탄트리즘이 생각나네요.
> **심재관:** 네, 저도 그런 생각이 들어요. 일전에 얘기한 요기니 탄트라의 수행법과 유사 한 특징이 보이거든요(심재관·최종덕, 2016: 165).

97 책의 지속성에 대해선 로마시인 호라티우스의 "청동보다 오래가는 기념비를 세웠노라"(Exegi monumentum aere perennius)라는 시구에서 발견할 수 있다.

98 "가인파는 영지주의 지파로서 형제 아벨을 살인한 가인의 명예를 회복시키려고 했다. 이들은 다른 영지주의 자들처럼 구약의 신을 저급한 신으로 보았으며 가인을 그 신에 의한 최초의 피 해자로 보았다. 이들은 구약의 인물 중에서, 고모라, 소돔인들을 숭상했고, 이런 맥락에서 모든 신약 문서에서 정죄하는 가롯 유다의 명예도 회복시키려고 했던 것이다."(김동수, 2007: 111).

99 "경계가 없다면 가정, 환대 장소, 안전 지역에 대해 잘 알고 있는 친밀감을 갖춘 '공간' 개념이 존재할 수 없다. 경계가 없다면 공간성이 없고 따라서 다른 공동체, 가족, 이웃과 구별되는 특 정 공동체, 가족, 이웃에서의 소속감도 있을 수 없다. 요컨대 경계가 없다면 정체성 자체가 불 가능하다"(Jipp, 2019: 82, 1장 66번 각주).

100 이 논쟁을 다루는 대표적인 저서들은 다음과 같다. De Conick, April D. (2006). The Thirteenth Apostle: What the Gospel of Judas Iscariot: A New Look at Betrayer and Betrayed. Oxford: Oxford University Press; Wright, N. T. (2006). Judas and the Gospel of Jesus: Have We Missed the Truth About Christianity? Grand Rapids. MI: Baker Books.

101 Mail on Sunday. (London), (March 12, 2006); Gathercole, Simon J. (2007). The Gospel of Judaism, and Early Christianity Oxford: Oxford University Press. 132-149.

102 구별 짓기의 부정적 측면 즉 부정적 타자화는 다음과 같은 결과를 가져올 수도 있다. "… 이

런 식으로 다른 사람들은 '타자'(the Other)로 전환된다. 그들은 자기와는 완전히 다른 낯선 존재라는 것이다. 한 걸음 더 나아가 괴물이 될 수 있다."(Burke, 2005: 204).

103 강남순 교수가 지적한 것도 참조할 필요가 있다. "타자를 '악마화' 하면 그 악마화된 타자에 대한 분노는 나의 내면에서 매우 부정적으로 작동된다. 결국 그러한 파괴적 분노 감정이 내면에서 매우 부정적으로 작동된다. 결국 그러한 파괴적 분노 감정이 내면에서 부정적 에너지를 엄청나게 분출하면서 사실상 스스로의 인간 됨에 손상을 입는다. '죄는 미워하되, 죄를 지은 사람은 사랑하라'(hate the sin, love the sinner)라는 성 아우구스티누스 말은 이러한 맥락에서 이해할 수 있다. 성찰적으로 분노한다는 것은 '잘못'에 대해 분노해야 하며, 그 '잘못'을 한 사람을 악마화하고 증오해서는 안 된다는 뜻이다. 그런데 아우구스티누스의 이 말 자체도 그릇되게 쓰이는 경우가 많다. 현실 세계에서 '죄'와 '죄인'의 관계를 흑백으로 확연히 분리할 수 없는 경우가 많기 때문이다. 때로는 '죄를 미워한다'라는 것은 결국 그 죄와 연관된 '죄인'의 존재방식까지 부정하는 것으로 이어진다"(강남순, 2017: 56).

104 "고대의 사도신경은 예수의 처형에서 로마의 일차적 책임을 강조하는('본디오 빌라도 치하에서 고난을 당하시고') 그 이전의 전승으로 회귀하고 있는데, 이는 예수의 죽음에 관해 유일하게 남아있는 속세의 자료, 타키투스의 『연보』(15.44)와 일치한다."(Wills, 2005: 41).

105 한스 큉, "6. 예수 죽음에 책임 있는 사람은 누구인가". (Küng, 2015: 485-490) 참조. 큉은 다음과 같이 적고 있다. "… 법적인 의미에서는 로마 총독이 골고다 사건에 책임을 지고 있다. 오직 로마 총독만이 그 당시에 사형집행의 권리(ius gladii)를 가지고 있었다. 그리고 십자가 처형은 로마의 처형 방식의 하나였다.… 그렇다면 예수의 죽음에 대한 책임이 누구에게 있는가? 역사적으로 정확한 대답은 오직 다음과 같을 수밖에 없다. 유대인 권력자들과 로마인 권력자들 모두가 자신들의 방식대로 이 사건에 연루되었다. 그러나 오늘날에는 조금 다른 점이 중요하다. 유대민족은 이미 그 당시에도 예수를 배척하지 않았다. 그 당시 유대 민족의 집단적 죄책을 언급해서는 안 된다(로마 민족의 죄책을 언급하지 않는 이유는 무엇인가?). 유대 민족의 후손들에게 집단적 책임을 묻는 것은 불합리하다. 예수의 죽음을 오늘의 유대 국가의 책임으로 돌리는 것은 이해하기 어려웠고, 이 민족에게 많은 고통을 끝없이 안겨주었다.… '유대인들'을 그리스도를 죽인 자로, 심지어는 하나님을 죽인 자로 비난해온 기독교인의 기괴한 책임론을 목격한 제2차 바티칸 공의회는 마침내 분명한 설명을 내놓았다. '비록 유대인 권력자들이 그들의 추종자들과 함께 그리스도를 죽음으로 내몰았지만, 그래도 우리는 예수의 고난 사건 책임을 아무런 구분도 없이 그 당시에 살았던 모든 유대인들에게 돌릴 수 없으며, 현재의 유대인들에게 돌릴 수도 없다"(Küng, 2015: 487-490).

106 큉(Küng)의 "기독교인 파문"(Küng, 2015:518-524) 참조; "유대교인의 기독교인 축출은 기독교인의 유대교인 박해보다 먼저 일어났다. 신약성서는 두 사건, 곧 유대교인 박해와 반유대교적인 공격을 동시에 반영하고 있다! 그러나 유감스럽게도 덧붙여져야 할 공격이 점점 더 심각해졌다는 사실이다. 그리고 공격은 다시금 양쪽에서 일어났다. 지금까지 소문으로 내려왔으 후대의 유대교 문서는 예수가 로마군인 요셉 판데라(Joseph Pandera)와 젊은 처녀 마리아 사이에서 사생아로 태어났고, 그가 돌로 처형된 것은 하나님의 이름으로 마술을 행했기 때문이라고 주장한다. 중세 시대에 이르기까지 중상적이고 전설과 역사 날조에 근거한 '톨레도 예수'(Toledot Jesus, '예수의 세대/역사')가 증가했다. 기독교인들은 자기 나름대로 유대인이 어차피 '그리스도의 살인자', 아니 '하나님의 살인자'였다는 비난을 점점 더 널리 퍼뜨렸다. 물론 이런 주장은 거꾸로 신약성서를 기괴하게 날조한 것이었고 최악의 결과를 초래했다."(Küng, 2015: 524).

107 "실제로 유대교 당국은 유대교로부터 기독교로 개종해 가는 유대인들을 막기 위한 조치의 하나로 기원후 85년경에 랍비 가말리엘 2세가 최고 지도자로 있을 때, 랍비 총회의 결의를 거쳐서 회당 예배에 「18 기도문」을 새로이 도입하기로 결정하였다. 「18 기도문」 중에서도 특히 우리에게 관심이 있는 것을 열두 번째 기도문이다. '박해자들에게는 소망이 없게 하시고, 오만의 지배를 우리 시대에 당장 근절시키오며, 기독교도들과 미남(=이단자들)들을 일순간에 멸하시오며, 그들의 이름을 생명의 책에서 도말하시사, 의인들과 함께 기록되지 않게 하옵소서' 이것은 흔히 '이단자들을 위한 저주 기도문'(Birkath ha Minim)이라고 부른다. 유대교 회당 당국이

이 기도문을 회당 예배에 도입한 목적은 두 가지였다. 하나는 유대인들 가운데 기독교로 개종하려는 사람들의 생각을 아예 사전에 봉쇄하려는 목적이었고, 다른 하나는 이미 기독교로 개종했으면서도 회당 예배에 숨어서 참석하는 사람들, 이른바, '숨어 있는 기독교인들'(the cryptic Christians)을 색출하여 회당에서 축출하려는 의도와 목적이었다."(김득중, 2016: 19); "시나고그의 예배를 구성하는 내용의 일부인 유대교의 12기원(birkat haminim)의 개정판에는 '이단'으로서 나사렛인(기독교도)이 특기되어 있었습니다. 이른바 '숨은 기독교인'으로서 시나고그 안에 머무는 것은 불가능하게 되었던 것입니다. 요한복음의 '회당 추방'을 둘러싼 기술에서 그러한 당시의 상황을 살짝 엿볼 수 있습니다(요9:22; 12:42). 유대인 기독교도의 입장에서 그것은 다수파에 의한 종교적·사회적인 차별과 보이콧으로 보일 수밖에 없었겠지요. 사실상 그들은 유대교 회당 밖으로 내쫓겨 독자적인 집회 활동을 할 것을 강요당했습니다."(Miyata, 2013: 52-53); 주홍근, "온전한교회, 행복한세상-25" <교회연합신문> (2015.10.02) 참조.

108 "11세기 말 마인츠의 엠브리코(Embricho Moguntinus)가 지은 또 다른 무함마드의 전기에서 그는 전형적인 반(反)성인(anti-saint)의 면모를 띤 이단교주(heresiarch)로 등장한다. 본래 리비아 총독의 노예였던 그는 마구스(magus)라는 악한의 계략과 조종으로 총독을 살해하고 그 과부와 결혼하면서 부와 권력을 쥐게 되며, 예언자의 권위를 누리면서 기독교 율법을 전복시켜 근친상간 같은 패륜적인 율법을 설파한다. 결국 얼마 못가서 하나님이 그를 죽임으로 벌하고 그의 시신을 돼지들이 먹어치워 차후 모슬렘들 사이에 돼지고기에 대한 금기가 생겼다고 한다."(성백용, 2019: 47; Tolan, 1996: 25-41); Tolan, J. (1996). "Anti-Hagiography: Embrico of Mainz's Vita Mahumeti" Journal of Medieval History. 21. 25-41. 참조.

109 마호메트가 자기와 같은 시대 인물이며, 또한 그의 이름도 마토마스(Mathomas)로 알았을 정도로 마호메트에 대한 기베르의 지식은 상당히 빈약했다. 그러나 흥미롭게도 그는 이슬람교도는 철저한 일신교를 믿으며 마호메트는 신이 아니라 선지자일 뿐이라는 것을 알고 있었다 (Southern, 1962: 31; 이종경, 2002: 93, 23번 주 재인용).

110 마리-앙투아네트가 많은 빌미를 제공한 것도 사실이다. "오스트리아 황제 마리아 테레지아의 딸 마리 앙투아네트는 1770년 루이 15세의 손자로 장차 루이 16세가 될 왕세자와 결혼했다. 그는 왕비가 된 뒤에도 아들을 낳지 못해 왕국의 미래를 걱정하는 사람들을 안타깝게 했다. 그런데 왕비는 노름에 빠지고 사치스러운 생활을 하여 원성을 샀다. 시동생 아르투아 백작과 함께 밤늦게 파리로 가서 연극을 보거나 노름을 하다가. 거기서 만난 평민을 베르사유까지 데려와 계속 노름판을 벌이기도 하였다. 사기꾼이 궁중 사제장 로앙 추기경을 속여 값비싼 다이아몬드 목걸이를 가로챌 때 왕비와 로앙 추기경이 은밀한 관계가 있다는 소문이 나돌았다. 이처럼 마리 앙투아네트는 앙시앵레짐의 총체적인 모습을 보여주고 있다"(주명철, 2006: 401-402).

111 다음을 참조하라. "아래의 시는 이러한 방식의 공격 특징을 전형적으로 보여주는데, 번역에서는 원문의 강렬한 효과가 대부분 사라지고 만다.
    ...
    여기에 음탕한 마농이 누워 있네,
    어머니의 뱃속에서부터
    씨.을 어디에 놓을지 알아
    아버지와 씨.을 했던 그녀가."(Hunt, 1999: 160).

112 "'도상은 문맹자의 문자이다'라고 한 그레고리우스 대교황에게 있어 도상은 지식, 특히 신앙 내용에 대한 지식의 수단이며, 결과적으로 종교와 그것이 내포하고 있는 신비에 대해 가르치는 수단이다. 서구 유럽의 기독교는 이와 같은 생각에 충실했고, 이 기본 정신은 이후 여러 번 중세 신학자들에 의해 상기되면서 기독교 도상의 교육적 역할이라는 자리를 확고히 유지하게 되었다."(Grabar, 2008: 271).

113 "초대교회 교부들이 특히 크리소스토모가 그리스도의 살인자들(Christoktonoi)에 관한 장광설로-유대인들에게 쏟아 낸 서글픈 악평들을 모조리 들먹일 필요는 전혀 없다."(Wills, 2005: 38; Cohen, 1991: 174-192 참조). Cohen, Jeremy (1991). Essential papers on Judaism and

Christianity in Conflict: From Late Antiquity to the Reformation. New York University Press. 174-192.

114 "고비노의 인종주의 이론에 따르면 인간 종족 중 가장 우수한 종족은 당시 문명의 최고 수준에 도달해 있던 게르만 종족 '아리안'(Aryan)이었다. 이 사상은 체임벌린에 의해 그대로 계승되었는데, 이들은 공통으로 유대인을 모든 종족 중 가장 열등하고 해로운 종족으로 꼽았다. 이렇게 해서 인종주의는 자연스럽게 반유대주의와 결합하였다."(안인희, 2004: 302).

115 나치시대의 발터 그룬트만(Walter Grundmann)의 주장이 대표적이다. Grundmann, Walter (1941). Jesus der Galialäer und das Judentum. Leipzig: George Wignd. 166-175.

116 1992년 LA 폭동(4 · 29폭동)에서도 이러한 느낌을 받을 수 있다. 로드니 G. 킹(Rodney Glen King)의 백인 폭행경찰의 무죄선고로 인해 발생한 사태임에도 불구하고, 언론들이 두순자 사건(斗順子事件, 1991년)에다 그 초점을 맞춤으로써 LA한인들에게 피해가 가게끔 하였기 때문이다("두순자 사건" <한국민족문화대백과사전> 참조).

117 "유대인들이 유일한 후보감은 아니었다. 에스파냐에서는 아랍인들이 페스트가 퍼지는 데 공헌했다는 의심을 받았다. 유럽 전역에서는 사람들은 누구보다 순례자들을 의심했다. 1348년 6월 일단의 포르투갈 순례자들이 아라공의 우물에 독약을 풀었다는 소문이 퍼지자 이들은 경호를 받으면서 간신히 집으로 돌아갈 수 있었다. 나르본에서는 영국인들이 비난을 받았다. 그러나 가장 만만한 희생양의 후보가 된 것은 유대인과 나병 환자였다. 나병환자들은 앙심을 품고 있다고 늘 의심을 받았다"(Ziegler, 2003: 123-124).

118 악덕 고리대부업자라는 것에는 유대인의 악마화가 작용했음을 간접적으로 보여준다. 자크 르고프(Jacques Le Goff)의 다음을 참조하라. "롬바르디아 사람들은 기독교 사회에서 대부업자라는 나쁜 이미지를 유대인들과 나눠 가졌고 반감과 혐오감을 불러일으켰다. 하지만 유대인들과 마찬가지로 박해를 받진 않았다. 이미지는 좋지 않았지만, 거기에는 종교적인 요소도 역사적인 요소도 없었기 때문이다."(Le Goff, 2011: 130); "'돈을 빌려주던 유대인들이 불안정성과 박해에 대한 조처로 무자비하게 행동했던 것은 당연했다'라고 콘(N. Cohn)은 말한다[Cohn, 1975: 124]. 중세의 유대인들이 피해자로부터 가혹할 정도의 이자를 갈취했다는 점은 비판받을 만하지만, 그 사업이 대단히 위험하고 지방 영주의 보호가 확실하지 않았으며, 채무자가 제대로 빚을 갚으려는 의사가 없을 경우 자기 돈을 돌려받을 만한 제재가 전혀 없었다는 점도 기억되어야만 한다. 유대인들은 자신의 안전을 스스로 보장하기 위해 당국에 더 많은 뇌물을 제공해야 했고, 뇌물 비용을 충당하느라 더 높은 이자율을 부과하고 고객들을 심하게 다루어야만 했다. 증오감은 더욱 커졌고 드디어 14세기 중엽에는 샤일록이 탄생했다. 유대인들은 유럽 사회에서 증오의 대상이었기 때문에, 어떠한 계기가 있더라고 재난을 야기할 만했다."(Ziegler, 2003: 125-126).

119 "백년전쟁 후에 프랑스를 재건하기 위하여 샤를 7세는 자크 쾨르에게 돈을 빌렸는데, 나중에 그 돈을 상환하지 않기 위해 자크 쾨르를 투옥한다"(Le Goff, 2011: 174).

120 미야타 미쓰오(Miyata Mitsuo, 宮田光雄)의 주장을 참조하라. "최근 『가해자의 나라에서 신에 관해 말하다-쇼아 이후의 제3세대에 의한 신학적 발언』(Von Gott reden im Lande der Täter. Theologische Stimmen der dritten Generation seit der Schoah) 논문집을 읽었습니다. 처음 제목을 보았을 때 독일의 젊은 세대까지 괴롭히는 트라우마의 깊이를 생각하며 측은한 마음이 들었습니다. 그러나 거기에 나와 있는 것은 이미 새로운 문제의식이었습니다. 즉 과거의 반유대주의로 인한 죄책감 때문에 친유대주의(Pro-Seminism)에 가까운 이스라엘 일변도여서는 안 되며, 오히려 여기에서 벗어나 기독교-유대교-이슬람교 간의 대화에 의한 팔레스타인 문제의 평화적 해결을 요구하자는 시각이었습니다."(Miyata, 2013: 236-237).

121 이 마지막 두 요점은 제2차 바티칸 공회의 역사적 문헌, "우리 시대(Nostra Aetate): 비그리스도교와 교회의 관계에 대한 선언"에 간결하게 요약되어 있다. "유대 당국자들과 그들을 따랐던 이들은 그리스도를 죽이라고 압박했지만(요19:6을 보라) 그리스도의 수난 중에 벌어진 범죄의 책임을 당대의 모든 유대인들이나 오늘날의 유대인들에게까지 무차별적으로 물을 수는 없다"(Flannery, ed., 1996: 573).

122 "가룟 유다와 함께 온 대제사장의 부하들에 의해 예수는 잡혀갔다. 가룟 유다의 역할에 대해
서는 이론이 적지 않고, 그의 운명에 동정적인 견해들도 없지 않다. 영지주의 저술인『유다복
음』은 가룟 유다를 적극 옹호하고 있다. 그러나 실망스럽다고 하여 별다른 죄를 지은 것도 아
닌 스승을 잡으려는 이들의 협조자가 된 것은 비난을 면할 수 없을 일이다. 그가 아니어도 대
제사장 측에서 예수를 잡지 못할 리 없는데, 그에게 특별한 하나님의 사명이 부여된 것처럼
옹호하는 견해는 지나친 것이다"(김기홍, 2016: 398).

참고자료

재인용 문헌은 생략하였음을 알려드립니다.

* 내용에 들어가기에 앞서

강창래 (2018). 『책의 정신: 세상을 바꾼 책에 대한 소문과 진실』. 알마

김능우 (2016). 『(중세 아랍시로 본) 이슬람 진영의 대(對)십자군 전쟁』. 서울: 서울대학교출판부문화원.

박찬승 (2017). 『중세의 재발견: 현대를 비추어 보는 사상과 문화의 거울』. 길

서정민 (2016). 『오늘의 중동을 말하다』. 서울: 중앙Books.

우병훈 (2019). 『기독교 윤리학』. 서울: 복있는사람

유희수 (2010). 『사제와 광대: 중세 교회 문화와 중세문화』. 문학과지성사.

진원숙 (2006). 『십자군, 성전과 약탈의 역사』. 파주: 살림.

Carroll, James (2011). *Jerusalem, Jerusalem: How The Ancient City Ignited Our Modern World.* Houghton Mifflin Harcourt. 박경선 역 (2014). 『예루살렘 광기: 왜 예루살렘이 문제인가?』. 파주: 동녘.

Frankopan, Peter (2012). *The First Crusade: The Call From The East.* Vintage. 이종인 역 (2018). 『동방의 부름』. 책과함께.

Lyons, Jonathan (2007). *The House of Wisdom.* 김한영 역 (2013). 『지혜의 집, 이슬람은 어떻게 유럽 문명을 바꾸었는가』. 책과함께.

Rattansi, Ali (2007). *A Very Short Introduction: Racism.* 구정은 역 (2011). 『인종주의는 본성인가』. 한겨레출판사(주).

Ruelland, Jacques G. (1993). *Histoire de la Guerre Sainte.* Presse Universitaires de France. 김연실 역 (2003). 『성전, 문명 충돌의 역사: 종교 갈등의 오랜 기원을 찾아서』. 파주: 한길사.

Snyder, T. (2015). *Black Earth.* 조행복 (2018). 『블랙 어스』. 파주: 열린책들.

Zacharias, Ravi and Vince Vitale (2017). *Jesus Among Secular gods.* FaithWords. 이상준 역 (2017). 『오직 예수 2』. 두란노. 빈스 비델(Vince Vitale), "4. 다원주의 진리에 이르는 길은 여러 가지이다". 146-205

1 마녀사냥에 대한 재고

김기흥 (2016). 『역사적 예수』. 파주: 창비.

김원중 (2002). "근대 초 스페인 종교재판소와 유대인 문제: 종교재판소 설치 동기 문제를 중심으로". 한국서양사학회 (2002). 『서양문명과 인종주의』. 서울: 지식사업사. 97-121.

도현신 (2012). "8. 마녀: 마녀사냥의 거짓된 이미지와 중세의 현실.". 『르네상스의 어둠』. 서울: 생각비행. 161-182.

박용진 (2010). "4. 중세유럽은 기독교 세계였을까?" 『중세는 암흑시대인가?』. 서울: (주)민음인. 77-88.

박종욱 (2006). 『스페인 종교재판소』. 부산: 부산외국어대학교출판부.

설혜심 (2011). "제4장. 마녀사냥을 보는 다양한 시선". 『역사, 어떻게 볼 것인가』. 서울: 길. 89-110.

설혜심 (2003). 『서양의 관상학』. 제1판3쇄. 파주: 한길사.

심재윤 (2006). "1장. 중세의 어원과 시대구분". 『서양중세사의 이해』. 선인. 11-17.

양태자 (2015). 『중세의 잔혹사 마녀사냥』. 서울: 이랑.

양태자 (2012). 『중세의 뒷골목 사랑』. 서울: 이랑.

양태자 (2011). 『중세의 뒷골목 풍경』. 서울: 이랑.

유희수 (2018). 『낯선 중세』. 서울: 문학과지성사.

이경재 (2007). 『중세는 정말 암흑기였나』. 3쇄. 파주: 살림.

이득재 (2004). 『가부장/제/국 속의 여자들』. 서울: 문화과학사.

이선경 (2018). 『(21세기에 새로 쓴) 인간불평등사』. 서울: 프리스마.

이정배 (2015). 『신학, 타자의 텍스트를 읽다』. 서울: 모시는사람들.

이우근 (2009). 『톨레랑스가 필요한 기독교』. 서울: 포이에마.

이택광 (2013). 『마녀 프레임: 마녀는 어떻게 만들어지는가』. 자음과모음.

이한승 (2017). 『솔직한 식품』. 파주: 창비.

정찬일 (2015). "4장. 중세 마녀사냥: 사회 위기에서 탄생한 마녀들". 『비이성의 세계사』. 양철북출판사. 107-136.

森島桓雄 (1970). 『魔女狩り』. 岩波書店. 조성숙 역 (1997). 『마녀사냥』. 서울: (주)현민시스템

Andersen, Kurt (2017). *Fantasyland*. 정혜윤 역 (2018). 『판타지랜드』. 서울: 세종서적.

Bauer, Thomas, Gerd Gigerenzer, und Walter Krämer (2014). *Warum dick nicht doof macht und Genmais nicht tötet*. Frankfurt am Main: Campus Verlag. 박병화 역 (2017). 『통계의 함정』. 서울: 율리시즈.

Eco, Umberto ed. (2010). *IL DEDIOEVO 2*. Milano: EM Publishers. 윤종태 역 (2015). 『중세 II: 성당, 기사, 도시의 시대』. (주)시공사.

Eco, Umberto ed. (2010). *IL DEDIOEVO 4*. Milano: EM Publishers. 김효정·조효숙 공역 (2018). 『중세 IV: 탐험, 무역, 유토피아의 시대』. 서울: (주)시공사.

Federici, Silvia (2004). *Galiban and the Watch*. Autonomedia. 황성원·김민철 공역 (2011). 『캘리번과 마녀』. 서울: 갈무리.

Fuhrmann, Horst (2000). *Einladung ins Mittelalter*. Müchen: C. H. Beck. 안인희 역 (2003). 『중세로의 초대』. 서울: 이마고.

Ginzburg, Carlo (1965). *I Benandanti*. 조한욱 역 (2004). 『마녀와 베난단티의 밤의 전투』. 서울: 도서출판 길.

Harris, Marvin (1975). *Pigs, Wars and Witches: The Riddles of Culture*. 박종렬 역 (2011). 『문화의 수수께끼』. 제1판27쇄. 파주: 한길사.

Ikegami, Shunichi (1992). *Majo to Seijo*. 김성기 역 (2005). 『마녀와 성녀』. 서울: 창해.

Karlen, Arno (1995). *Man and Microbes*. 권복규 역 (2001). 『전염병의 문화사』. 서울: (주)사이언스북스.

Kusano, Takumi (2010). *Zukao Akuma-Gaku*. Tokyo: Shinkigensha. 김문광 역 (2011). 『도해 악마학』. 서울: 에이케이 커뮤니케이션즈.

Küng, Hans (2001). *Die Frau im Christentum*. München: Piper Verlag. 이종한·오선자 공역 (2011). 『그리스도교 여성사』. 왜관: 분도출판사.

Levack, Brian P. (1995). *The Witch-Hunter in Early Modern Europe*. 2nd ed. 김동순 역 (2003). 『유럽의 마녀사냥』. 서울: 소나무.

Michelet, Jules (1862). *La sorciere*. 정진국 역 (2012). 『마녀』. 봄아필.

MacMillan, Margaret (2009). *The Uses and Abuses of History*. 권민 역 (2017). 『역사 사용설명서』. 서울: 공존.

Richards, Jeffrey (1991). *Sex, Dissidence and Damnation: Minority groups in the middle ages*. London: Routledge. 유희수·조명동 공역 (1999). 『중세의 소외집단: 섹스·일탈·저주』. 서울: 느티나무.

Russell, Jeffrey B. (1980). *A History of Witchcraft*. Thames & Hudson. 김은주 역 (2004). 『마녀의 문화사』. 서울: 르네상스.

Sallmann, Jean-Michel (1987). *Les sorcieres, fiancees de Satan*. Gallmard. 은위영

역 (1995). 『사탄과 약혼한 마녀』. 서울: (주)시공사.

Scanlon, Michael J. (1999). "제18장: 포스트모던 논쟁". Gregory Baum, (ed.). *The Twentieth Century: A Theological Overview.* 연구홍 역 (2009). 『20세기의 사건들과 현대신학』. 서울: 기독교서회. 367-380.

Schanzer, Rosalyn (2011). *Witches: The Absolutely True Tale of Disaster in Salem.* 김영진 역 (2013). 『세일럼의 마녀들』. 파주: 서해문집.

Sprenger, Jacob and Heinrich Kramer (1486). *Malleus Maleficarum: The hammer of Witches.* 이재필 역 (2016). 『말레우스 말레피카룸: 마녀를 심판하는 망치』. 서울: 우물이있는집. 조한욱(한국교원대학교 역사교육과 교수). "추천사: 500년 만에 한글로 번역된 '중세 마녀사냥 광풍'을 이끈 책". 4-7. 사무일 로진스키(1874-1945, 러시아의 역사학자), "해설: 중세 유럽의 운명을 결정한 책". 502-611.

Utrio, Kaari 1984). *A History of the Eve.* Helsinki: Tammi Publishers. 안미현 역 (2000). 『이브의 역사』. 고양: 자작.

van Loon, Hendrik Willem (1943). The Story of Mankind. Liverights. 이종훈 엮어·옮김 (2007). 『인류 이야기』. 파주: 서해문집.

Verdon, Jean (2005). *Le Moyen Age Ombres et Lumieres.* Paris: Editions Perrin. 최애리 역 (2008). 『중세는 살아 있다: 그 어둠과 빛의 역사』. 길.

Ziegler, Philip. (1969). *The Black Death.* 한은경 역 (2003). 『흑사병』. 파주: 한길사.

2 노예제도에 관한 재로

강준만 (2010b). 『미국사 산책 8: 미국인의 풍요와 고독』. 인물과사상사.

강준만 (2010a). 『미국사 산책 3: 남북전쟁과 제국의 탄생』. 인물과사상사.

강철구 (2002). "서론: 서양문명과 인종주의: 이론적 접근". 한국서양사학회 (2002). 『서양문명과 인종주의』. 초판2쇄. 서울: 지식사업사. 11-45.

김봉중 (2001). 『미국은 과연 특별한 나라인가?』. 서울: 소나무.

김형인 (2009). 『두 얼굴을 가진 하나님』. 서울: 살림출판사.

남태현 (2014). 『왜 정치는 우리를 배신하는가』. 파주: 창비.

설혜심 (2003). 『서양의 관상학』. 제1판3쇄. 파주: 한길사.

신광은 (2014). 『천하무적 아르뱅주의』. 서울: 포이에마.

신문수 (2009). 『타자의 초상: 인종주의와 문화』. 파주: 집문당.

양희송 (2016). 『이매진 주빌리: 오늘을 위한 사회적 상상, 희년』. 메디치.

윤원근 (2010). 『성서, 민주주의를 말하다』. 파주: 살림.

이민정 (2018). 『코르셋과 고래뼈』. 파주: 들녘.

이윤섭 (2013). 『커피, 사탕, 차의 세계사』. 서울: 필맥.

임호준 (2017). 『즐거운 식인』. 서울: (주)민음사.

정태식 (2015). 『거룩한 제국: 아메리카·종교·국가주의』. 서울: 페이퍼로드.

주경철 (2015). 『유토피아, 농담과 역설의 이상 사회』. 파주: 사계절.

차전환 (2015). 『고대 노예제사회: 로마 사회경제사』. 서울: 한울.

최승은·김정명 (2008). 『명백한 운명인가, 독선과 착각인가』. 도서출판수.

최주리 (2014). "달콤한 설탕의 쓸쓸한 그림자". 안대회·이용철·정병설 외
공저. 『18세기의 맛』. 파주: (주)문학동네. 23-33.

한동일 (2018). 『법으로 읽는 유럽사: 세계의 기원, 서양 법의 근저에는 무엇
이 있는가』. 개정증보판. 파주: (주)글항아리.

川北稔 (1996). 砂糖の世界史. 장미화 역 (2003). 『설탕의 세계사』. 서울: 좋은
책만들기.

Alcorn, R. (2009). *If God is Good*. 정성욱 역 (2011). 『악의 문제 바로 알기』.
서울: 두란노서원.

Aronson, Marc and Marina Budhos (2010). *Sugar Changed The World: A story
of magic, spices, freedom and science*. 설배환 역 (2013). 『설탕, 세계를
바꾸다』. 서울: 검둥소.

Barker, Dan (2008). *Godless*. 공윤조 역 (2011). 『신은 없다』. 치우.

Bouma-Prediger, Steven (2010). *For the Beauty of the Earth*. 2nd edition.
Grand Rapids. MI: Baker Academic. 김기철 역 (2011). 『주님 주신 아
름다운 세상』. 서울: 복있는사람.

Burns, Eric (2007). *The Smoke of the Gods*. Temple University Press. 박중서
(2015). 『신들의 연기, 담배: 담배의 문화사』. 서울: 책세상

Chang, H-J. (2002). *Kicking Away the Ladder*. 형성백 역 (2006). 『사다리 걸
어차기』. 서울; 부키.

Chang, H-J. (2010). *23 Things They Don't Tell You About Capitalism*. 김희정·
안세민 공역 (2011). 『그들이 말하지 않는 23가지』. 서울: 부키.

Chomsky, Noam (2017). *Requiem for the American Dream: the 10 principes of
concentration of the wealth & power*. Seven Stories Press. 유강은 역
(2018). 『불평등의 이유』. 서울: 이데아.

Delacampagne, Christian (2002). *Historie de L'esclavage*. Librairie Generale

Francaise. 하정희 역 (2015). 『현대판 노동을 끝내기 위한 노예의 역사』. 고양: 예지.

Delacampagne, Christian (2000). *Une Histoire Du Racisme* Librairie Generale Francaise. 하정희 역 (2013). 『인종차별의 역사』. 고양: 예지.

Durry, Andrea and Thomas Schiffer (2011). *Kakao-Speise der Götter.* Müchen: oekom Verlag. 조규희 역 (2014). 『카카오』. 서울: 자연과상태.

Eisen, Arri and Yungdrung Konchock (2017). *The Enlightened Gene.* 김아림 역 (2018). 『우리는 죽음과 함께 사라지는가』. (주)열림카디널.

Finley, M. I. (1980). *Ancient Slavery and Modern Ideology.* Chatto & Windus. 송문헌 역 (1998). 『고대 노예제도와 모던 이데올로기』. (주)민음사.

Harris, S. (2008). *Letter to a Christian Nation.* 박상준 역 (2008). 『기독교 국가에 보내는 편지』. 파주: 동녘사이언스.

Hitchens, C. (2007). *God is Not Great.* 김승욱 역 (2008). 『신은 위대하지 않다』. 서울: 알마.

Karlen, Arno (1995). *Man and Microbes.* 권복규 역 (2001). 『전염병의 문화사』. 서울: (주)사이언스북스.

Kobayashi, Masaya (2010). *Sandel No Seijitetsugaku.* Tokyo: Heibonsha. 홍성민·양혜윤 공역 (2012). 『정의사회의 조건』. 서울: 황금물고기.

Lamb, David T. (2011). *God Behaving Badly.* Downers Grove. IL: IVP. 최정숙 역 (2013). 『내겐 여전히 불편한 하나님』. 서울: IVP.

Lichtman, Allan J. (2008). *White Protestant Nation: The Rise of the American Conservative Movement.* New York: Atlantic Monthly Press.

Mintz, Sidney W. (1985). *Sweetness and Power.* Viking Penguin. 김문호 역 (1998). 『설탕과 권력』. 서울: 지호.

Nye, Malory (2008). *Religion: The Basic.* 2nd editin. Routledge. 유기쁨 역 (2013). 『문화로 본 종교학』. 서울: 논형.

Qureshi, Nabeel (2016). *Seeking Allah, Finding Jesus.* Zondervan. 박명준 역 (2017). 『알라를 찾다가 예수를 만나다』. 새물결플러스.

Rattansi, Ali (2007). *A Very Short Introduction: Racism.* 구정은 역 (2011). 『인종주의는 본성인가』. 서울: 한겨레출판사(주).

Robertson, David A. (2007), *The Dawkins Letters.* Christian Focus Publication, Ltd. 전현주 역 (2008). 『스스로 있는 신』. 서울: 사랑플러스.

Schnabel, Ulrich (2008). *Die Vermessung des Glabens.* Karl Blessing Verlag. 이지혜 역 (2013). 『종교는 왜 멸망하지 않는가』. 서울: 열린세상.

Shriver, Jr. Donald W. (1995). *An Ethic for Enemies*. 서광선·장윤재 공역 (2001). 『적을 위한 윤리』. 서울: 이화여자대학교출판부.

Stenger, V. J. (2008). *God: The Failed Hypothesis*. 김미선 역 (2010). 『물리학 의 세계에 신의 공간은 없다』. 서울: 서커스.

Stott, John R. W. (1999). *New Issues Facing Christians Today*. 정옥배 역 (2005). 『현대 사회 문제와 그리스도인의 책임』. 서울: IVP.

Takahashi, Genichiro (2015). "3장. '반지성주의'에 대해 글을 쓰는 일이 어쩐 지 '반지성주의' 같아서 꺼림칙했기 때문에 '자, 그럼 무엇에 대해 글 을 쓸까'를 생각하고 써 본 글". Uchida, Tatsuru ed. (2015). *Anti-Intellectualism in Japanese Society*. Tokyo. Shobunsha. 김경원 역 (2016). 『반지성주의를 말하다』. 고양: 이마. 103-120.

Usui, Ryuichiro (1992). *Coffee Ga Mawari Sekaishi Ga Mawaru*. Tokyo: Chuokoron-Shinsha, Inc. 김수경 역 (2008). 『커피가 돌고 세계史가 돌고』. 서울: 북북서.

Utrio, Kaari (1984). *A History of the Eve*. 안미현 역 (2000). 『이브의 역사』. 고양: 자작.

Van Leeuwen, Mary Stewart (1991). *Gender and Grace: Love, work & parenting in a changing world*. Downers Grove. IL: IVP. 윤귀남 역 (2000). 『신 앙의 눈으로 본 남성과 여성』. 초판 2쇄. 서울: IVP.

Veyne, Paul (1985). "제1부 로마 제국" Aries, Philippe et George Duby eds. (1985). *Historie de la vie privee: Tome I: De l'Empire romain a l'an mil*. 주명철·전수연 공역 (2003). 『사생활의 역사 1』. 새물결출판사.

White, R. (2003). "이슬람국가 운동에 관한 까다로운 질문들". Zacharias, R. & Geisler, N. (Ed). *Who Made God?* 박세혁 역 (2005). 『누가 하나님 을 만들었을까』. 서울: 사랑플러스. 238-263.

Williams, Eric (1994). *Capitalism and Slavery*. University of North Carolina Press. 김성균 역 (2014). 『자본주의와 노예제도』. 서울: 우물이있는집. 홍기빈, "추천사: 지구적 자본주의의 원형으로서의 대서양 삼각무역". 10-14

Wolterstorff, Nicholas (1991), *Reason Within the Bounds of Religion*, 문석호 역 (1991). 『종교의 한계 내에서의 이성』. 성광문화사.

3 홀로코스트에 관한 재고

김진 (2010). "하이데거와 반유대주의의 문제". 『철학연구』. 116. 33-58.

문기상 (1999). "독일 민족주의와 국민국가(1871-1918)". 한국 서양사회학회 편 (1999). 『서양에서의 민족과 민족주의』. 서울: 까치글방. 155-178.

박찬국 (2001). 『하이데거와 나치즘』. 서울: 문예출판사.

송충기 (2014). 『나치는 왜 유대인을 학살했을까?』. 1판2쇄. (주)민음인.

안인희 (2004). 『게르만 신화 바그너 히틀러』. 서울: (주)민음사.

안진태 (2010). 『독일 제3 제국의 비밀』. 서울: 까치글방. "제4장. 유대인 배척". 265-328. "제5장. 한 병사의 영웅화". 329-383. "제6장. 문학, 예술과 학문의 나치즘 수용". 385-434.

이희재 (2017). 『번역전쟁』. 파주: 궁리. "홀로코스트". 485-510.

최호근 (2006). 『서양 현대사의 블랙박스, 나치대학살』. 서울: 푸른역사.

최호근 (2005). 『제노사이드: 학살과 은폐의 역사』. 서울: 책세상.

최훈 (2012). 『철학자의 식탁에서 고기가 사라진 이유』. 고양: 사월의책.

최훈 (2014). 『불편하면 따져봐: 논리로 배우는 인권이야기』. 파주: 창비.

추태화 (2012). 『권력과 신앙』. 개정판. 인천: CKoBooks.

Bauman, Zygmunt (2000). *Modernity and the Holocaust*. 정일준 역 (2013). 『현대성과 홀로코스트』. 서울: 새물결출판사.

Broszat, Martin (1969). *Der Staat Hitlers: Grundlegung und Entwicklung seiner inneren Verfassung*. München: Deutscher Taschenbuch Verlag. 김학이 역 (2011). 『히틀러국가』. (주)문학과지성사.

Carroll, James (2011). *Jerusalem, Jerusalem: How The Ancient City Ignited Our Modern World*. Houghton Mifflin Harcourt. 박경선 역 (2014). 『예루살렘 광기: 왜 예루살렘이 문제인가?』. 파주: 동녘.

Cornwell, John (2003). *Hitler's Scientists*. Penguin Books. 김형근 역 (2008). 『히틀러의 과학자들』. 서울: (주)웅진씽크빅.

Cymes, Michel (2015). *Hippocrate aux Enfers*. Editions Stock. 최고나 역 (2015). 『나쁜 의사들: 그곳에 히포크라테스는 없었다』. 한솔북스.

Elbogen, Ismar and Eleonore Sterling (n.d). *Die Geschichte der Juden in Deutschland*. Frankfurt am Main. 서정일 역 (2007). 『로마 제국에서 20세기 홀로코스트까지 독일 유대인의 역사』. 서울: 새물결출판사.

Haffner, Sebastian (1998). *Anmerkugen zu Hitler*. München: Kindler Verlag. 안인희 역 (2014). 『히틀러에 붙이는 주석』. 파주: 돌베개.

Haffner, Sebastian (1987). *Von Bismarck zu Hitler: Ein Rückblick*. München: Kindler Verlag. 안인희 역 (2016). 『비스마르크에서 히틀러까지: 독일 제국의 몰락』. 파주: 돌베개. "히틀러 시대". 221-263.

Hilberg, Raul (2003). *The Destruction of the European Jews*. 김학이 역 (2008). 『홀로코스트, 유럽 유대인의 파괴 1』. 서울: 개마고원.

Hughes, Matthew and Chris Mann (2010). *Inside Hitler's Germany Life Under the Third Reich*. Brown Bear Books. 박수민 역 (2011). 『히틀러가 바꾼 세계』. 플래닛미디어.

Knopp, Guido (1996). *Hitlers Helfer*. München: C. Bertelsmann Verlag. 신철식 역 (2011). 『나는 히틀러를 믿었다』. 서울: 울력.

Knopp, Guido (1996). *Hitlers Helfer*. München: C. Bertelsmann Verlag. 신철식 역 (2003). 『히틀러의 뜻대로: 히틀러의 조력자들』. 서울: 울력.

Krebs, Christopher B. (2011). *A Most Dangerous Book: Tacitus's Germania from the Roman Empire to the Third Reich*. W. W. Norton & Co. 이시은 역 (2012). 『가장 위험한 책』. 서울: (주)민음인.

Küng, Hans (1991). *Das Judentum: Die religiöse Situation der Zeit*. Piper Verlag. 이신건·이응봉·박영식 공역 (2015). 『한스 큉의 유대교: 현 시대의 종교적 상황』. 서울: 시와진실.

Küng, Hans (2003). *The Catholic Church*. Weidenfeld & Nicolson. 배국원 (2013). 『가톨릭의 역사』. 신판 1쇄 서울: 을유문화사.

Miyata, Mitsuo (2009). *Horokosuto 'Igo'o Ikiru: Shukyokan Taiwa To Seijiteki Funso No Hazama De*. Toyko: Iwanami Shoten Publishes. 박은영·양현혜 공역 (2013). 『홀로코스트 '이후'를 살다: 종교간 대화와 정치적 분쟁의 틈에서』. 파주: 한울. 宮田光雄 (2009). 『ホロコースト <以後> を生きる: 宗教間對話と政治的紛爭のはざまで』. 東京: 岩波書店.

Montefiore, Simon Sebag (2011). *Jerusalem: The Biography*. London: Capel & Land Ltd. 유달승 역 (2012). 『예루살렘 전기』. 서울: 시공사.

Peukert, Deltlev (1982). *Volksgenossen und Gemeinschaftsfremde: Anpassung, Ausmerze, Aufbegehren unter dem Nationalsozialismus*. Bund-Verlag. 김학이 역 (2003). 『나치시대의 일상사』. 개마고원.

Ryback, Timothy W. (2010). *Hitler's Private Library: the Books that shaped his life*. 박우정 역 (2016). 『히틀러의 비밀 서재』. 파주: 글방아리

Seligmann, Rafael (2004). *Hitler. Die Deutschen und Ihr Führer*. 정지인 역 (2008). 『히틀러: 집단애국의 탄생』. 생각의나무.

Shermer, Michael (1997). *Why People Believe Weird Things: Pseudoscience, Superstition, and Other Confusions of Our Time*. 류운 역 (2007).『왜 사람들은 이상한 것을 믿는가』. 초판2쇄. 서울: 바다출판사.

Sherratt, Yvonne (2013). *Hitler's Philosophers*. 김민수 역 (2014).『히틀러의 철학자들』. 서울: 여름언덕.

Whitman, James Q. (2017). *Hitler's American Model: The United States and the making of Nazi Race Law*. Princeton University Press. 노시내 역 (2018).『히틀러의 모델, 미국』. 서울: 마티.

Wills, Gary (2001). *Papal Sin*. 박준영 역 (2005).『교황의 죄』. 서울: 중심.

Wistrich, Robert S. (2004). *Hitler and the Holocaust*. 송충기 역 (2011).『히틀러와 홀로코스트』. 신판제1쇄. 서울: (주)을유문화사.

부록: 다양한 가룟 유다의 탄생

강남순 (2017).『용서에 대하여: 용서의 가능성과 불가능성』. 파주: 동녘.

강성모 (2006).『유다복음: 그 허구성을 밝힌다』. 서울: 나눔사.

김근수 · 김진호 · 조성택 · 박병기 · 성해영 · 정경일 (2016).『지금, 한국의 종교: 가톨릭 · 개신교 · 불교, 위기의 시대를 진단하다』. 서울: 메디치.

김기현 (2008).『가룟 유다 딜레마』. 서울: IVP.

김기홍 (2016).『역사적 예수』. 파주: 창비.

김동수 (2007). "유다복음: 실체 해부".『복음과 신학』. 9. 126-148.

김득중 (2016).『초대 기독교와 복음서』. 서울: kmc.

김원중 (2002). "근대 초 스페인 종교재판소와 유대인 문제: 종교재판소 설치 동기 문제를 중심으로". 한국서양사학회 (2002).『서양문명과 인종주의』. 서울: 지식사업사. 97-121.

박종욱 (2006).『스페인 종교재판소』. 부산: 부산외국어대학교출판부.

배철현 (2015).『인간의 위대한 질문』. 파주: 21세기북스.

성백용 (2019). "십자군 시대 서유럽의 이슬람 세계에 대한 인식과 담론의 유형들". 김응종 외 (2019).『전쟁과 문명』. 대전: 충남대학교출판문화원. 40-63.

심재관 · 최종덕 공저 (2016).『승려와 원숭이: 생물 철학자와 인도 철학자의 불교에 관한 12가지 대담』. 파주: 동녘.

안인희 (2004).『게르만 신화 바그너 히틀러』. 서울: (주)민음사.

양태자 (2012). 『중세의 뒷골목 사랑』. 서울: 이랑.

오강남 (2009). 『또 다른 예수』. 고양: 예담.

이광수 (2017). 『인도에서 온 허왕후, 그 만들어진 신화』. 서울: 푸른역사.

이종경 (2002). "중세 유럽의 이슬람 인식". 『서양문명과 인종주의』. 서울: 지식사업사. 69-95.

주명철 (2014). 『계몽과 쾌락』. 고양: 소나무.

주명철 (2006). 『서양 금서의 문화사: 프랑스 계몽주의 시대를 중심으로』. 길.

최호근 (2005). 『제노사이드: 학살과 은폐의 역사』. 서울: 책세상. "제2장. 문명의 한복판에서: 나치 독일의 제노사이드(1933-1945)". 143-195.

Bock, Darrell L. & Daniel B. Wallace (2007). *Dethroning Jesus*. Nashville. TN: Thomas Nelson. 박규태 역 (2012). 『예수 폐위』. 국제제자훈련원.

Borg, Marcus (n.d). *Jesus: A New Vision: spirit, culture and the life of discipleship*. 김기석 역 (2000). 『예수 새로 보기: 영·문화·제자 됨』. 개정판4쇄. 서울: 한국신학연구소.

Burridge, Richard A. (2013). *Four Gospels One Jesus?: A Symbolic Reading*. London: SPCK. 손승우 역 (2017). 『복음서와 만나다』. 서울: 비아.

Delacampagne, Christian (2000). *Une Histoire Du Racisme*. Librairie Generale Francaise. 하정희 역 (2013). 『인종차별의 역사』. 고양: 예지.

Ehrman, Bart D. (2004). *Truth and Fiction in the Da Vinci Code*. 이병렬 역 (2005). 『예수는 결혼하지 않았다』. 안그라픽스.

Evans, Craig A. (2006). *Fabricating Jesus*. Downer Groves. Ill: IVP. 성기문 역 (2011). 『만들어진 예수』. 서울: 새물결플러스.

Fuhrmann, Horst (2000). *Einladung ins Mittelalter*. Müchen: C. H. Beck. 안인희 역 (2003). 『중세로의 초대』. 서울: 이마고.

Gibson, Shimon (2009). *The Final Days of Jesus*. HarperOne 강주헌 역 (2010). 『예루살렘의 예수』. 서울: 청림출판사.

Grabar, Andre (1979). *Les Voies de la Creation en Iconographie Chretienne*. Flammarion. 박성은 역 (2008). 『기독교 도상학의 이해』. 서울: 이화여자대학교출판부.

Hays, Richard, 유승원 역 (2002). 『신약의 윤리적 비전』. 서울: IVP, 2002.

Hoeffer, S. A. (2002). *Gnosticism*. 이재길 역 (2006). 『이것이 영지주의다』. 서울: 산티.

Hunt, Lynn (1992). *The Family Romance of the French Revolution*. 조한욱 (1999). 『프랑스 혁명의 가족 로망스』. 서울: 새물결.

Hutin, Serge (n.d.). *Les Gnostiques.* 황준성 역 (1996). 『신비의 지식, 그노시즘』. 서울: 문학동네.

Jens, Walter (n.d). *Der Fall Judas.* Kreuz Verlag 박상화 역 (2005). 『유다의 재판: 자리옷 유다의 시복(諡福) 재판에 관한 보고서』. 2판. 서울: 아침.

Karlen, Arno (1995). *Man and Microbes.* 권복규 역 (2001). 『전염병의 문화사』. 서울: (주)사이언스북스.

Krosney, Herbert (2006). *The Lost Gospel.* Random House. 김환영 대표번역 (2006). 『유다의 사라진 금서』. YBM Si-sa. B. D. Ehrman, "머리말", 1-9.

Küng, Hans (1991). *Das Judentum: Die religiöse Situation der Zeit.* Piper Verlag. 이신건 · 이응봉 · 박영식 공역 (2015). 『한스 큉의 유대교: 현시대의 종교적 상황』. 서울: 시와진실.

Lee, Tosca (2013). *Iscariot.* Howard Books. 홍종락 역 (2014). 『유다: 배신의 입맞춤』. 서울: 홍성사.

Le Goff, Jacques (2010). *Le Moyen Age et L'Argent.* Paris: Perrins. 안수연 역 (2011). 『중세와 화폐』. 서울: 에코리브르.

McGrath, Alister E. (2009). *Heresy: A History of Defending the Truth.* 홍병룡 역 (2011). 『그들은 어떻게 이단이 되었는가』. 포이에마.

Miyata, Mitsuo (2009). *Horokosuto 'Igo'o Ikiru: Shukyokan Taiwa To Seijiteki Funso No Hazama De.* Toyko: Iwanami Shoten Publishes. 박은영 · 양현혜 공역 (2013). 『홀로코스트 '이후'를 살다: 종교 간 대화와 정치적 분쟁의 틈에서』. 파주: 한울. 일본어는 宮田光雄 (2009). 『ホロコースト <以後> を生きる: 宗教間對話と政治的紛爭のはざまで』. 岩波書店.

Müller, Lothar (2012). *Weisse Magie: Die Epoche des Papiers.* München: Carl Hanser Verlag. 박병화 역 (2017). 『종이』. 서울: 알마출판사.

Pagels, E. (1981). *The Gnostic Gospels.* New York: Random House. 방건웅 · 박희순 공역 (2006). 『성서 밖의 예수』. 서울: 정신세계사.

Picknett, Lynn & Clive Prince (1997). *The Templar Revelation.* 권인택 역 (2006). 『다빈치 코드와 숨겨진 역사』. 서울: 교문사.

Sallmann, Jean-Michel (1987). *Les sorcieres, fiancees de Satan.* Gallmard. 은위영 역 (1995). 『사탄과 약혼한 마녀』. 서울: (주)시공사.

Schreiter, Robert J. (1999). "제13장: 제2차 바티칸 공의회의 영향". Gregory Baum, (Ed.). *The Twentieth Century: A Theological Overview.* 연구홍 역 (2009). 『20세기의 사건들과 현대신학』. 기독교서회. 251-276.

Stanford, Peter (2015). *Judas*. London: Hodder & Stoughton. 차백만 역 (2016). 『예정된 악인, 유다』. 미래의창.

Stark, Rodney (1996). *The Rise of Christianity*. Princeton University Press. 손현선 역 (2016). 『기독교의 발흥』. 서울: 좋은씨앗.

Stein, Robert H. (1996). *Jesus the Messiah*. Downers Grove. Ill: IVP. 황영철 역 (2001). 『메시아 예수』. 서울: IVP.

Volf, Miroslav (2006). *The End of Memory*. Grand Rapids. MI: Eerdmans. 홍종락 역 (2016). 『기억의 종말』. 서울: IVP.

Wills, Gary (2001). *Papal Sin*. 박준영 역 (2005). 『교황의 죄』. 중심.

Ziegler, Philip (1969). *The Black Death*. 한은경 역 (2003). 『흑사병』. 파주: 한길사. "5. 유대인에게 피 값을 물린 독일". 109-148.

참 거시기한 변명:
한 凡人의 基督敎 黑歷史에 對한 再考

초판인쇄 2020년 11월 30일
초판발행 2020년 11월 30일

지은이 강상우
펴낸이 채종준
펴낸곳 한국학술정보㈜
주소 경기도 파주시 회동길 230(문발동)
전화 031) 908-3181(대표)
팩스 031) 908-3189
홈페이지 http://ebook.kstudy.com
전자우편 출판사업부 publish@kstudy.com
등록 제일산-115호(2000. 6. 19)

ISBN 979-11-6603-235-6 93230